EEN ZINVOL LEVEN

Van Fokke Obbema verscheen eerder

China en Europa
De zin van het leven

EEN ZINVOL LEVEN

FOKKE OBBEMA

De mens en zijn verhaal

Uitgeverij Atlas Contact
Amsterdam/Antwerpen

Eerste druk juli 2021
Tweede druk oktober 2021

Omslagontwerp Marry van Baar
Foto's omslag en binnenwerk Jitske Schols
Lithografie Bert van der Horst, BFC, Amersfoort
Typografie binnenwerk Perfect Service

ISBN 978 90 450 4457 6
D/2021/0108/598
NUR 730/

www.atlascontact.nl

Voor Carine, Zana en Djuna
en mijn moeder Maria

INHOUD

Voorwoord

Over de vraag wat de zin van het leven is, verschilt de mensheid al duizenden jaren van mening, in alle culturen en religies, zonder uitzicht op consensus. In dat licht valt een Nederlandse journalist die aan het begin van de 21ste eeuw een poging doet die vraag toch te beantwoorden, gemakkelijk als hoogmoedig of op zijn best naïef weg te zetten. Toch heb ik die reacties niet of nauwelijks gekregen op de interviewreeks 'de zin van het leven', die sinds 2018 in *de Volkskrant* is verschenen. Vaker hoorde ik verzuchtingen in de trant van 'het werd tijd' – de inhoud van de gesprekken leek als water op vruchtbare grond te landen. Ook al wisten lezers, net als ik, dat ze geen sluitend antwoord op de hoofdvraag zouden krijgen, de behoefte om na te denken over existentiële kwesties bleek sterk. De mens is nu eenmaal tot zin zoeken geneigd, ook in het dagelijks leven. Een lezer verwoordde mooi wat de interviews, gebundeld in *De zin van het leven*, in dat opzicht met hem deden: 'Ik moet me telkens tot de inhoud zien te verhouden. Het is alsof degene die aan het woord is bij me aan de deur klopt en vraagt: hoe zit het, wat vind jij eigenlijk?'

De tweede reeks interviews, gepubliceerd in het coronajaar 2020 en in dit boek gebundeld, beoogt wederom aan te kloppen. Het vertrekpunt is ditmaal een ogenschijnlijk eenvoudiger vraag: 'Wat is voor u een zinvol leven?' Die meer pragmatische benadering leek me waardevol, want wellicht zou die leiden tot inzichten waar een mens in het dagelijks leven iets aan heeft. Dat was gerekend buiten mijn gesprekspartners, die toch ook de meest fundamentele kwesties bleven aansnijden. Te beginnen met de Vlaamse filosoof Katrien Schaubroeck die meteen mijn hoofdvraag onder vuur nam. Volgens haar zou ik me beter kunnen afvragen wat een 'goed leven' behelst; 'zinvol' is verbonden met de ideologie van een liberale samenleving waarin mensen in het ondernemen van projecten denken. Haar bezwaar is dat bijvoorbeeld chronisch zieken dan geen zinvol leven zouden kunnen leiden.

Hoezeer die conclusie ongepast zou zijn, leerde me het interview met de chronisch zieke dertiger Bob Fauser. Zijn progressieve spierziekte betekent dat hij niet oud zal worden. Als Duchenne-patiënt vindt hij zijn leven zinvol, omdat mensen om hem heen dankzij hem hun zorgen gaan relativeren. Daarmee vervult Fauser een belangrijke functie in hun leven, een verrassend perspectief op wat zinvol leven kan zijn.

Ik hoop dat deze bundel voor de lezer meer verrassingen biedt. Leest hij een gesprek met instemming dan is dat balsem voor de ziel, voelt hij ergernis dan is er die klop op de deur: 'Wat vind jij eigenlijk?' Daartoe daagt ook het essay uit waarmee deze bundel afsluit. Ik leg daarin mijn fascinatie uit voor wat bij ieder van ons in flarden door ons hoofd dwarrelt, ons levensverhaal. Met mijzelf als voorbeeld geef ik aan welke rol dat zou kunnen vervullen. In dat licht valt ook dit essay op te vatten als een uitnodiging tot een innerlijke reis.

Katrien Schaubroeck, filosoof

'Hoe komt het toch dat we bij uitstek jaloers zijn op onze vrienden? Waarom kunnen we niet altijd oprecht blij zijn wanneer een ander die ons zo na is, gelukkig is of succes heeft?'

Het is het soort praktisch-filosofische vragen waar de Vlaamse Katrien Schaubroeck zich het hoofd over breekt. Haar antwoord: onze vrienden zitten in dezelfde sociale groep als wij en die nabijheid maakt hun succes soms moeilijk te verteren – want waarom hebben wij dat zelf niet? Haar advies: realiseer je dat je bovenal de vriendschap wilt, dan wordt het wellicht mogelijk de jaloezie in bewondering om te zetten. Ze is ervan overtuigd dat nadenken over dit soort kwesties 'ons kan helpen bij onze morele zelfontwikkeling'.

Bijna veertig jaar is ze, moraalfilosoof aan de universiteit van Antwerpen en moeder van twee kleine kinderen. Haar jeugd verloopt min of meer rimpelloos. Ze beleeft een beschermde tijd in een Vlaams dorpje met duizend zielen, waar ze met haar zusje wordt grootgebracht door ouders die in de gehandicaptenzorg werken. Het 'grootste moment in mijn leven' noemt ze haar verhuizing naar Leuven op haar achttiende, waar ze filosofie gaat studeren. Ze ontmoet haar man, met wie ze twee kinderen krijgt, inmiddels vier en één jaar oud. Dat lijkt op een voortzetting van de rimpelloosheid van haar jeugd, in werkelijkheid wordt ze regelmatig door sombere stemmingen gekweld: 'Ik ben vatbaar voor depressie.' Die zwaarmoedigheid overvalt haar soms, zonder aanwijsbare oorzaak: 'Het is voor mij nog altijd een raadsel.' Wel weet ze inmiddels dat 'heel hard proberen' niet werkt: 'Ik kan mezelf niet aan mijn gedachtes uit het moeras trekken.' Contact met anderen vormt de sleutel tot weer opveren: 'Anderen kunnen me eruit wegtrekken, ze doen dat vaak zonder het zelf te beseffen.' Maar juist dat contact vindt ze lastig – ze doet haar relaas vrijwel zonder oogcontact te maken: 'Ik wil het wel, maar het valt me zwaar.'

De meest intieme vorm van contact, de liefde, speelt in haar werk een hoofdrol. In haar proefschrift schrijft ze over de Amerikaanse moraalfilosoof Harry Frankfurt die *self-love*, de liefde voor jezelf, als de hoogste vorm van liefde ziet – een mens behoort in zichzelf af te dalen om te achterhalen 'waar hij werkelijk om geeft'. Haaks daarop staat Iris Murdoch, die navelstaarderij verafschuwt. De mens dient bovenal de wereld in te gaan, meent de Britse filosoof en schrijver. Dat spreekt Schaubroeck aan, omdat het aansluit bij haar eigen ervaringen met somberte en bij het vrijwilligerswerk dat ze heeft gedaan: 'De betekenisvolle momenten zijn die waarop je weggaat van je dikke ik.'

Wat is voor u een zinvol leven?

'Liever heb ik het over de vraag: wat is een goed leven? Die stelden de oude Grieken zich al. Na de Tweede Wereldoorlog heeft zich in de filosofie een verschuiving voorgedaan van aandacht voor het goede naar het zinvolle leven. Dat laatste past beter bij een liberale samenleving, want de nadruk ligt dan op wat je onderneemt, op projecten waarmee je je leven vormgeeft. Bezwaar is, vind ik, dat die benadering mensen uitsluit die niet tot projecten in staat zijn, bijvoorbeeld chronisch zieken. Die zouden dan geen zinvol leven leiden. Dat probleem heb je niet, wanneer je niet de nadruk legt op wát je doet, maar hóé je het doet. Een goed leven is dan een leven waarin iemand probeert een moreel goed mens te zijn: iemand die deugden nastreeft als eerlijkheid, vriendelijkheid, altruïsme. Maar zonder zichzelf tekort te doen, ook zelfrespect is een deugd. Die benadering is niet bedoeld om mensen langs de morele meetlat te leggen, maar ze een vraag voor hun leven aan te reiken: wat zou ik moeten doen om in de buurt van een moreel beter leven te komen?'

Kunt u een voorbeeld geven?

'Stel, je ergert je in de rij bij de supermarkt aan een lastig kind. Je kan dat veroordelen door te denken: die is slecht opgevoed. Maar je kunt ook een stap terugzetten en overwegen dat de ouders wellicht een moeilijke dag hebben gehad of dat het kind te weinig slaap heeft gekregen. Voor mij staat vast dat die tweede manier moreel beter is. Het vereist meer moeite, omdat we onze natuurlijke zelfbekommernis te boven moeten zien te komen. Je gaat dan niet mee in je primaire, egoïstische duiding van een slechte opvoeding, maar doet een poging tot empathie.

Een mooi voorbeeld van zo'n morele inspanning kwam ik tegen bij Iris Murdoch. Ze verhaalt over een moeder die haar schoondochter vulgair en kinderachtig vindt. Ze probeert wijs te zijn en vraagt zich af: wat zit er achter mijn afkeer? Misschien, bedenkt ze, heeft ze er moeite mee dat haar zoon iemand heeft gekozen die niet op haar lijkt. Dan gaat ze meer liefdevol kijken: de schoondochter wordt dan niet vulgair, maar spontaan; niet kinderachtig, maar jeugdig. De moeder doet dus een morele inspanning, een liefdevollere blik brengt haar meer kennis over de werkelijkheid bij.'

In hoeverre slaagt u er zelf in een goed leven te leiden?
'Het gaat bij iedereen, dus ook bij mij, meer om het streven dan het bereiken, zoals de oude Grieken al zeiden – het is een activiteit, geen toestand. Op sommige momenten denk ik: nu doe ik wat een goede vriendin hoort te doen. Maar evenzeer belangrijk, en misschien nog wel nuttiger, is wanneer ik me het tegendeel realiseer. Dan probeer ik mijn gedrag aan te passen.

Zelf heb ik nogal last van het oplichterssyndroom – het idee dat ik mijn baan eigenlijk niet waard ben. Mijn beeld van studenten was lang dat van een troep wolven; gulzige monsters die ik niet genoeg kon bieden, omdat ik het niet in me had. Dat maakte dat ik soms met afhangende schouders en met de moed in de schoenen een lokaal binnenstapte. Wat dan kan helpen, is de aandacht buiten jezelf op iets anders vestigen. Ik herinner me een keer een fietsongeval op straat, waardoor mijn aandacht geheel werd verlegd. Daarna ging de les prima.

Dat oplichterssyndroom is niet zo meisjesachtig of onschuldig als het lijkt. Het heeft ook een arrogante kant, omdat het ertoe leidt dat je het beoordelingsvermogen van anderen in twijfel trekt: "Ze hebben mij wel voor deze baan gekozen, maar ik ben niet goed genoeg. Dus als zij denken dat ik dit wél kan, moeten zij ook slecht zijn." Daar zit iets destructiefs in – het haalt niet alleen mij naar beneden, maar ook de mensen om mij heen. Dat staat op gespannen voet met de vriendelijkheid jegens anderen die me voor ogen staat. Waar het denk ik vooral om gaat, is dat je je van dit soort mechanismes bewust wordt. Als dat het geval is, leid je al het goede leven. Misschien heeft de Boeddha dat doel ooit bereikt, maar voor de meesten van ons zit het goede erin dat ze proberen het te bereiken. Meer dan een poging een goede vriend, geliefde of ouder te zijn, zit er niet in.'

Uw aandacht voor deugden heeft iets ouderwets.
'Ja, ik realiseer me dat het een betuttelende, moraliserende indruk kan maken. Maar het mag dan ouderwets klinken, toch zie je het in series, films en literatuur nog altijd veel terugkomen. We leven mee met personages met een goed hart, die opkomen voor rechtvaardigheid en zich medemenselijk tonen in een wereld van brutaliteit en concurrentie. Dus ik voel me niet zo tegen de stroom ingaan. Alleen wordt er te weinig over gepraat – het is iets waar we onszelf meer vragen over mogen stellen.

In onze prestatiemaatschappij ligt vooral de nadruk op het benutten van je talenten, zelfontplooiing. Dat is zeker belangrijk, het helpt ook zin in het leven te houden. Maar mijn gevoel is dat we mensen zeer stimuleren hun talenten te ontwikkelen, maar dat we weinig spreken over de manier waarop die worden gebruikt. Voor mijn kinderen vind ik het ook van belang dat zij zichzelf ontplooien, maar nog belangrijker vind ik dat ze vriendelijk, eerlijk en aangenaam in de omgang zijn. We moeten oppassen voor een samenleving waarin die waarden niet meer lonen. Het extreme voorbeeld is iemand als Trump, die zijn talenten uiterst goed benut, maar die niets met waarden heeft. Dat je zonder die serieus te nemen toch president kunt worden, is nogal een slecht voorbeeld.'

Is dat gesprek wel echt nodig? Leven we die waarden en normen niet dagelijks voor?

'Waarden en normen tonen zich inderdaad vooral door hoe je ze voordoet, ze vormen geen lesje dat je vanbuiten kunt leren. Maar voorleven is niet altijd genoeg. We nemen onze normen en waarden over van de vorige generaties, maar soms is het goed ze te bevragen. Het gesprek erover kan tot vernieuwing leiden. De MeToo-discussie is daar een mooi voorbeeld van. Die gaat over iets waarover lang niet is gesproken. Onder invloed van de publieke discussie wordt nu toch anders tegen seksuele intimidatie aangekeken en dat leidt tot gedragsverandering.'

Staat voortdurende toetsing van ons gedrag aan normen en waarden niet onbezorgd leven in de weg? Is het niet wat streng?

'Daar maak ik me niet zo'n zorgen over, onbezorgd leven doen mensen heus wel. Mijn idee is niet dat we de hele dag ons bewust zouden moeten zijn van deugdethiek, dat lukt niemand, onze natuur neemt het snel genoeg over. De Schotse filosoof David Hume stelde zich ooit de filosofische vraag of we ervan uit mogen gaan dat de zon morgen weer opkomt. Vervolgens relativeerde hij: straks sta ik op van mijn tafel en ga beneden een kaartspel spelen, dan ga ik ervan uit dat de zon weer opkomt zonder me iets af te vragen. Zo is onze natuur, dus dat gevaar van te streng zijn, lijkt me niet zo reeel. Het gaat om strengheid naar jezelf, niet naar anderen. Te kritisch over jezelf kom ik eerlijk gezegd niet veel tegen. De meeste mensen zijn juist niet zelfkritisch genoeg.'

Bent u tot veel zelfkritiek geneigd?
'Dat weet ik niet, ik vind het vreselijk moeilijk mezelf te kennen. Mijn depressiviteit is nog altijd een raadsel voor me. Het probleem van zelfkennis is dat je zowel het object als het subject van onderzoek bent. En dat je ook nog iets dynamisch onderzoekt – ik kan mezelf niet leren kennen, zoals ik een stad kan kennen. Wat we vooral willen is innerlijke rust. Daarmee bedoel ik niet een gezapig leventje, er mag vuur en gedrevenheid in het bestaan zitten, zeker. Maar je wilt een focus op wat je werkelijk belangrijk vindt. Daarvoor moet je zowel de buitenwereld opzoeken als in jezelf afdalen.'

BOEKTIP
Down Girl van **Kate Manne**

'Dit boek laat mooi zien hoe we ons vaak onbewust in het dagelijks leven aan seksisme en racisme schuldig maken – het nodigt uit tot kritisch zelfonderzoek. Door dit boek kwam ik erachter hoezeer een blanke mannenfiguur voor mij autoriteit uitstraalt, waardoor een vrouw of iemand met een migratieachtergrond een debat met een achterstand begint. Manne laat de achterliggende structuren zien die maken dat we dit soort verkeerde percepties normaal vinden.'

Frans Saris, natuurkundige

Een eigenzinnige, om niet te zeggen rebelse kant heeft hem van jongs af aan gekenmerkt. Als 'vervelend jongetje' van twaalf prikt hij tijdens de godsdienstlessen op het Amsterdamse Ignatiusgymnasium 'genadeloos' door de godsbewijzen van de pater. Wanneer hij als negenendertigjarige hoogleraar natuurkunde in Utrecht zijn oratie *Dagboek van een fysicus* uitspreekt, schokt Frans Saris zijn vakgenoten door openlijk te verhalen over 'jaloezie, vriendjespolitiek en ijdelheid' in de wetenschappelijke wereld – niet de 'ware wetenschap', maar 'eigen eer en roem' staan voorop. Inmiddels is hij zevenenzeventig jaar, maar nog altijd bindt hij de strijd aan, bijvoorbeeld met 'arrogante' natuurkundigen die te veel pretenderen en niet willen inzien dat een 'bescheiden bijdrage leveren aan een iets betere wereld' het hoogst haalbare is.

Bescheidenheid kenmerkt hemzelf ook niet, erkent hij volmondig: 'Op mijn leeftijd moet je je tekortkomingen durven toegeven. Als je mij als bescheiden zou afschilderen, zullen mijn vrienden zeggen: "Nou, zo bescheiden is hij niet." Haha. Ik ben nog altijd ambitieus. In 2018 mocht ik, als gevorderde zeventiger, een Paradiso-lezing houden. Nou, ik was apetrots dat het vol zat.' Ook wordt hij gedreven door zijn hoop op vooruitgang, zo blijkt uit zijn laatste boek *Darwins cijferslot* – aan pessimisten en nihilisten heeft hij een uitgesproken hekel. Hij houdt van futuristisch klinkende, concrete oplossingen, zoals zijn plan om CO_2-uitstoot uit de lucht te zeven, te mengen met water en daar met duurzame energie kerosine van te maken.

Zijn eigenzinnigheid brengt hem eind jaren negentig in de problemen. Hij stuit op krachtige weerstand van kernenergie-onderzoekers wanneer hij als directeur van het onderzoeksinstituut ECN in Petten zijn liefde voor alternatieve energiebronnen predikt. Wanneer dat conflict hem na vijf jaar hartkloppingen bezorgt, is dat reden ontslag te nemen: 'Ik heb geleerd mijn weg te vinden. Je kunt niet altijd winnen. Af en toe moet je je tanden laten zien, op andere momenten moet je je tong afbijten, het hoort er allemaal bij.'

Zijn vrouw Pien leert hij als student al op zijn achttiende kennen. Vanaf 2006, niet lang voor zijn pensionering als decaan van de wis- en natuurkundefaculteit in Leiden, wordt ze geleidelijk dement. In 2016 overlijdt ze op vijfenzeventigjarige leeftijd: 'Mijn eerste reactie was dat ik met haar had willen gaan. Later begreep ik dat ik een nieuw leven moest uitvinden.' Daarvoor hanteert hij een praktische methode: via zijn 'telefoonklapper' komt hij in contact met de vrouw van een overleden collega. Zij wordt zijn nieuwe partner: 'Ik kan het iedereen aanraden. Kijk om je heen naar mensen die ook alleen zijn – er zit vast iemand tussen met wie je het leven kunt delen. Zo los je voor beiden een probleem op.'

Wat is voor u een zinvol leven?

'Voor mij draait het erom iets te doen wat de moeite waard is. Lang niet alles is dat. Als jonge onderzoeker deed ik een experiment met het botsen van zware atomen. Als eerste leverde ik het bewijs dat je daardoor röntgenstralen kunt zien. Een opwindende ontdekking, ik heb er allerlei prijzen voor gekregen, maar het is kennis waar je helemaal niets aan hebt. Dat wist ik meteen. Fysici zeggen vaak: "Op den duur heb je er altijd wat aan." Helemaal niet waar. Die ontdekking was zonder waarde, maar toch zijn er collega's die hun leven daaraan spenderen. Voor mij is dat onbegrijpelijk, het past niet in mijn lijf.

Vormend voor mij is een bezoek aan India geweest. We reden met een busje natuurkundigen dwars door Bombay, een miljoenenstad vol bedelaars. Bij een rood licht stak een eenarmige man een scherp stompje omhoog, maar mijn collega's discussieerden gewoon door over een nieuw experiment, zonder enig oog voor die man. Voor mij was dat een *eyeopener* – ik wist toen dat ik alleen fysica wilde bedrijven die maatschappelijk de moeite waard is. Natuurkundig onderzoek kost enorm veel: al die apparaten goed aan de gang krijgen, dat vergt veel van jezelf, maar ook van de maatschappij. Dan moet het wel de moeite waard zijn: niet alleen voor mezelf, mijn gezin en mijn laboratorium, maar vooral ook voor de maatschappij.'

Is dat niet vanzelfsprekend?

'Helaas niet. Bij veel mensen overheerst het nihilisme, een gevoel van: "Het doet er toch allemaal niet toe wat ik doe, ik kan dus kiezen waar ik zin in heb." In de wetenschap leidt dat tot het bestuderen van zelfgemaakte puzzeltjes, zoals ik veel wis- en natuurkunde beschouw. Daar worden miljarden aan besteed, zoals aan de Theorie van Alles, de snaartheorie en dat soort flauwekul. Dat nihilisme komt voort uit het terzijde schuiven van God. Met name de Britse evolutiebioloog Richard Dawkins heeft dat gedaan in *The God Delusion* – hij predikt dat het aanhangen van een god verderfelijk is. Daarmee heeft hij mensen iedere zin of doel in het leven willen ontnemen.

Ik wapen me tegen dat soort nihilisme door te stellen dat de natuur goddelijk is – het is een mysterie, waar we alleen maar het grootste respect voor kunnen hebben. Net als Spinoza zie ik de natuur als God. Ik geloof dus niet in een alwetend opperwezen die zich met individuele gelovigen bezighoudt – we hebben een vrije wil en zijn zelf verantwoordelijk. Maar door de natuur als God te beschouwen, druk je het heilige ervan uit. We hebben nu eenmaal niet *God's eye view*: we kunnen wel beschrijven wat we zien, maar kunnen onszelf niet op afstand ervan plaatsen, want we zitten zelf midden in die natuur. We kunnen het nooit helemaal weten.

Neem een bescheiden positie in, luidt mijn pleidooi. Als fysici dat delen, zullen ze minder arrogant zijn. Het is de taak van de mens aan de ontwikkeling van de natuur bij te dragen, dat leid ik af uit de evolutie. Als je doet alsof je daar niets mee te maken hebt, noem ik dat nihilistisch. Dat vind ik maatschappelijk en moreel verderfelijk. Voor mij heeft dat te maken met het negeren van die man met dat stompje in India, of nu met het wegkijken van de vluchtelingen.'

Is vrijheid voor de mens niet essentieel, dus ook de vrijheid te doen wat maatschappelijk niet relevant is?

'Zeker, ieder is vrij te kiezen, maar vervolgens is toch de vraag: wat kies je en waarom? We zijn onderdeel van een groter geheel – neem alleen al het feit dat er meer bacteriën in ons lijf zitten dan cellen, we leven dus permanent in symbiose met de natuur. Dat moeten we ons blijven realiseren. Wanneer je je onderdeel van de natuur en de samenleving voelt, is het aan je talenten en mogelijkheden om in dat licht een bijdrage te leveren. Dat geeft ons leven zin. Gaudí heeft ooit gezegd: *to get things right, we need first love and then technology*. Een prachtige uitspraak. Als het even kan, bezoek ik zijn Sagrada Família in Barcelona, omdat die basiliek met zijn bladerdak van zandsteen zo prachtig laat zien dat we deel van het grotere geheel zijn.'

Heeft uw vrouw aan uw kijk op uw vak bijgedragen?
'Pien was essentieel. Zij daagde me enorm uit om uit te leggen wat ik deed. Ze was een alfa, had Engels gestudeerd. Ze leerde me niet alleen veel te lezen – romans, theaterstukken – maar ook om dat in relatie te brengen met mijn werk. Daardoor ben ik niet de eendimensionale mens die je als wetenschapper nu eenmaal riskeert te worden. Want je leert objectieve wetenschap te bedrijven, maar voor je het weet wordt dat zo objectief dat het nérgens meer mee te maken heeft. Dat knaagde verschrikkelijk aan mij. Pien heeft eraan bijgedragen dat ik leerde naar zulke emoties te luisteren en die in balans met mijn rede te brengen.'

Hoe bent u met haar jarenlange dementie omgegaan?
'We hebben vreselijk zware periodes gehad, soms wilde ze niets meer met me te maken hebben. Dat was voor ons allebei verschrikkelijk. Maar we zijn erdoorheen gekomen. Ik heb vier dames ingehuurd om samen met hen en onze drie kinderen voor haar te zorgen. Dat was zwaar, maar het is goed gegaan. Toen ze overleed, was mijn eerste reactie dat ik met haar had willen gaan. Voor haar was het beter dat aan haar lijden een einde kwam, maar of het voor mij ook goed was? Mijn leven had tot dan toe wel een vervulling.'

Wat bedoelt u daarmee?
'Ik zag het als mijn project om het lijden van Pien te verlichten en haar een enigszins aangename tijd te bezorgen. Dat klinkt een beetje hard en zakelijk, maar zo bedoel ik het niet. De filosoof Beate Rössler stelt dat we niet zozeer geluk nastreven als wel een vervuld leven. Dat doen we door ons leven vorm te geven met behulp van projecten. Die hebben te maken met je gezin, je werk, noem maar op; hun tijdsduur kan een dag, een maand of een paar jaar zijn. Als je een dosis geluk hebt, kun je die tot een goed einde brengen. Dan heb je een vervuld leven. Dat heb ik zeker. Maar ik heb ook gemerkt: ik heb altijd projecten nodig. Als ik die niet heb, word ik ongelukkig, stuurloos.'

Hoe is het om maatschappelijk minder mee te tellen?
'Ik merk inderdaad dat ik er geleidelijk uit raak. Twintig jaar heb ik deel uitgemaakt van de redactie van het literaire tijdschrift *De Gids*, nu publiceren ze me niet meer en ben ik gedegradeerd tot een oudemannenblaadje, *Argus*, haha. Maar ik geniet van de rol die ik nog kan spelen als partner, vader en grootvader. En ik heb een deel van mijn vermogen gestopt in een stichting voor duurzame projecten. Die financiert schooltuinen en rapporten over synthetische kerosine en circulaire landbouw. Ik heb het gevoel nog altijd te kunnen doen wat ik wil doen, ook al wordt mijn bijdrage bescheidener.'

Waaraan draagt u bij?
'De socioloog Joop Goudsblom heeft me geleerd dat de beschaving op een steeds hoger plan komt, naarmate onze onderlinge afhankelijkheid toeneemt. In het civilisatieproces specialiseren we ons en dat versterkt het. Globalisering vind ik daarom ook geen verkeerde zaak, integendeel – de onder-

linge afhankelijkheid maakt de kans dat je elkaar ooit nog de keel afsnijdt kleiner. Daar geloof ik in. Jouw kinderen hebben alweer een intensiever netwerk dan die van mij, dat vind ik een goede zaak. Ik weet niet of er een eindpunt aan die ontwikkeling is, maar dat hoeft ook helemaal niet. Het feit dat er vooruitgang is en dat we daaraan bijdragen, vind ik meer dan genoeg.'

BOEKTIP
Autonomie, essay over een vervuld leven van **Beate Rössler**

'We willen graag zelf beslissingen nemen in privéleven en werk, maar dat lukt maar in beperkte mate – ons leven is verweven met allerlei sociale relaties die onze beslissingen beinvloeden. Hoe kunnen we dan toch onze hang naar eigen keuzes bevredigen? Aan de hand van schrijvers als Kafka en Murdoch laat Rössler zien wat in dat licht een vervuld leven kan zijn.'

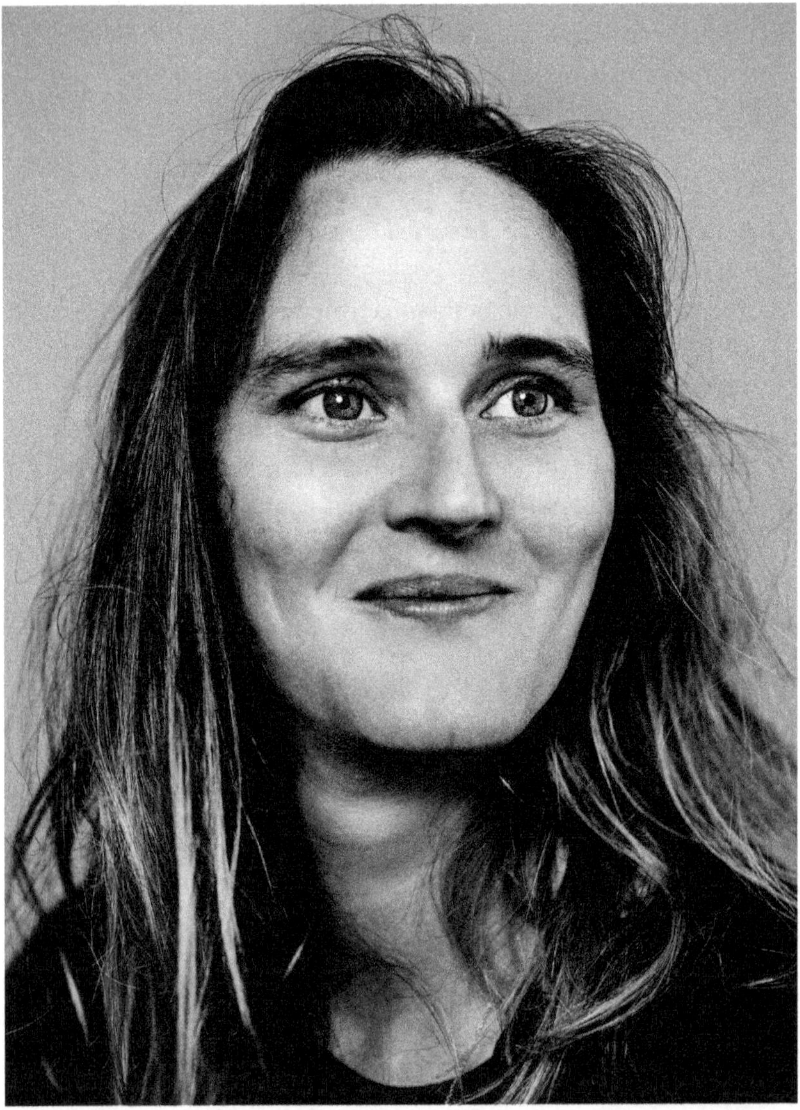

Maartje Wortel, schrijver

We brengen ons leven veelal in eenzaamheid door en een duidelijke zin heeft het ook al niet, maar dagelijks vinden er 'zoveel bijzondere, liefdevolle gebeurtenissen' plaats dat het bestaan toch 'fantastisch' is. Ook kunnen we zin aan ons leven geven, dankzij taal en ons vermogen tot geloven – in een ander, de natuur of een opperwezen: 'Zingeving is een kwestie van het juiste verhaal over je eigen leven zien te vinden, een verhaal waar je gelukkig van wordt. Het is belangrijk dat je daarin kunt geloven. Dat kan bijdragen aan een mooiere wereld.'

Het verhaal van de zesendertigjarige Maartje Wortel is op zijn minst opvallend – al bijna tien jaar geldt ze als een van de grootste literaire talenten van haar generatie, na het winnen van onder meer de Anton Wachterprijs voor debutanten (2010) en de BNG Literatuurprijs (2014). Ze vindt dat haar laatste werk 'opener' en 'vrijer' aan het worden is. 'Alleen worden mijn recensies steeds slechter,' merkt ze droogjes op.

Ze groeit op in het Gooise Eemnes, in de jaren negentig, met een boekhouder als vader, een moeder met een fascinatie voor astrologie en een drie jaar oudere broer. Verder wil ze over haar familie niet veel kwijt, 'want ze kunnen geen weerwoord geven'. Wel omschrijft ze haar opvoeding als antiautoritair: 'Mijn broer en ik zijn opgevoed alsof we volwassenen waren. Onze ouders namen ons erg serieus. Verder was het een beetje een wild gebeuren, waarin iedereen vooral voor zichzelf opkwam.' Ze vindt dat ze 'liefdevol' is grootgebracht, wat haar 'een groot basisvertrouwen in het bestaan' heeft gegeven: 'Dat heeft lang niet iedereen.'

Onlangs is ze een opleiding tot fysiotherapeut begonnen: 'Ik wil mensen in de meest letterlijke zin helpen bij bewegen.' Dat is in haar ogen de essentie van het bestaan: 'Het leven heeft niet veel meer betekenis dan voortgaan, blijven zoeken, bewegen. Als ik een geloof heb, dan is dat het.' Haar schrijverschap blijft voorop staan: 'Ik ben nu eenmaal schrijver.' Steunend op haar intuïtie leidt ze een leven in vertrouwen: 'Ik kan heel zelfverzekerd de verkeerde kant uitgaan. Want ik kom altijd weer recht uit, ik verzin weer een nieuw verhaal. Dat is mijn geluk.'

Wat is voor u een zinvol leven?

'Ik vind het leven op zich vrij zinloos: we worden geboren en gaan dood, de tussentijd moet je zo goed mogelijk zien door te komen. Maar als ik dat uitspreek, van die zinloosheid, bijvoorbeeld wanneer ik ga voorlezen, zie ik mensen vaak schrikken. Of ze worden boos, misschien omdat ze vinden dat ik het leven zin hoor te geven. Ik hoop dat mensen die zin voor zichzelf weten te bedenken en daarin kunnen blijven geloven, of dat nu een ander is, de natuur of God. Als iemand zegt: "Het is zinvol, want er is een God", wil ik daar niets aan afdoen.

Voor mij is het bestaan al zinvol als je met elkaar kunt samenleven, ook al begrijp je elkaar niet. Belangrijk daarvoor is dat je jezelf niet te serieus neemt – het leven als zodanig wel, maar jezelf niet. Mensen overdrijven vaak het belang van hun eigen bestaan. Als je dat als heel zinvol ziet, dus als heel belangrijk, raak je gestresst, want alles wat je doet moet dan nut hebben. Mij lucht het juist op om het leven als zinloos te zien, want dat maakt me vrij. Wat helpt, is dat ik een groot talent voor geluk heb. Als ik me eenzaam voel, vind ik het bestaan nog altijd prachtig: iedere dag gebeuren er zoveel bijzondere, liefdevolle dingen.'

'Een voorbeeld? Onlangs ging mijn kat dood. Ik was daar veel verdrietiger over dan ik van tevoren had gedacht. Maar iedereen in mijn omgeving wist beter dan ikzelf hoe belangrijk hij voor me was, dus zat mijn hele huis vol vrienden die flessen wijn meebrachten. Alsof mijn vader dood was. Ik geloofde echt in die kat, ik heb een boek over hem geschreven alsof hij een soort god was (*Dennie is een star*); mijn behoefte in iets te geloven projecteerde ik op hem. De omgeving is dat voor mij ook gaan geloven. Omdat ze mij serieus nemen. Heel liefdevol, een teken van wonderbaarlijk grote vriendschap. Op die momenten ervaar ik het bestaan als zinvol.'

U ziet het leven doorgaans als zinloos, maar wilt u niet toch uw tijd zinvol doorbrengen?

'Wat ik vooral wil, is de tijd zo liefdevol mogelijk met mijn omgeving doorkomen. Mensen die angsten hebben of depressief zijn, help ik graag. Er zijn mensen die denken: ze schrijft, dus ze is de hele dag met zichzelf bezig, maar dat is dus niet zo. Eerlijk gezegd ben ik nogal veel in de weer met verdrietige mensen opvangen, dat is iets wat bij mijn leven is gaan horen. Mijn eerste verhalenbundel heet niet voor niets *Dit is jouw huis* – hij gaat over mensen een plek geven.

De actrice Mimi Kok zei eens: "Soms zit ik thuis op de bank en denk: wanneer mag ik naar huis?" Dat vind ik een schrijnende, maar ook ware opmerking: mensen voelen zich vaak ontheemd. Ze ontberen een thuisgevoel, omdat ze niet het vertrouwen hebben dat het genoeg is dat ze er zijn. Voor mij is het zinvol als ik hen daarbij kan helpen. Dat geldt zowel in het groot als in het klein. Maatschappelijk vind ik het erg als bepaalde groepen het idee krijgen dat ze er niet mogen zijn. In mijn eigen leven vind ik het belangrijk dat iedereen bij mij kan aanbellen. Pathetisch gezegd: het gaat me erom dat mensen zich welkom voelen.'

Waarom noemt u dat pathetisch?
'Ik schaam me vaak voor dat soort uitspraken, omdat het pretendeert dat ik mensen zie. Terwijl ik dat juist heel moeilijk vind. Net zoals ik het lastig vind mezelf te zien. De paradox is: ieder mens denkt zichzelf goed te kennen, maar waardeert zichzelf telkens te hoog. Uit testen blijkt dat we onszelf positief beoordelen: we eten gezond, zijn goed in communiceren en aardig voor onze omgeving. Maar als je de tijd neemt die vragen eerlijk te beantwoorden, moet je constateren: "Ik kan er niks van"'.

Leert een mens zichzelf niet beter kennen?
'Natuurlijk kun je jezelf analyseren: dit is mijn gedrag, dit is mijn karakter. En je kunt eigenschappen van jezelf zien en zo een beeld van jezelf vormen. Maar dat beeld staat nooit vast, omdat we vol paradoxen blijven. Ik denk dat we ons erbij neer moeten leggen dat er veel versies van onszelf bestaan. Een boek waar ik veel aan heb gehad is *Iemand, niemand en honderdduizend* van Pirandello. De hoofdpersoon ziet in de spiegel dat hij een scheve neus heeft. Hij zegt dat tegen zijn vrouw en die antwoordt: "Wist je dat nog niet?" Dan raakt hij in paniek. "Wat weet ik allemaal nog meer niet over mezelf?"

vraagt hij zich af. Hij gaat langs zijn vrienden met de vraag: "Wie ben ik eigenlijk?" Dan komt hij erachter dat er veel versies van hem bestaan, maar wie is hij dan echt? Daar herken ik mezelf in. Al die blikken op mij en mijn blik op mezelf, dat tezamen ben ik, maar je kunt dat niet in een zelfbeeld vastpinnen. Ik denk dat je dat ook niet moet willen.'

Waarom niet?

'Dan is er geen beweging meer mogelijk en verstar je. Je wilt niet vastzitten in je zelfbeeld en denken: ik ben zo. Het gevaar is dan dat je een standbeeld wordt: onveranderlijk, dus de dood. Als je denkt te weten wie je bent, hoef je niks meer te onderzoeken. Mij gaat het juist om het vraagteken, dat zet in beweging. Dat is voor mij de zin van het leven. Dat ik mezelf niet kan kennen, helpt me open te staan voor wat anderen vinden en helpt me om me meer vrij te voelen. Het nietweten stelt me gerust – nieuwsgierigheid is daardoor niet voor niets, opstaan is niet voor niets. Zo lang er dingen zijn die we niet begrijpen, is niets uitgesloten, is er dus ook hoop en heeft het zin om op te staan. Zo blijft alles in beweging.

Maar mensen doen vaak alsof ze het allemaal wel weten, terwijl het niet-weten zoveel groter is. Zelf heb ik ook lang in dat soort koppigheid vastgezeten. Ik had last van veel zeker weten, riep vaak: 'Het is toch gewoon zo'. Ik denk dat veel mensen op een gegeven moment besluiten: zo nu weet ik wie ik ben. Vanuit dat vaststaande beeld kijken ze naar de wereld. Dat leidt tot starheid.

Om een basaal voorbeeld te geven: ik ben vrouw, schrijver en homoseksueel, dat weet ik, maar zelfs die identiteit ligt niet vast, want ik studeer nu fysiotherapie en ik ga ook weleens met een man naar bed, dus ook daarin is beweging mogelijk. Gelukkig. We zijn voortdurend bezig anderen te categoriseren: man of vrouw, zwart of wit, homo of hetero. Natuurlijk heb je die labels nodig om te snappen tot wie je je aan het verhouden bent. Maar tegelijk wil je zelf ten opzichte van die labels altijd weer een ander zijn.'

Hoe kijkt u aan tegen de dood?

'Iemand die komt of weggaat van deze wereld stelt op de grote schaal natuurlijk niet veel voor, maar het is toch wel van betekenis. Zoals het uitmaakt of je wel of niet op een feestje komt: doe je dat, dan is je energie deel van het geheel. Dat maakt een verschil voor de sfeer, ook al weet je niet precies welk. Ik denk dat we schakels in een groter geheel vormen en in die zin allemaal belangrijk zijn. Maar ik denk niet dat mijn ego, Maartje Wortel, belangrijk is. Met mij is het straks wel klaar. Maar we zijn energie gebald in een lichaam en ik geloof dat iets daarvan ergens blijft. Shakespeare dichtte: "Van dezelfde stof zijn wij als dromen en ons kleine leven wordt door slaap omringd." Dat vind ik mooi, ik geloof in de cirkelbeweging in de natuur, die ook in de Bijbel voorkomt: "Stof zijt gij en tot stof zult gij wederkeren".'

U bent bescheiden.

'Ik ben dat van mezelf. Maar ik zou het wel fijn vinden als anderen dat wat meer zouden zijn. Als mensen hun ego, dat vaststaande beeld van zichzelf, minder serieus nemen, kunnen ze anderen wellicht beter zien en begrijpen. Dat zelfbeeld zit in de weg, net als dat krampachtig streven naar geluk. We proberen dat voortdurend te vinden, maar hoe vaak lukt dat nu eigenlijk? Zes keer per jaar een handvol seconden? Je kunt je er misschien beter bij neerleggen dat het leven je van alles geeft. Als daar af en toe een geluksgevoel bij zit, mooi, pak het dan. Maar zie dat niet als het doel.'

BOEKTIP

De ontdekking van de wereld van **Clarice Lispector**

'Deze Braziliaanse schrijfster (1920-1977) is een echte intellectueel die toch naïeve vragen over het leven durft te stellen. Haar werk is zoekend en raakt toch altijd een kern. Dit boek is een mengeling van mini-essays, overpeinzingen en korte verhaaltjes. Nog nooit had ik een boek ervaren dat me het idee gaf: als er een waarheid bestaat, dan liggen deze teksten gevaarlijk dicht bij die waarheid in de buurt.'

Manfred Buijs, ex-verslaafde

Een gelukkige jeugdherinnering? Het blijft even stil. 'Wanneer ik alleen door de eindeloze polder in 's Gravenzande banjerde – de weidsheid, de patrijzen en de fazanten, daar kan ik met plezier aan terugdenken. Verder is mijn jeugd een opeenstapeling van narigheid geweest.'

Een moeder 'die heel kil was, geen enkele emotie toonde voor haar kind: nul, nul, nul, nul, nul'; een vader 'die alcoholist was en losse handjes had' en na een jaar vertrekt; opgevolgd door een stiefvader die fysieke mishandeling van zijn vrouw afwisselt met 'wekenlange, psychologische oorlogsvoering' tegen haar. De locatie: het dorp 's Gravenzande, in het kassengebied van het Westland, met de eerste buren op vijfhonderd meter afstand. Het zijn de jaren zeventig: zijn moeder is Duits, zelf is Manfred Buijs geboren in Den Haag – twee redenen voor zijn Westlandse klasgenootjes om hem te pesten. Als vijfjarige loopt hij voor het eerst weg, als zesjarige vlucht hij naar zijn schoolmeester, op zijn zevende zit hij in een internaat. Van zijn zesde tot zijn negende wordt hij door een bekende van zijn familie seksueel misbruikt.

Op zijn elfde experimenteert hij met harddrugs: 'Mijn manier om met mijn emoties om te gaan – pijn, verdriet, woede, haat. De verkeerde weg, maar dat zag ik pas later.' Hij woont tijdens zijn puberteit in een reeks internaten, op zijn zestiende is hij verslaafd: 'Ik heb in mijn jeugd geen rust gekend, geen veiligheid.' Met een lotgenote, Bianca, ontvlucht hij zijn laatste tehuis: 'Zij was mijn grote liefde. We hadden niks, maar wel elkaar.' Haar naam staat op zijn lichaam: 'We kregen een dochter, Mariska. We waren compleet kansloos. Zij raakte door mij aan de drugs. Daar heb ik een groot schuldgevoel over. Na een jaar is ze met onze dochter weggegaan. Ik had bepaalde karaktertrekken van mijn vader overgenomen, inclusief de gewelddadige.'

Dan volgt een periode van ruim twintig jaar waarin hij als verslaafde op straat leeft. Dagelijks heeft hij honderden euro's nodig om aan heroïne, cocaïne en crack te komen. 'Je moet daar veel nare dingen voor doen, laat ik het daar maar op houden. Ik heb zes jaar in gevangenissen gezeten. Allemaal goede voornemens binnen, eenmaal buiten begon het circus binnen een uur opnieuw. Op straat leven is geen leven, het is overleven. En soms de hel. De hardheid van verslaafden, ook onder elkaar – het is een nare, *creepy* wereld. Ik ben zo blij dat ik daaruit ben.'

In 2007 doet hij, doodop en broodmager, een zelfmoordpoging. Die vormt het begin van de ommekeer: 'Ik ben nog een aantal keren flink teruggevallen, maar sinds 2015 ben ik clean, 1763 dagen, bijna 58 maanden.' Buijs, die dit jaar vijftig wordt, woont in een bescheiden woning in het Amsterdamse Betondorp, met aan de muur een Feyenoord-embleem, naast een Boeddha-poster. Op zijn rechterarm staan twee grote kruisen, met de data waarop zijn ouders overleden: 'In zijn laatste levensjaar heb ik voor het eerst met mijn vader contact gekregen, dat was bijzonder en mooi. Ik heb hem nooit gehaat. Mijn moeder wel. Ik heb haar nooit meer gezien, maar ben wel op haar begrafenis geweest. Ik ben soms nog boos op haar, maar door haar dood ben ik wel mijn haat kwijt.'

Wat is voor u een zinvol leven?
'Ik wil iets betekenen voor andere mensen met een verslaving. Ik zou graag trainer willen worden van een groep verslaafden of straathoekwerker. Ik wil mijn negatieve ervaringen omzetten in iets positiefs. Ik weet hoe het is op straat te leven, ik voel iemands frustraties, zijn verdriet, zijn woede, zijn pijn. Mensen die dat straatleven nooit hebben meegemaakt, kunnen dat niet. Dat is geen kwaliteit van me, maar een ervaring die ik met me meedraag. Van dat straatgedrag ben ik nu eindelijk af, dat heeft jaren geduurd. Want je kunt mij wel van de straat halen, maar haal de straat maar eens uit mij. Pas na jaren begon ik iets van rust te voelen. Ik wil nu iets goeds doen met mijn zwarte periode.'

Hoe heeft u het al die jaren op straat volgehouden?
'Eigenlijk is dat vooral te danken aan mijn dochter, zij was mijn lichtbaken. Met drugsgebruik schakelde ik al mijn gevoelens uit en kon ik overleven, de gedachte aan haar weerhield me ervan eruit te stappen. Maar in 2007 was ik helemaal gesloopt. Ik woog nog maar zevenenvijftig kilo en was zo moe, ik kon niet meer. Toen heb ik op een Jellinek-wijkpost een zelfmoordpoging gedaan. Ik kwam op de intensive care. Pas toen kon ik hulp accepteren.

Dat was het keerpunt. Er was me al veel eerder hulp aangeboden. In een gevangenis was ik Roselyne tegengekomen, een Franse vrouw die daar de bibliotheek runde. Ze gaf me een boekje over afkicken, waarin dat werd beschreven als een proces van vallen en opstaan. Dat was in 1997, maar ik was daar nog niet aan toe. Toch heeft dat boekje een zaadje bij me geplant, ook al ging er nog tien jaar overheen. Met Roselyne ben ik altijd contact blijven houden. Ze was erbij toen ik mijn vader opzocht en kwam ook naar de begrafenis van mijn moeder. Daar waren we de enigen. Er was niemand, dat was zo'n ontnuchterend schouwspel, zo'n lege aula. Ik heb er gesproken – niet liefdevol, maar ook geen haat, vrij neutraal. Ik heb haar vergeven. Roselyne ben ik als mijn moeder gaan zien. Vorig jaar ben ik voor het eerst in mijn leven op vakantie geweest, met haar, naar Frankrijk. Ze is nu negenenzeventig. Onze band is er een van moeder en zoon.'

Heeft u nog contact met uw dochter gekregen?

'In 2015 kreeg ik een brief van een instantie die ouders weer met kinderen in contact brengt. Mariska wilde contact. Ik durfde dat eerst niet aan, omdat ik een slecht gebit had. Ik heb daar iets langer dan een halfjaar mee gewacht. Ik schaamde me, hield het af. Achteraf is dat een grote fout geweest.

Nadat ze bij me weg was gegaan, op mijn negentiende, is haar relatie met haar moeder verstoord geraakt. Daarna werd ze geplaatst in een gezin in Woerden, dat heeft het perfect gedaan. Ze werkte bij een bedrijf dat vaccins maakte, ik was trots op haar. Bij onze eerste ontmoeting vroeg ze: "Heb je al die jaren ooit aan me gedacht?" Toen liet ik de tatoeage van haar naam op mijn arm zien. Ze legde haar hand erop, wel een halfuur lang, en huilde veel. Ik voelde van alles, maar huilde niet, ik vond dat ik dat als vader niet moest doen. We zouden elkaar twee maanden later weer ontmoeten, maar nog dezelfde avond hing ze aan de lijn, ze wilde de volgende dag weer komen. Toen heb ik gezegd: rustig aan. We hebben in de twee jaar die daarop volgden een paar leuke, liefdevolle ontmoetingen gehad. Maar de klik van een vader-dochterrelatie is er nooit gekomen. Ze was boos en verdrietig. Dat is ook terecht: ze was in een adoptiegezin terechtgekomen. En we hadden elkaar vierentwintig jaar niet gezien, dat kan je niet overbruggen. In 2018 besloot ze uit het leven te stappen.'

Mijn god. Voelt u zich schuldig daarover?

'Als je er zo lang niet voor je kind bent geweest en gewelddadig naar haar moeder bent geweest, dan heb je daar wel redenen voor, ja. Het gevoel dat ik erover heb, kan een ander nooit navoelen. Dat is peilloos. Dat ik haar niet meteen wilde zien, het uitstel van onze eerste ontmoeting, daarover voel ik me ook schuldig. Dat zal voor haar veel hebben betekend. Ze verlangde er erg naar en was depressief, waar ik pas later achter kwam, dus dat kan hard zijn aangekomen.'

Kan iets uw schuldgevoel wegnemen?

'Misschien helpt het dat ik nu een vaderfiguur kan zijn voor een jonge vrouw die ik heb ontmoet, Amina. Ze is begin dertig, van Arubaans-Egyptische komaf. Ze mist haar Egyptische vader, terwijl ik mijn dochter mis. Onze band is heel sterk geworden, nadat mijn dochter uit het leven was gestapt. Ze is erg betrokken bij de traumatherapie die ik volg om het verlies van mijn dochter te verwerken. Misschien mag dat mijn nieuwe rol zijn, die van vader, wat ik voor mijn dochter niet heb kunnen zijn. Het leven kan raar lopen. Je verliest een kind, dat is verschrikkelijk, tegelijk krijg je een waanzinnig geschenk. Ik zie Amina als een bonusdochter en heb er nog een, Milena.

Ik koester het idee dat mijn dochter van bovenaf toekijkt en haar goedkeuring aan die relaties met mijn bonusdochters geeft. Die gedachte geeft mij een fijn gevoel. Wat anderen daarvan denken, zal me een bout zijn, als ik me er maar wel bij voel. Ik hoop de band met allebei nog uit te bouwen, met hen te doen wat met mijn dochter niet is gelukt.

Mannen zijn er nauwelijks in mijn leven. Dat zal te maken hebben met het seksueel misbruik in mijn jeugd. Ik kom er steeds meer achter hoe beschadigend dat is geweest. Voor zover ik contacten met mannen heb, zijn die vluchtig, afstandelijk. Veertig jaar na dato ben ik nog altijd op mijn hoede. Ook daarvoor ben ik in therapie. Dat ik er nu over durf te praten met een man, was nog maar een halfjaar geleden ondenkbaar.'

Hoe kijkt u aan tegen de dood?
'Ik heb hem zo vaak in de ogen gekeken, ik ben er totaal niet bang voor. Mijn jaren op straat waren tropenjaren en daarvoor moet ik, denk ik, ooit nog de prijs betalen. Maar ik heb een sterk gestel. Ik ken er veel die jonger waren en die nu niet meer leven. Ik zie de dood niet als een bevrijding. Daarvoor heb ik hier nog te veel plezier. Ik wil ook nog wat voor anderen betekenen.'

Wat wilt u overbrengen?
'Mijn boodschap is vooral: oordeel niet. Het is gemakkelijk neer te kijken op iemand die op straat leeft, maar die junk is nog steeds een mens. Wees open, begin met begrip, luister onbevooroordeeld. Ik ben zelf veel veroordeeld. Door de rechter, maar ook door de maatschappij. Ik ben veel met de nek aangekeken door mensen die het hele verhaal niet kennen. "Oordeel niet, opdat je niet geoordeeld wordt." Dat is Bijbels, maar zo waar.'

BOEKTIP

Judas van **Astrid Holleeder**

'Ik vond het een aangrijpend boek. Astrid beschrijft hoe haar broer, Willem Holleeder, een crimineel en dictator kon worden door te vertellen hoe het er bij hen thuis aan toeging. Wat vooral indruk op mij maakte was de psychologische oorlogsvoering van hun vader. Die terroriseerde zijn gezin. Daar herken ik veel in. Het boek maakt voor mij nog meer duidelijk hoeveel pijn mensen elkaar kunnen doen.'

Disa Jironet, officier van justitie

Als veertienjarige Haagse scholier begint ze ermee: gesprekken met Johannes Witteveen, oud-minister van Financiën en hooggeplaatst in de soefibeweging. Twintig jaar lang, tot aan zijn dood in 2019, is hij haar leermeester in de beginselen van deze mystieke stroming. Bij het begrafenisritueel waarmee Witteveen aan 'zijn laatste reis' begint, neemt ze een deel van de ceremonieën voor haar rekening. Ze is op dat moment in verwachting – leven en dood raken elkaar. Ze typeert Witteveen ('geen goeroe') als een man met 'grote nieuwsgierigheid en enorme aandrang om van betekenis te zijn'.

Die twee kwalificaties gaan ook voor haar op. De vierendertigjarige Disa Jironet, kind van Zweedse ouders, werkt als officier van justitie. Recent verscheen haar boek *Misdaad en mededogen.* Dat heeft ze opgedragen aan Witteveen en aan haar twee dochters: 'Mogen ze opgroeien in een wereld die door liefde wordt geleid'. Ze pleit voor een mensgerichte benadering van zowel de dader als het slachtoffer van een misdrijf. Het slachtoffer kan daardoor beter met zijn traumaverwerking worden geholpen, de dader geeft het een kans op 'moreel inzicht'. Dat laatste beoogt het strafrecht wel, maar werkt in de praktijk niet, betoogt ze, na twaalf jaar werken bij het Openbaar Ministerie. De strafzitting ervaart ze dikwijls als 'een gemiste kans', omdat 'werkelijk contact' met de verdachte vaak uitblijft.

Met haar leermeester krijgt ze contact via haar moeder. Die scheidt eind jaren tachtig van haar man, waarna ze in 1994 met haar twee kinderen naar Nederland komt om een proefschrift over de soefibeweging te schrijven. Met haar ex-man in Zweden wil zij geen contact meer, wat sporen bij haar dochter achterlaat: 'Misschien niet toevallig heb ik van conflicten mijn werk gemaakt. Wat bij mij sterk resoneert is een conflict niet te zien als het einde van een relatie, maar als een keerpunt.' Van Witteveen krijgt ze de overtuiging mee dat het in het leven draait om liefde, harmonie en schoonheid: 'Daar zit voor mij het goddelijke in, niet in een opperwezen.'

Vanaf haar veertiende mediteert ze: 'Ik deed het met dezelfde vastberadenheid waarmee ik alles doe. Ik weet nog goed hoe het voelde toen het voor het eerst stil was in mijn hoofd. Ik besefte dat alles een eenheid vormt: dat alles, dus ikzelf ook, uit hetzelfde is gemaakt.' Het soefisme ziet ze niet als zaligmakend: 'Andere spirituele stromingen zijn deuren naar dezelfde ruimte.'

In 2008 begint ze als officier. Aanvankelijk ervaart ze haar carrière en haar spirituele pad als gescheiden werelden: 'Het heeft voor mij moed gevergd die bij elkaar te brengen. In mijn ogen voeden ze elkaar.' Haar BrainWash-talk *Rechtspraak uit liefde* in 2018 was een stap in dat proces, haar boek is een volgende. Bovenal wil ze het debat aanwakkeren: 'Ik ben er niet op uit het soefisme het strafrecht in te loodsen, maar wil de mens een belangrijkere plek binnen het strafrecht geven. Dat heeft als uitgangspunt een houding van wantrouwen, terwijl het in mijn ogen dienend zou moeten zijn. Daaronder zit mijn overtuiging dat alle mensen in beginsel even goed of slecht zijn – ik zie geen wezenlijk onderscheid tussen mij en de ander, ook al is die slachtoffer of verdachte van een misdrijf.'

Wat is voor u een zinvol leven?

'Voor mij is daarvan sprake wanneer iemand iets vindt dat hem in staat stelt van betekenis te zijn en daardoor zijn ware zelf kan ontdekken. Dat kan van alles zijn – goed voor je gezin zorgen, iets in de maatschappij betekenen. Voor mijzelf is het bovenal dienend zijn, dat hoort wezenlijk bij mij. Ik wil anderen in staat stellen van betekenis te zijn, (geëmotioneerd) dat beseffen raakt me. Mijn *sense of purpose* zit in het creëren van omstandigheden waardoor er harmonie en veiligheid in het leven van mensen kan ontstaan. Zo voed ik ook onze kinderen op – ik wil ze helpen hun beste zelf te worden door ze te omringen met liefdevolle ouders, familie en vrienden, een goede crèche. In mijn werk doe ik iets vergelijkbaars. Ik streef ernaar vanuit eenheid te leven, zodat in mijn werk en gezinsleven dezelfde toon klinkt.'

Wat bedoelt u met iemands 'ware zelf'?

'In de basis van de mens zit iets zuivers, hij wordt niet egoïstisch geboren. Door het lijden dat hem overkomt, kan hij slecht gedrag vertonen, waarmee hij anderen pijn doet. Dat is de valse kant waar je naar kunt afdwalen. Christenen omschrijven het als zonde, in mijn vocabulaire voert dan je 'valse ego' de boventoon. Dat overheerst ook wanneer je bang bent voor wat anderen van je vinden, bij een gevoel van tekortschieten, denken dat je iets niet waard bent of bij alle eisen die je jezelf oplegt. Dan voel je je onveilig en verlies je je ware zelf uit het oog. Door meditatie kun je daar weer bij terugkomen. Mediteren herinnert je eraan dat je per definitie veilig bent.'

Bestaan er voor u geen slechte mensen?
'In mijn ogen kun je de begrippen goed en slecht wel op gedrag, maar niet op mensen zelf toepassen. Schaad je iemand of doe je hem pijn dan is dat slecht gedrag, terwijl het goed gedrag is wanneer je iemand helpt of iets doet dat je dichter bij je ware zelf brengt. Maar je moet dat niet vereenzelvigen met de persoon, dat vind ik een onbehulpzame manier van denken.'

Waarom?
'We snijden ons ermee in de vingers. Wanneer een officier van justitie een verdachte gaat voorhouden dat hij slecht is en zich diep moet schamen, is dat contraproductief. Hij toont zich dan moreel superieur, waardoor onnodige afstand ontstaat. De officier zet hem weg als 'anders', als iemand die beangstigt. Omgekeerd denkt de verdachte vaak: de maatschappij is tegen me. Zeker als hij een officier en een rechter tegenover zich ziet die in een geheel andere sociaaleconomische positie zitten. Als er wederzijds wantrouwen is, gaat de verdachte ons niets vertellen. Terwijl dat wel nodig is om hem te brengen bij een ander moreel inzicht, zoals het strafrecht beoogt. Daarom pleit ik voor meer mededogen, zodat je hem bovenal als een mens kan zien met wie je verbinding kunt aangaan.'

Is dat wel de taak van de officier van justitie?
'In de opsporingsfase is mijn rol een andere, namelijk om samen met de politie verdachten te pakken te krijgen. Dat moeten we zo efficiënt mogelijk doen. Maar daarna komt de zitting. Dat is de plek waar menselijke pijn en maatschappelijke onrust samenkomen. Als je die onrust wilt begrijpen, moet je de individuele pijn begrijpen en het verband tussen die twee zien. De zitting heeft de potentie werkelijke verandering te bewerkstelligen. Als we die benutten, kunnen we niet alleen

individuele levens positief beïnvloeden, maar ook maatschappelijk meer impact hebben.'

Hoe moet ik me dat concreet voorstellen?
'In mijn boek voer ik een vrouw op die door haar man ernstig was mishandeld, Rose. Zij durfde op de zitting daarover te vertellen. Ik heb toen gezegd dat haar getuigenis me raakte. Dat viel ook even in mijn stem te horen. De kunst is dat even toe te laten zonder dat de emotie het overneemt. Ik zei dat ik haar verklaring van belang vond voor mishandelde vrouwen in het algemeen. Dat kwam over. Toen voelde ik dat ik even niet jurist was, maar medemens. Zij liet me later weten dat ze het een magisch moment had gevonden en dat het haar heeft geholpen de gebeurtenis achter zich te kunnen laten. Haar getuigenis had betekenis gekregen, ze voelde zich gezien.

Bij een dader kan dat ook. Onlangs had ik iemand op zitting die drieëntwintig auto-inbraken had gepleegd. Hij bekende en was tot een echt gesprek bereid. We konden het hebben over zijn lijden, over het effect dat zijn cocaïneverslaving op hem had en hoe hij hoopte in de toekomst van betekenis te kunnen zijn. Het was bijzonder dat te benoemen – in de rechtszaal komt zelden ter sprake hoe de verdachte lijdt en al helemaal nooit wat hij goed kan doen. Het was mooi om te zien hoe die man zich ontspande. Ik heb drie jaar cel geëist, wat past bij zo'n lijst met delicten. Mededogen betekent dus niet lagere straffen eisen.'

Wordt u door de crimefighters binnen het Openbaar Ministerie niet als soft gezien, met uw pleidooi voor liefde en mededogen?
'Leven vanuit liefde vergt moed – je stelt je kwetsbaar op en riskeert te worden afgewezen of gekwetst. Maar ik ben ervan

overtuigd dat het waardevol is, ik heb op zittingen ervaren hoe krachtig deze benadering is. Daar wil ik het met collega's graag inhoudelijk over hebben. Krijg ik persoonlijke kritiek dan laat ik die bij de ander. In mijn begintijd bij het OM zou ik dit gesprek niet hebben durven aangaan, maar er is een kentering. Er is een grotere groep binnen het OM die hiervoor openstaat, ook al omdat het nu niet goed genoeg werkt – zie het hoge percentage recidivisten. Ik voel mij ook gesteund door mijn meerderen. In mijn boek geef ik hopelijk taal aan een behoefte die bij anderen ook leeft.'

Roept de maatschappij niet vooral om meer veiligheid?
'Die behoefte is er, ik zie dat als een gevolg van onzekerheid in de samenleving. Waar die vandaan komt, weet niemand precies. Om hem in te perken, is in ieder geval vertrouwen nodig in de instituties waar we ons leven lang mee te maken krijgen, zoals de zorg, de belastingdienst, het onderwijs en justitie. Dan moeten die instituties zelf burgers niet wantrouwen, zoals het geval was bij de belastingdienst in de toeslagenaffaire.

Volgens onderzoek van het Sociaal Cultureel Planbureau is het vertrouwen in instituties nog altijd redelijk hoog, alleen is de maatschappelijke teneur dat het vertrouwen zou zijn verdwenen. In mijn ogen wordt de stemming te veel door een luidruchtige minderheid op sociale media bepaald. Mij interesseert vooral wat de redelijke, veel minder luidruchtige meerderheid vindt. Met mijn ideeën over het strafrecht hoop ik hun opvattingen erover te verwoorden'.

U heeft het over vertrouwen in instituties, maar zegt ook: vertrouw allereerst jezelf.
'Dat is inderdaad het ideale scenario: dat mensen hun behoefte eraan niet projecteren op anderen, maar het vertrou-

wen in zichzelf zoeken. Mijn ideaal is een wereld van zelfbewuste, open mensen die vanuit overvloed denken, niet vanuit schaarste – mensen die vanuit liefde leven, niet vanuit angst.'

BOEKTIP

Becoming Wise van **Krista Tippett**

'Gesprekken met bijzondere mensen, van boeddhist Thich Nhat Hanh tot marketingexpert Seth Godin, over wat hen drijft en hun visie op hoe wij samenleven. In *Becoming Wise* verbindt de Amerikaanse journalist Krista Tippett die gesprekken op een organische en tegelijk verrassende manier, in een taal die zo inspirerend is dat je blijft onderstrepen. Haar podcast *On Being* is al evenzeer een aanrader.'

John de Vos, paleontoloog

Met uitgestoken hand, ondanks corona, staat hij in de deuropening van zijn Hilversumse galerijflat – hij is er de man niet naar om zich zijn gedrag te laten voorschrijven. Zijn vrouw Rita, nog niet zo lang terug uit het ziekenhuis na een hartstilstand, schudt al even hartelijk handen.

De dood lijkt niet ver weg voor de tweeënzeventigjarige paleontoloog John de Vos. Tot zijn achtenzestigste was hij gezond, maar toen kreeg hij een herseninfarct en een jaar later werd darmkanker en prostaatkanker met uitzaaiingen bij hem geconstateerd. 'Ik krijg er telkens drie maanden bij,' zegt hij opgewekt. Met een rollator, overgehouden aan de verlamming door zijn herseninfarct, beweegt hij zich door zijn flat. Hij woont er al meer dan veertig jaar, een honkvastheid die haaks staat op alle exotische plaatsen die hij bezocht. Op Kreta, Mauritius, de Filipijnen, in Pakistan en Laos voerde hij *crime scene investigations* uit: opgravingen van fossiele resten van herten, olifanten, dodo's en oermensen. Hij deed dat in dienst van het Leidse museum Naturalis (voorheen Rijksmuseum voor Natuurlijke Historie), waar hij conservator was van de vermaarde Dubois-collectie (veertigduizend fossielen uit Indonesië). Hij maakte tientallen tentoonstellingen, maar zijn veldwerk, dat hij 'goudzoeken' noemt, vond hij het mooiste aan zijn vak. Niet in de laatste plaats omdat dat hem grote vrijheid bood: 'Mijn hele leven heb ik gedaan waar ik zin in had.'

Het lag niet voor de hand dat hij het zou schoppen tot een gerenommeerd paleontoloog, met *Nature*-artikelen en drie naar hem vernoemde diersoorten (een hert, genaamd *Candiacervus devosi*, een aap, *Pongo pygmaeus devosi*, en een walvis, *Nehalaennia devossi*). Opgroeiend als jongste zoon in een bakkersgezin met zes kinderen valt hij vooral op door zijn onhandigheid: 'Ik heb twee linkerhanden, dus de ambachtsschool viel af, het werd de ulo (voorloper van het vmbo).' Een interventie van een oom ('wat doet dat jong op de ulo?' riep hij uit, na het zien van een rapport) leidt ertoe dat hij terechtkomt op de hbs. Daarna volgt een studie biologie in Utrecht: 'In de jaren zestig konden arbeiderskinderen dat soort dingen doen, dat paste in de tijdgeest.' Dat werd in huize De Vos niet bijzonder gevonden: 'Een andere broer ging de wilde vaart op, weer een ander werd timmerman. Wat ik deed was wel afwijkend, maar er werden geen woorden aan vuilgemaakt.'

Hij kwam uit een 'apolitiek en areligieus' gezin; hij noemt zichzelf ook nog 'asociaal en asportief'. Asociaal? 'Ja, ik ben geen Moeder Theresa. Ik heb wel vrienden, sommige al meer dan veertig jaar, maar ik ben niet iemand die iets organiseert of die de verbinding met de ander zoekt, of zoiets.' Rita, al negenenveertig jaar met hem getrouwd, vult aan: 'Hij heeft een vriend die ook kanker heeft. Dus zeg ik tegen hem: "Bel hem nou eens op." Krijg ik als antwoord: "Ja, dat komt wel."'

Liever duikt De Vos in zijn eigen hoekje in zijn flat in 'boekies' en 'artikeltjes' – in onderzoek naar de evolutie van de mens blijft hij zich verdiepen, ook nu nog, lang na zijn pensionering. Op zijn twaalfde hoorde hij op school voor het eerst over Darwin – hij werd meteen door diens evolutietheorie gegrepen: 'Dat was het helemaal, dacht ik, want daarmee zou je álles kunnen verklaren, het leven zoals het is. Dat bleek wat ingewikkelder te liggen.'

Wat is voor u een zinvol leven?

'Stel ik jou meteen een vraag: vind jij dat een bacterie of een giraffe een zinvol leven heeft?'

Ik denk het wel, voor zover het leven zinvol is.

'Gelukkig, anders had je zojuist drie miljard jaar evolutie afgeschreven. Maar wat is het zinvolle eraan? Dat is de voortplanting. Want wat zijn we nou helemaal: een klompje DNA, wat vetten en wat eiwitten. Dat is leven. Er is een raar molecuul, het DNA, dat afhankelijk van de omstandigheden een bepaalde vorm krijgt. De voortzetting daarvan is de zin. De rest is amusement.'

Heeft ons leven geen andere betekenis dan voortplanting?

'Nee, we komen van dat DNA-molecuul, met wat eiwitten en vetten, dat is de essentie. Ik heb een keer een tentoonstelling samen met een non gemaakt. Ik zat op mijn minimalistische standpunt: eenheid in verscheidenheid, de eenheid is dat celletje en dan is het maar net welke vorm het krijgt. Als de omgeving verandert, is het: aanpassen of uitsterven. Daar was zij het helemaal niet mee eens, ze vond dat te kaal, voor haar moest er meer zijn. Nou, voor mij is er verder niks.

Ik heb veel tentoonstellingen gemaakt. Voor mij valt dat puur onder amusement, net als wat jij nu met die interviews doet. Iedereen is bezig zijn tijd zo leuk mogelijk door te brengen, wat voor verhaal hij er ook bij verzint. Voortplanting is de kern. Dat gebeurt al drie miljard jaar, terwijl de mens er pas honderdduizend jaar is, of tweehonderdduizend jaar als je er wat anders naar kijkt.'

Leiden mensen die zich niet voortplanten dan geen zinvol leven?
'Klopt.'

Een harde boodschap voor mensen zonder kinderen.
'Daar kan ik niks aan doen. Die mensen kunnen natuurlijk leuk bezig zijn en het idee hebben dat ze hun tijd zinvol doorbrengen, maar nee dus.'

Maakt 'er zijn voor een ander' een leven niet zinvol? Neem een mantelzorger, die zijn leven in dienst stelt van een ander.
'Dat gaat er bij mij niet in. Drie miljard jaar draait het alleen om voortplanting, dat wordt dan eventjes aan de kant gezet door een mantelzorger. Zelf ben ik evolutionair gezien allang overbodig. Voor haar (knikt in de richting van Rita) is het misschien anders, want zij doet veel voor de kleinkinderen, maar ik dien nergens meer toe. De medische wetenschap heeft me in leven gehouden. Normaal gesproken was dat herseninfarct me fataal geworden, anders mijn kanker wel. Maar goed, ik ben er blij mee, want ik amuseer me nog wel.'

Valt uw wetenschappelijke werk ook onder amusement?
'Ja. Ik heb me er uitstekend mee vermaakt, maar het stelt geen bal voor. De vraag of we onze tijd zinvol doorbrengen, kwam op toen we ophielden jagers-verzamelaars te zijn. Er ontstond ruimte, vrije tijd. Toen is het ook misgegaan. Daarvoor was er voldoende energie van de zon om alles te laten bloeien en groeien. Maar toen de mens aan veeteelt en land-

bouw ging doen, kwam hij energie tekort. Na de industriële revolutie werd dat tekort zo groot dat hij alles is gaan slopen. Terwijl het leven op aarde al drie miljard jaar op rolletjes liep. De mens verwoest alles, het is een raar beest hoor.'

Als je ons vergelijkt met de oermens...

'Dan kunnen we nog wat van hem leren, namelijk dat je met je poten overal af moet blijven. Het is toch te gek: we doen aan natuurbeheer in dit land door vennetjes uit te graven om er weer salamanders in terug te krijgen, ondertussen moet je zien wat in Brazilië en Borneo wordt gekapt. Bolsonaro, die Braziliaanse president, geeft allerlei concessies voor de regenwouden uit: dat betekent wegen aanleggen, huizen, tankstations. Borneo is al zowat kaal. Het gaat volledig de verkeerde kant op.'

Kan de wetenschap daar iets tegen doen?

'De vraag is: komen we met iets nieuws? Ik zie geen grote doorbraken. Neem de evolutie van de mens. De echte ontdekkingen zoals natuurlijke selectie en het uitsterven van soorten, zijn in de negentiende eeuw gedaan. In 1953 hebben we nog het DNA erbij gekregen, ontdekt door Watson en Crick. Sindsdien kwam er niets nieuws bij.

Zelf heb ik me beziggehouden met de eilandentheorie van Paul Sondaar, mijn leermeester. Hij had als idee dat beesten zoals dwergolifantjes en dwergnijlpaardjes naar eilanden toe waren gezwommen en zich daar hebben aangepast. Die theorie was nieuw en we hebben die getoetst op Kreta en de Filipijnen. Hij bleek te kloppen. Leuk, maar natuurlijk niet meer dan een detail. Ik zie momenteel vooral hardwerkende wetenschappers die voortbouwen op bestaande ideeën.

Op een gegeven moment kunnen ze vast wel een stukje

DNA bij de mens inbrengen, maar ik geloof niet in een verbeterde versie van de mens, waarover wel wordt geschreven. Nee, de mens maakt zichzelf kapot. Wel staan we pas aan het begin van de digitale revolutie. Die is echt vernieuwend. Mijn generatie, die van de digibeten, wordt op dit moment weggevaagd, maar goed, die gaat er toch snel uit. We staan nog aan het begin, ik hoop dat die digitale revolutie de ondergang van de mens bespoedigt.'

Pardon – hoezo?
'Omdat de aarde een zucht van verlichting zal slaken – de natuur kan dan weer groeien en bloeien. Ik geef de mens nog tweeëntwintigduizend jaar, dan is het wel afgelopen, gezien de groei van de wereldbevolking. Als je die doorrekent in generaties, weet je dat het op een gegeven moment voorbij is. Door onze voortplanting graven we ons eigen graf.'

U kijkt er blij bij.
'Ik verheug me op het einde van de mens, omdat dat voor de aarde een zegen zal blijken. De natuur vind ik aanzienlijk belangrijker. Alleen vind ik het jammer dat ikzelf de afloop niet meemaak, dat voelt toch als een film waarvan je het einde niet ziet. Doodgaan vind ik verder niet erg. De mens is niet belangrijk. Je moet hem niet vooropstellen, zoals Descartes deed: "De mens onderscheidt zich van de beesten, omdat hij een ziel heeft." Wat een onzin. De mens heeft het vooral enorm met zichzelf getroffen en het is de apenrots die nog steeds dicteert. We vinden onszelf heel wat, maar zijn bezig onszelf gek te maken – waar je ook kijkt, mensen jagen elkaar op.

Zelf heb ik me nooit laten opjagen. Toen er functioneringsgesprekken bij het museum kwamen, kreeg ik als vraag: wat is je ambitie? Ik zei: "Die heb ik helemaal niet. Ik wil gewoon zo doorrommelen." Vonden ze raar. Het belangrijkste is wat je vanbinnen voelt. Dat heb ik mijn studenten ook altijd voorgehouden. Je gevoel zegt je of iets wel of niet goed is. Mijn harde werken kwam altijd van binnenuit.'

BOEKTIP

The Selfish Gene van **Richard Dawkins**

'Het DNA-molecuul met de genen is merkwaardig: het lijkt alsof het zich móét vermeerderen. Dit boek is al meer dan veertig jaar oud, maar nog steeds actueel en fascinerend. Dawkins schrijft over het belang van genen bij natuurlijke selectie. Het gaat niet over een individu of een enkel gen, maar over een groep genen die aan de volgende generatie wordt doorgegeven. Alleen de best aangepaste blijven voortbestaan.'

Shantie Singh, bestuurskundige en schrijver

Als achtjarige maakt ze mee hoe een vriendinnetje op de basisschool in Almelo voortdurend wordt gepest. Het meisje wordt bespot, omdat ze kleren draagt van de winkel waar haar vader werkt, Zeeman. Tot wanhoop gedreven blijft ze thuis, waarna de juf met de klas in gesprek gaat. Shantie Singh, tot dan toe vooral een verlegen meisje, staat op en neemt het woord: 'Iedereen was stomverbaasd. Ik hield een lang verhaal en gaf een stem aan het verdriet van mijn vriendinnetje. Toen merkte ik voor het eerst dat mensen naar me luisterden.'

Haar ouders emigreren eind jaren zeventig van Suriname naar Nederland – vader vindt werk bij beschuitfabrikant Bolletje, moeder zit met haar beide dochters thuis. 'Ze moest het alleen uitzoeken, er was niemand die haar zag of hoorde. Tekenend vind ik de anekdote over haar bezoek aan het arbeidsbureau. Iedereen werd daar opgeroepen, maar zij werd genegeerd. Terwijl het voor iedereen duidelijk was dat zij allang aan de beurt was. Heel gênant, maar mijn moeder heeft niets gezegd en is stilletjes weggegaan. Ik raak er geëmotioneerd van als ik bedenk wat voor worsteling het leven voor haar in die jaren is geweest.'

Shantie en haar jongere zusje zijn uit ander hout gesneden: 'Mijn zusje en vooral ik stelden voortdurend vragen, terwijl mijn ouders voortkomen uit een cultuur waarin je juist alles moest aannemen zoals het is. Mijn vragen werden ook opgeroepen door mijn ervaringen op school. 'Waar kom je vandaan?' kreeg ik vaak als vraag. Ik vertelde dan dat ik in Nederland was geboren, maar dat mijn ouders uit Suriname kwamen en mijn voorouders uit India. Maar ik wist nauwelijks meer dan dat.'

Haar nieuwsgierigheid naar dat verleden leidt tot jarenlang onderzoek – ze speurt in archieven en interviewt familieleden. In 2014 verschijnt haar roman *Vervoering*, een epos over het lot van een Hindoestaanse familie dat de lezer over drie continenten voert. Ze heeft dan al een universitaire studie afgerond, bestuurskunde in Rotterdam. 'Het boek schreef ik in eerste instantie voor mezelf, maar ook met het oog op volgende generaties. Ik had het zelf als puber graag gelezen, toen ik met al die vragen over mijn herkomst worstelde. Of later tijdens mijn studie en op mijn werk, wanneer ik me anders voelde. Dit boek helpt veel in perspectief te plaatsen.'

Binnenkort verschijnt haar tweede roman, geïnspireerd op haar werk voor de gemeente Rotterdam. De zevenendertigjarige Singh ondersteunt vrouwen die met 'schadelijke traditionele praktijken en huiselijk geweld' te maken krijgen. Hun verhalen moeten worden verteld, vindt ze. Ze is gefascineerd door hun veerkracht: 'Een van die vrouwen sprong van het balkon om aan haar huwelijk te ontsnappen. Ze had acht jaar opgesloten gezeten. Ze overleefde het en zei tegen me: "Ik ben slachtoffer in mijn leven geworden, maar ik weiger het te zijn." Dat vond ik zo krachtig. Ik ben allergisch voor fatalistisch denken, voor mensen die verzuchten: "Het is het lot" en vervolgens bij de pakken neerzitten. Deze vrouw nam haar lot weer in eigen hand.'

Wat is voor u een zinvol leven?

'Voor mij draait het in het leven om vrijheid. Dat zie ik als een voorwaarde voor een zinvol leven. Dat we over deze vraag kunnen nadenken en ons leven er vervolgens op kunnen inrichten, kan alleen als je je vrij voelt. Helaas is die vrijheid nog altijd geen gegeven, zeker niet voor vrouwen. Ik zie het als mijn missie daaraan bij te dragen, dat is misschien wel mijn belangrijkste drijfveer. Ik realiseer me heel sterk hoe belangrijk vrijheid is om zinvol te kunnen leven.

Mijn vader heeft daaraan zeker bijgedragen. Hij heeft me altijd voorgehouden dat ik van alles kan worden in mijn leven: politica, schrijfster, ondernemer, niets was te gek. Nooit sprak hij over de noodzaak van een huwelijk – het ging altijd om zelfontplooiing, op je eigen benen staan. Voor mij was dat normaal, tot ik meer van de wereld leerde kennen. Toen ervoer ik hoe bijzonder zijn houding was. In mijn familie en omgeving ken ik genoeg voorbeelden van vrouwen die niet zelf hun partner kunnen kiezen.'

Heeft uw gevoel voor vrijheid zich verdiept door uw onderzoek naar uw familiegeschiedenis?

'Zeker. Dat wij nu toekomen aan een gesprek over de vraag wat een zinvol leven is, ervaar ik als een voorrecht ten opzichte van mijn voorouders die zich met overleven bezig moesten houden. Zij kwamen uit India om op plantages in Suriname te werken, verkapte slavernij. Ze hebben zich voortdurend moeten aanpassen, eerst aan de Engelsen in India, later aan de Nederlanders in Suriname. Mijn ouders hebben zich in Almelo ook weer moeten aanpassen. Het Hindoestaanse overlevingsmechanisme is jezelf wegcijferen. Dat staat een trotse houding op je cultuur in de weg. Ik vind dat onterecht en kan er nog altijd boos over worden. Want het is zo'n bijzonder verhaal, maar het is nauwelijks bekend. Het zit ook niet in ons geschiedenisonderwijs, terwijl het een verhaal van vele Nederlanders is.

'Ieder mens heeft het nodig te weten waar hij of zij vandaan komt. Dat helpt om jezelf te kunnen plaatsen en te bedenken waar je heen wilt. In mijn ogen is dat verhaal de essentie van ons als mens, we worden erdoor voortgedreven. Alles wat we doen, begint met een verhaal. Als je weet wat dat is én dat wordt gehoord, voel je je als mens erkend. Het is in alles essentieel. Het helpt de chaos van het bestaan te bedwingen. Dat lukt niet altijd, maar het helpt wel om ermee om te gaan, het biedt de kans zin in de chaos te vinden. Het is ook essentieel voor onze onderlinge verhoudingen, want die krijgen pas diepte als je dat verhaal van de ander kent. Als het niet wordt gehoord, besta je in zekere zin niet. Daarom vind ik dat wegcijferen, die onzichtbaarheid, ook zo erg. Het is zo zonde dat het nog altijd gebeurt, terwijl we allang voluit zouden kunnen leven.'

Voelt u door uw familiegeschiedenis niet ook druk: dat u de kansen moet benutten die uw voorouders niet kregen?
'In mijn hoofd heeft inderdaad altijd sterk gezeten: ik heb alle kansen, ik kan voluit leven, dus ik moet het helemaal waarmaken. Toen ik klein was, voelde ik de druk van mijn vader. Hij is slim en had graag willen studeren, maar het is er niet van gekomen. Dus is zijn droom op zijn kinderen overgegaan. "Mijn dochters gaan naar de universiteit," voorspelde hij. In onze cultuur wordt aan intellectuele ontwikkeling veel waarde toegekend. Dat komt door het altijd moeten overle-

ven – je wilt vooral niet dat je kinderen in hun leven moeten worstelen.

Ik vind het moeilijk te onderscheiden wat druk van mijn vader is geweest en wat ik mezelf heb opgelegd. Toen ik mijn roman presenteerde, vroeg ik hem: "Ben je nu trots?" Daarop antwoordde hij tot mijn grote verbazing: "Dat was ik allang!" In mijn hoofd ben ik lang bezig geweest met het goed willen doen voor hem, terwijl hij het allang prachtig vond wat ik deed. Hij heeft in ieder geval een grote ontwikkeling doorgemaakt. Nu zegt hij vooral: doe wat je gelukkig maakt en geniet.'

Lukt dat?

'Dat probeer ik wel. Als ik mezelf vastzet met allerlei doelen geniet ik niet meer. Momenteel leef ik met het besef dat je je leven niet onder controle hebt. Voor ons is duidelijk geworden dat kinderen krijgen niet vanzelfsprekend is. De oorzaak is onduidelijk, wat erg frustrerend is. Het heeft me bewust gemaakt hoezeer ik altijd met de volgende generatie bezig ben geweest. Door mijn boek ben ik het leven gaan zien als gevormd door schakels, waarbij iedere generatie naar een beter bestaan voor de volgende streeft. Onbewust ben ik dat als de zin van mijn leven gaan zien. Maar nu we niet meer zeker weten of het er ooit van komt, verandert dat en zie ik vooral dat je het leven niet kunt beheersen. Eigenlijk kun je alleen in het moment leven en omarmen wat het leven te bieden heeft.

Naarmate ik meer over dit onderwerp durf te praten, wordt me duidelijker hoeveel mensen ermee worstelen. Maar het blijft lastig, want het voelt ook als falen. Je kunt er alleen over spreken wanneer je jezelf volledig accepteert, maar dat lukt niet zomaar. Alle beelden in onze samenleving over een geslaagd leven zitten in de weg. Tegelijk merk ik dat mensen het kunnen waarderen, wanneer je erover durft te beginnen. Omdat het zo menselijk is en het je in staat stelt meer tot elkaar te komen. Dat maakt het leven de moeite waard. Juist kwetsbaarheid stelt ons in staat te groeien.

Inmiddels ben ik wel tot de overtuiging gekomen dat mijn leven ook een andere wending kan nemen. Dat zeg ik nu zo, maar het is wel een proces van pijn en verdriet. Een halfjaar geleden had ik een mooi gesprek met een vrouw die tegen me zei: "Je kan op veel manieren moeder zijn en werken aan wat je aan een volgende generatie wilt doorgeven." Dat raakte me. Ik vond het mooi dat ze me zo zag. Dat was troostend en gaf me ruimte. Daardoor kon ik gaan zien wat ik allemaal nog meer zou kunnen doen.'

Wat leert het gebrek aan controle u over het leven?

'Voor mij is de les dat het meer om de weg dan om het resultaat gaat – denk niet dat je pas gelukkig zult zijn wanneer je je doel hebt bereikt. Geniet van de weg erheen, dan kun je ook openstaan voor het onverwachte en jezelf toestaan ergens anders uit te komen dan je had bedacht. Het hoeft allemaal niet zo dichtgetimmerd te zijn. Als ik meteen op jongere leeftijd moeder was geworden, zoals ik had bedacht, had ik misschien nooit geweten hoe diep de liefde van mijn man gaat, hoezeer mijn schoonouders me als hun dochter zien en hoe sterk ikzelf ben. Je kunt het vergelijken met het schrijven van een boek: je hebt een structuur en een beeld van het einde, maar tijdens het schrijven gebeurt er iets, dat je van tevoren nooit had kunnen bedenken. Dat bepaalt hoe het uiteindelijk wordt. In dat opzicht is schrijven eigenlijk net zo wonderlijk als het leven.'

BOEKTIP

Het leven van Pi van **Yann Martel**

'Dit boek spreekt me aan, omdat de hoofdpersoon buiten de vaste kaders van godsdiensten treedt – Pi, een zestienjarige Indiase jongen, is zowel hindoe als moslim als christen. Zelf kom ik uit een gezin dat open omging met religie. We zijn liberaal hindoeïstisch, maar ik zat ook op een christelijke basisschool. Een vrije omgang met religies heeft me altijd gefascineerd.'

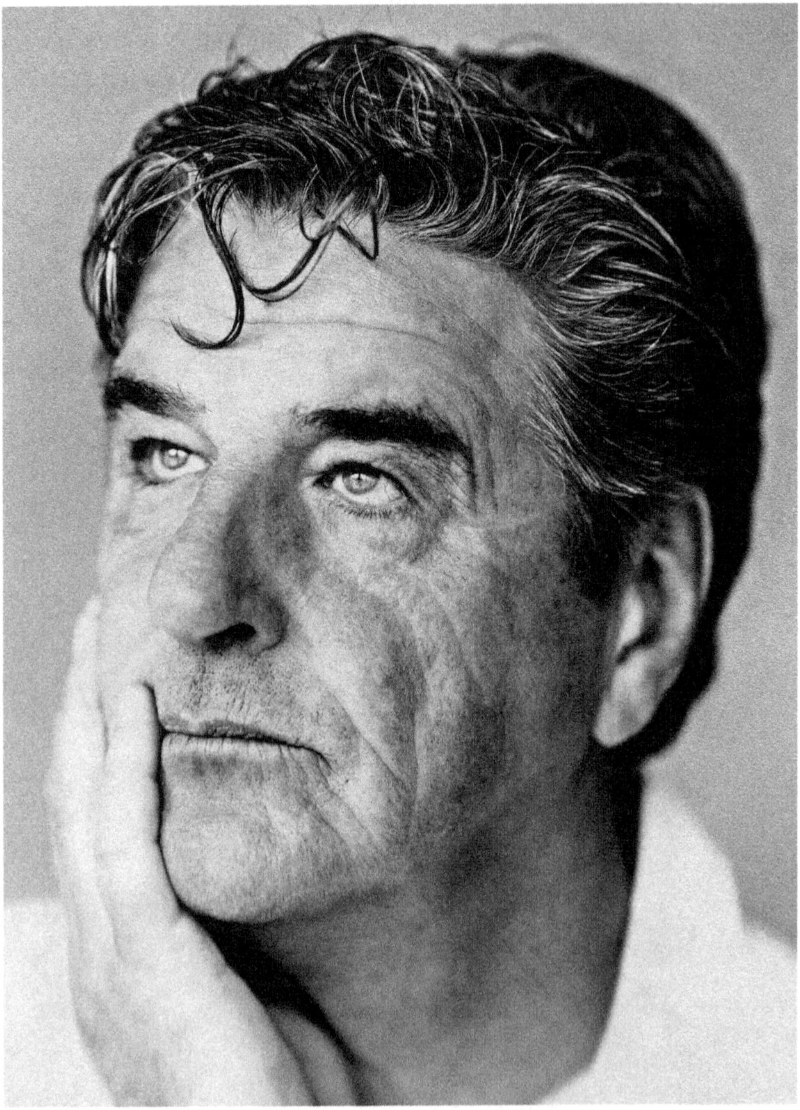

Jo Vonck, ondernemer

Op de middelbare school is hij een 'gevierde jongen' – met veel vriendinnetjes, sportieve successen en zijn uitverkiezing tot het leerlingenbestuur van het Rijnlands Lyceum in Wassenaar. Maar in dat milieu, 'een wereld van mensen met VVD-buttons', voelt hij zich niet helemaal thuis. Zijn ouders zijn sobere Zeeuwen, die in het chique Wassenaar zijn beland. Jo Vonck ervaart een wereld van verschil als hij op bezoek gaat bij andere gezinnen in het Wassenaar van de jaren zeventig. Daar maakt hij kennis met een 'ruimhartige levensstijl', die tot zijn verbeelding spreekt. Hij kiest voor Delft: mijnbouwkunde en het studentencorps. Zijn 'rode' vader ziet het met lede ogen aan, zijn moeder hoopt dat hij deel gaat uitmaken van de elite.

Zelf streeft hij vooral naar een goed leven: 'Ik had de ambitie flink geld binnen te brengen, een ton aan salaris was mijn eerste doel.' Zijn leven deelt hij met Nicole, 'het mooiste meisje van het Rijnlands', met wie hij in het eindexamenjaar een relatie heeft gekregen. Wanneer beiden eind twintig zijn, wordt hun eerste kind geboren, het tweede volgt snel. Maar enkele jaren later, in 1996, blijkt Nicole borstkanker te hebben – een borstamputatie is onvermijdelijk.

Ze geven het zo min mogelijk aandacht: 'We deden alsof het niet meer dan een griepje was.'

Vonck, in die jaren een workaholic, is bezig met het oprichten van een ICT-bedrijf, wanneer de kanker een jaar later naar haar ribben is uitgezaaid. 'Ik heb toen tegen haar gezegd: schatje, ik kan zo met werken ophouden. Maar ze bleef me stimuleren.' Zijn bedrijf wordt een succes, wat hem in staat stelt voor zijn vrouw te zorgen – de kanker zit eind 1998 ook in haar hoofd. Hij doet er alles aan de laatste maanden voor haar dragelijk te maken – 'de mooiste en lelijkste tijd van mijn leven', zo blikt hij terug als achtenvijftigjarige, inmiddels eigenaar van een volgend ICT-bedrijf. 'Ik had de taak naar haar einde toe te werken. Bot gezegd: ik werd de projectleider van haar levenseinde. Daarvoor moest ik precies weten hoe zij dacht.' Dat uitgangspunt vormt de opmaat voor ervaringen die zijn leven zouden tekenen.

Wat is voor u een zinvol leven?

'Je talenten benutten. Laat je door niets weerhouden. Ik geloof niet dat je er voor anderen bent. In mijn optiek ben je die ander. Treed die dus liefdevol tegemoet. Ik ben slechts een stukje van de evolutie, volgepropt met de ervaringen van de doden en de levenden. Als er eentje niet was geboren, bestond ik niet in deze vorm. Ik ben een product van de mensen die voor me leefden en de mensen die om me heen hebben geleefd en nog leven. Ik ben dus de ander.'

Hoe bent u daarop gekomen?

'Aan het einde van haar leven heb ik Nicole uit het ziekenhuis gehaald. Ze wilden haar naar een psychiatrische afdeling overbrengen, na een experimentele behandeling met injecties in haar hersenen. Voor mij ging dat tegen de natuur in, ze verdiende een eerzame dood, vond ik. Eenmaal thuis ging het geleidelijk beter. Aan de eettafel voerden we lange gesprekken, waarin vooral zij aan het woord was. Ze leek alle onzekerheden, gehechtheden en schaamte af te werpen. Ze gaf een volledig inzicht in zichzelf, haar meest pure wezen. Ze besefte dat ze niets meer te verliezen had. Vol aandacht heb ik geluisterd, onze gesprekken werden steeds vrijer, intensiever en filosofischer. Ik was trots en verliefd op haar.

Op een gegeven moment gebeurde er iets vreemds. Persoonlijke voornaamwoorden begonnen bij mij door elkaar te lopen: ik, jij, hij, zij, gebruikte ik door elkaar. Dat voelde logisch aan. Een deel van Nicole had ik altijd in me gevoeld, door de gesprekken nam dat verder toe. Ik kwam steeds dichterbij, tot het punt dat ik geen verschil meer tussen ons zag. 'Als jij boodschappen gaat doen, heb je je vrouw ook bij je: wat zou ze willen eten? Je bekijkt de wereld deels door haar ogen. Maar bij mij verviel toen mijn eigen perspectief. Dat had ik eerst niet door, ik ben maar een eenvoudige mijnbouwer. Op een gegeven moment was ze moe en moest ik nog een boodschap doen. Ik legde haar in bed, maar ze ging ook mee. Ik besef dat dit raar klinkt, maar voor mij was dat echt zo.

De volgende ochtend werd ik met een schok wakker. Ik realiseerde me: als ik dat wil, ben ik Nicole. Ben ik nu gek aan het worden, vroeg ik me af. Maar zo voelde het niet, integendeel, het voelde alsof ik bereikt had waar het in relaties om draait: mee kunnen leven door daadwerkelijk te voelen wat de ander voelt. Een gevoel van complete eenheid. Even later drong plots door: als ik één iemand anders kan zijn, kan ik ieder ander zijn. Een opgewonden gevoel maakte zich van me meester, ik stroomde over van energie. Dat was zo mooi dat ik me nauwelijks nog kon voorstellen hoe ik tot dan toe had geleefd.

Een volgende schok kwam met het inzicht: als ik iemand anders kan zijn, kan ik ook iets anders zijn. Vergelijk het met de concentratie als je goed aan het studeren bent: alles om je heen valt weg, je wordt als het ware je studiestof, de tijd verdwijnt. Ik merkte dat als ik daadwerkelijk aandacht aan een object besteedde en me erin inleefde dat ik dat object werd. Ook dat voelde zo mooi en compleet dat ik niet meer uit die bewustzijnstoestand wilde komen.

Daaruit volgde, zo ervoer ik het, dat ik alles kon zijn en dat alles ook mij was. Dat dus alles één was. Wat ook zo is natuurlijk, alles is opgebouwd uit atomen. Het mooiste moment moest nog komen. Als ik alles ben en alles is mij, dan telt mijn identiteit niet, dan ben ik eigenlijk helemaal niets. Wat er toen gebeurde was onbeschrijflijk: de tijd, mijn gedachtes, al mijn oordelen verdwenen – mijn ego knalde uit elkaar, alles was logisch en transparant voor me. Alles leefde en zou blijven leven door de anderen – je bent de ander, de ander is jou. Het is allemaal eeuwig leven, een keten die zich eindeloos voortzet. Dus Nicole zou nooit doodgaan, want ze zou voortleven in mij, in onze kinderen en in iedereen die haar kende. Ik zag het haarscherp, ook hoe ver verwijderd van deze waarheid we plegen te leven.'

Hoe bedoelt u?

'We worden vanaf onze jeugd, maar ook daarna, volgestouwd met straf en beloning. Als je niet luistert, krijg je een tik, als je braaf bent krijg je een snoepje. Dat vormt je, al dan niet bewust. Je zelfgevoel wordt gestreeld door lof en krijgt een tik bij kritiek. Dat zijn allebei oordelen. Daarnaast oordeel je zelf voortdurend om vat op het leven te krijgen. Begrijpelijk, want anders ben je verloren. Al die oordelen leiden tot zoveel informatie in je hoofd dat je niet meer weet waar het vandaan komt. Je puberteit zie ik als de fase waarin je je even tegen die oordelen verzet, maar na een tijdje geef je dat op en weet je niet meer wat je allemaal voor waar en onwaar hebt aangenomen. Al die oordelen samen vormen je cultuur. Wat er met mij gebeurde, tijdens die ervaring van eenheidsbewustzijn zoals ik het later leerde noemen, was dat al die oordelen en aannames in één klap wegvielen. Ik kwam in een mooie wereld van complete stilte en rust; de hemel in mijn hoofd, zonder oordelen – je bent een met het geheel.'

Hielden uw gedachtes op?

'Ja. Denken is niets anders dan toetsen aan vroegere oordelen – het is in feite roeren in oude shit en daarmee probeer je je, sociaal gezien, het vege lijf te redden. Iedere nieuwe informatie toets je aan wat je weet, je oordelen. Die hebben allemaal een tijdscomponent in zich. Toen het denken bij me wegviel, viel ook de tijd weg. Dat voelde ook wel gevaarlijk aan.

Na de dood van Nicole heb ik het nog een keer of vier gehad. Het overviel me een keer in de auto, ik moest hem aan de kant zetten, had totaal geen houvast. Dat was beangstigend. Tegelijk bleven die ervaringen ook prachtig. Ik ging over eenheidsbewustzijn lezen en kwam via een schoolvriendje bij diens moeder. Die zat hoog in de organisatie voor transcendente meditatie van Maharishi (Indiase goeroe, 1918-2008) in Vlodrop.

Ze vroeg eerst of ik aan de drugs was geweest. Toen ik zei dat het me was overkomen, zei ze: dit is waar wij naar op zoek zijn, dit is het mooiste wat je kunt meemaken. Ze raadde me meditatie aan om die ervaringen te sturen. Dat pakte niet goed uit. Toen ik een cursus deed, ging ik helemaal vliegen – wekenlang hield het niet meer op. Daardoor kwam ik te ver te staan van de wereld om me heen. Toen bedacht ik: hoe mooi ook, in deze staat wil ik niet meer zijn. Ik heb nooit meer gemediteerd en het is me daarna niet meer overkomen.'

Probeert u het te vergeten?
'Aanvankelijk dacht ik: ik moet het opschrijven. Maar dat werd veel te dogmatisch, de teksten van een donquichot die dacht het licht te hebben gezien. Ik verklaarde iedereen voor gek, dan kun je erop wachten dat je zelf voor gek wordt verklaard. Ik stopte met schrijven en ben de buurten ingegaan om met moslims en dominees van gedachten te wisselen. Al snel kwam ik erachter dat iedereen in zijn eigen geloof en denken vastzit. Toen ben ik weer gewoon gaan werken en probeer daarin mijn kijk op het leven naar voren te brengen. Maar daar moet je voorzichtig mee zijn, anders bereik je je doel niet.'

Hoe bereik je dat wel?
'Ik ben weer gelukkig getrouwd en heb nu, samen met mijn compagnon, een bedrijf met honderdtwintig mensen. Ik wil dat zij iets van hun persoonlijke onaantastbaarheid ervaren. Dat het mensen worden die niet gevoelig zijn voor hiërarchie, maar standvastig; mensen die tegen een stootje kunnen en terugpraten. Mensen die niet handelen uit angst, maar uit lef en liefde. Je ego is angst, dat weerhoudt je van fris, liefdevol en creatief denken. In het eenheidsbewustzijn zoals ik dat heb ervaren, ontbreekt die angst geheel. Mensen iets daarvan laten ervaren, dat is mijn grote missie.'

BOEKTIP

Als een wit zeil op de blauwe zee van **Jiddu Krishnamurti**

'Na mijn ervaringen met eenheidsbewustzijn ben ik veel over het onderwerp gaan lezen. Het werk van de Indiase filosoof Krishnamurti (1895-1986) sprak mij het meest aan. Hij motiveert mensen om tot het mooiste in zichzelf door te dringen en raadt aan iedere vorm van gehechtheid te onderzoeken en te toetsen. Dit boek is een ideale introductie op zijn denken.'

Marleen Blootens, dominee

Enige aarzeling is er wel, na het interviewverzoek: 'Een deel van de *Volkskrant*-lezers ziet alleen maar met grote letters "God" op mijn voorhoofd staan en denkt: hopelijk hebben ze volgende week weer een relevant iemand.' Zelf is ze een verklaard tegenstander van dat soort 'wij/zij-denken', de opdeling van de wereld in gelovigen en niet-gelovigen: 'In mijn jeugd verweet ik dat mijn eigen kerk. Ik begreep niet waarom er op andersdenkenden werd neergekeken.' In haar optiek is er vooral sprake van een gedeeld lot: 'We zijn allemaal mensen die ervaren dat het leven prachtig kan zijn, maar ook dat het lijden en sterven met zich meebrengt. We zitten met dezelfde existentiële vragen. Ik geloof niet dat gelovigen bij God een streepje voor hebben.'

Vrolijk en goedlachs zijn woorden die bij het domineesberoep niet direct opkomen, maar ze passen wel bij de zevenendertigjarige Marleen Blootens. Sinds 2018 is ze verantwoordelijk voor de protestantse kerk in de Rotterdamse wijk Overschie. Ze bewoont de pastoriewoning, samen met haar man David en hun bijna twee jaar oude zoontje. In de woonkamer staat bij de eettafel een vrolijke trouwfoto, genomen op de Amsterdamse Dappermarkt – een kussend stel, zij traditioneel in het wit, te midden van vrouwen met hoofddoekjes die boodschappen doen.

Dat leven in de hoofdstad wilde ze met volle teugen ervaren, na een niet onverdeeld gelukkige jeugd in Hengelo. Haar oudste broer was door een verkeersongeluk in een coma geraakt. Twee jaar na haar geboorte kwam hij te overlijden: 'Na zijn dood heeft mijn moeder met het leven geworsteld. Ze sprak er zelden over, maar ze is zich de waarom-vraag altijd blijven stellen.'

Als puber richt Blootens haar pijlen niet op haar ouders ('kinderen uit een gezin waar wat ergs aan de hand is, sparen hun ouders meestal'), maar op de ouderlingen van de kerk: 'Ik stelde in vele varianten de waarom-vraag van mijn moeder. Ze heeft die als het ware aan me doorgegeven. Als antwoord kreeg ik steeds: het klopt wat we doen, stel niet van die moeilijke vragen. Ik had grote moeite met de kerk, maar toch voelde ik me loyaal. Dat was vooral loyaliteit aan mijn vader.'

Wanneer haar studie psychologie in Amsterdam uitloopt op een desillusie ('met vijfhonderd meisjes uit Purmerend wiskunde doen in een aquarium'), kiest ze voor theologie: 'Met een klein clubje de grote vragen van het leven stellen, dat vond ik fantastisch. Die had ik altijd al gesteld.' Na een omzwerving langs het leraarschap brengt haar studie haar bij het beroep van predikant; eerst in Amsterdam, later in Rotterdam. In 2017 overkomt haar een serie tegenslagen die haar geloof op de proef stellen. 'Ik heb affiniteit met de roep: "God, waar ben je nu? Wat is dit?" Die stemmen passen bij mij.'

Wat is voor u een zinvol leven?

'Zinvol leven gaat niet om mij, maar altijd om de ander. Ik vind aandacht voor de ander heel zinvol, ook als het mensen zijn die ik niet heb uitgekozen, maar die mij zijn toevertrouwd, zoals de mensen hier in de kerk, maar ook mijn buren en collega's. Ik geloof dat het aan mij is al die mensen die mijn wegen kruisen lief te hebben en het goede voor hen te zoeken. Dat draait om aandacht hebben, luisteren, betrokken zijn. Dat brengt je bij de essentie van het bestaan.'

God ontbreekt in dit antwoord.
'Ik denk dat dit is wat God van mij vraagt – hem liefhebben is de ander liefhebben. Dat kan nooit los van elkaar. Als ik zo in het leven sta, met open hart en open handen, dien ik hem. Jezus leefde altijd met anderen op het oog, nooit voor zichzelf. Zijn leven roept een beeld op dat voor mij het karakter van God vormt. Hij is degene die bereid is zichzelf op te offeren voor de ander; degene die in discussie gaat met andersdenkenden; degene die mensen opzoekt die worden genegeerd. Zonder de Bijbel en de christelijke traditie zou ik denk ik niet op dit antwoord zijn uitgekomen.'

Waarom niet?
'Dan zou ik meer mijn eigen impulsen en behoeften hebben gevolgd. Dan zou ik het leuk en lekker willen hebben, veel reizen willen maken, mijn schaapjes op het droge hebben, op zondagochtend uitslapen. Ik denk dat de christelijke traditie me corrigeert. Ik word erdoor weggeroepen van mijn eerste voorkeur.'

Kunt u dat verder uitleggen?
'Laat ik het maar eens hardop zeggen: werken in de kerk is niet altijd comfortabel. Het is niet eenvoudig te staan in een traditie die voor de meeste mensen passé is; om een gemeenschap overeind te houden die door velen is verlaten. Wat ook lastig is: als je zegt dat je dominee bent, reageren mensen

ongemakkelijk. Ze weten zich geen houding te geven, zeker als de omgeving seculier is. Als dominee voelt het onveilig je daarin te begeven – je bent een rariteit, krijgt te maken met dedain. Vandaar dat veel christenen zich terugtrekken in hun eigen comfortzone, hun bubbel. Dat wil je als predikant juist niet, maar het gebeurt wel.'

Wat heeft u tot dit beroep gebracht?
'Mijn ambitie was niet om te zenden, ik ben niet zo'n preektijger. Een preek zie ik als een uitnodiging tot een dialoog. Ik werd gedreven door een behoefte aan ontmoeting. Ik ben vooral razend nieuwsgierig: wat beweegt mensen? Wat houdt ze bezig, waarom geloven ze wel of niet? Dat soort gesprekken voerde ik als scholier al. Als predikant dacht ik de meeste kans te hebben dat voort te kunnen zetten – gesprekken met mensen, verbinden via de kerk en de Bijbelverhalen. Aan luisteren is grote behoefte. Toen ik dominee werd was het eerste wat ik dacht: ik hoef alleen maar aandacht te hebben – echte aandacht, dat is waar het grootste gebrek aan is.'

Lukt dat?
'In de dagelijkse praktijk krijgen praktische kwesties van de kerk vaak de overhand, waardoor ik te weinig toekom aan het verdiepende gesprek over "wat houdt je bezig?" Ik schiet daarin ook tekort, moet ik erbij zeggen. Een gesprek als dit zou ik het liefst met al mijn gemeenteleden voeren, maar daar komen we lang niet altijd aan toe. Al het organiseren dat een kerkgemeenschap vergt, helpt niet. Er is binnen de kerk wel ruimte voor vernieuwing, maar die gaat langzaam. Daarvoor heb ik weinig geduld. Ik merk dat ik ongeduldiger en minder loyaal aan de kerk ben sinds mijn ziekte.'

Wat is u overkomen?
'Mijn vader was in 2017 overleden, kort daarop bleek dat mijn moeder hulpbehoevend was. Ik had net deze nieuwe baan in Rotterdam, werd zwanger en drie dagen later hoorde ik dat ik een kwaadaardige tumor aan mijn grote teen had – een sarcoom, die had een slechte prognose. Het kwam allemaal op hetzelfde moment. Tot de bevalling was het vooral een kwestie van overleven. Daarna werd ik somber. Toen Joep was geboren, besefte ik wat er op het spel stond. Ik dacht: nu ga ik vast dood, terwijl ik helemaal niet dood mag gaan. Ik heb nog nooit zo erg niet dood mogen gaan. Dat maakte me angstig, ik voelde me broos. Tegelijk wilde ik meedoen met het leven om me heen, met de blijdschap die er over de geboorte was. Maar dat lukte niet. Ik had een dode vader, een kwetsbare moeder en kanker.

Ik moest met een baby van zeven weken op controle voor uitzaaiingen. Dat vond ik... niet te doen. Maar ik bleek geen chemo of bestraling nodig te hebben, wel is mijn teen afgezet. Ik zei tegen mensen: "Het is maar een teen", omdat ik mijn broosheid niet wilde laten blijken. Maar kanker blijft een dreiging. Het gevoel dat ik niet meer gezond was, ervoer ik als bedreigend. Het was een eenzame periode, omdat ik er niet goed over kon praten.'

Hielp uw geloof u?
'In de loop van die tijd geloofde ik steeds minder in God. Ik had altijd gepreekt over "God is liefde" en "God is nabij", maar dat ervoer ik niet meer. Dus ik raakte ook nog in een geloofscrisis die ik probeerde te ontkennen. Ik zag het einde van mijn verlofperiode naderen, zou de kansel weer op moeten. "Lieve God, hoe moet dat?" vroeg ik me af. Ik ben toch maar

weer in die verhalen gedoken. Die gaven enige troost. Maar wie vooral troost gaf, was Joep.

Wanneer ik hem in mijn armen had, begreep ik intuïtief: dit is waarom wordt gezegd dat God de schepper van het leven is. Dat valt niet goed uit te leggen, het gaat aan woorden voorbij. Ik besefte dat het leven hier in zijn essentie over gaat: je houdt hoop in je handen en begrijpt er eigenlijk niets van. Dat raakt voor mij aan het ervaren van God.'

Maar u twijfelde ook?

'Zeker, ik raakte uitgeput en somber. Ik ging ook door een rouwproces: om mijn ouders, om mijn eigen gezondheid. In het begin had ik het gevoel door God verlaten te zijn, later kwam Jezus toch weer dichterbij. Die lijdt als geen ander. Ik zag hoe hij aan de kant staat van de mensen die de klappen krijgen. Het leven deelde mij die uit. Dan staat hij misschien ook wel aan mijn kant, bedacht ik. Met die God kon ik contact maken. Daardoor kon ik toch blijven geloven.

Het leven doet soms enorm veel pijn, maar het is ook prachtig. Dat voelde ik in de tijd van de geboorte van Joep – het allermooiste kan zich tegelijk met het zwartste scenario voordoen. Die uitersten, dat is het leven.

Ik wil graag leven naar de toekomstgedachte van het geloof: dat God iets goed gaat maken, wat nu nog niet goed is. Al weet ik dat het soms helemaal niet meer goed komt en het alleen maar veel pijn doet. Op de vraag naar het waarom van het lot krijg je nooit antwoord. Dat kreeg mijn moeder niet en ik ook niet. Wat vooral telt is: hoe kan je ermee omgaan, hoe houd je het uit? Dan draait het om vertrouwen dat het goed komt. Dat er hoop is, omdat er liefde is. Dat is voor mij fundamenteel.'

BOEKTIP

De Trooster van **Esther Gerritsen**

'Esther Gerritsen heeft een groot talent om de menselijke ziel te peilen, in dit geval die van een conciërge in een klooster. Een buitenbeentje met een scheef gezicht die vriendschap sluit met een flamboyante gast in het klooster. Kwetsbaarheid en kracht, schuld en vergeving, autonomie en verbondenheid komen voorbij in de taal van het christelijk geloof, maar zonder dat het sentimenteel of prekerig wordt.'

Alexander Rinnooy Kan, ex-SER-voorzitter

In zijn boek *Bordjes duiken* uit 2018, waarin hij verantwoording aflegt over zijn publieke functioneren, noemt hij zichzelf een zondagskind. Hij verhaalt over zijn 'zeer geprivilegieerde jeugd' in Den Haag, als zoon van een remonstrantse topambtenaar van Financiën en een 'onweerstaanbaar innemende, gracieuze' Engelse moeder. In de jaren zestig studeert hij wiskunde in Leiden en is hij lid van het studentencorps. Daarop volgt een uitzonderlijke carrière: jeugdig rector magnificus van de Rotterdamse universiteit, jeugdig voorzitter van werkgeversclub VNO-NCW, tien jaar raad van bestuur van bank/verzekeraar ING en ten slotte het voorzitterschap van de SER (Sociaal Economische Raad). Die laatste functie, die hij van 2006 tot 2012 vervult, maakt hem samen met tal van nevenfuncties tot 'machtigste man van Nederland' – *de Volkskrant* voorziet hem van dat predicaat in de jaren 2007, 2008 en 2009. Ook is hij vader van drie gezonde kinderen en nu, op zijn zeventigste, opa van drie kleinkinderen. Kortom, geen wonder dat het beeld van zondagskind hem achtervolgt.

Maar zijn boek vertelt ook een ander verhaal over Alexander Rinnooy Kan. Op school is hij uiterst introvert en wordt hij gepest. 'Een verwoestende realiteit' noemt hij pesten, de eerste drie jaren van zijn middelbare school omschrijft hij als 'een boze droom'. Zijn vader is een man van 'voorwaardelijke vaderliefde': zodra zijn zoon iets heeft bereikt 'wil hij weten wat de volgende stap wordt'. Tegen vaders wil stapt Alexander, midden twintig, met zijn eerste liefde in een wankel Amsterdams huwelijksbootje dat al snel dreigt te kapseizen. In 1975 sterft zijn moeder 'veel te vroeg, (...) een bron van harmonie die in onze familie slecht gemist kon worden.' Tot overmaat van ramp krijgt hij in datzelfde jaar, hij is dan zevenentwintig, een tumor in zijn ruggenmerg, die kwaadaardig lijkt. Een week lang denkt hij dat zijn einde nabij is, waar hij met 'een vreemde berusting' op reageert. Wanneer de tumor toch goedaardig blijkt, leidt dat tot een 'lichte teleurstelling', want 'alle problemen die ik toen had zouden door mijn aanstaande vertrek zijn opgelost'. Sindsdien staat hij relativerender in het leven. Dat neemt een 'wonderlijke wending' – zijn huwelijk strandt, maar er komt al snel een nieuwe liefde in zijn leven: Eva, met wie hij zijn leven verder zal doorbrengen. In de daaropvolgende decennia krijgt het zondagskind Rinnooy Kan tweemaal kanker, blijkt hij een zeldzame vorm van diabetes te hebben en overkomt hem een ernstig ongeluk in India. In zijn boek, met als ondertitel 'ervaringen van een optimist', schrijft hij openhartig over 'vlagen van plotselinge paniek en verlammende angst' die hem sinds zijn rampjaar 1975 'nog lang hinderlijk achtervolgen'. Ook nu nog kunnen die zich op onvoorspelbare momenten 'even' aandienen.

Wat is voor u een zinvol leven?

'Wat het leven zin geeft, is het besef onderdeel te zijn van een onbegrijpelijk wonder. Als er ergens een rode draad door dit gesprek gaat lopen is het wel het idee van aanhoudende onwetendheid. Maar we staan daar niet kansloos tegenover. Het wonder van het bestaan leidt tot de menselijke aandrang te knagen aan de randen van het raadsel, tot het blijven stellen van vragen. Dat we de vraag naar de zin van het leven als betekenisvol ervaren zie ik als een van de meest zinvolle ingrediënten van het leven zelf. Vragen stellen en kiezen voor nieuwsgierigheid vind ik meer dan bevredigend – het is een prachtige menselijke eigenschap, een bron van energie en inspiratie, het maakt mensen tot bijzondere schepsels.'

Gaat het niet meer om de antwoorden dan de vragen?
'Nee, het leven draait om ons vermogen iets te kunnen met vragen. Misschien kunnen die tot hele of halve antwoorden leiden, maar dat is niet waar het om gaat. Een mooie illustratie van die menselijke kwaliteit is dat we in een paar honderd jaar, op de eeuwigheid afgemeten niet meer dan een fractie van een seconde, als mensheid in staat zijn gebleken een aantal inzichten te verwerven in de manier waarop niet alleen onze wereld, maar zelfs het complete universum werkt – we hebben natuurwetenschappelijke wetmatigheden ontdekt die tijdloze gelding lijken te hebben. Dat illustreert het best hoeveel kracht er te mobiliseren valt, wanneer we ernaar streven vraagtekens in uitroeptekens om te zetten.

Maar met alle inspanningen die wij op dat vlak doen, met alle gegevens die we nu al met elkaar verzamelen en dan moet de quantumcomputer nog komen, toch is het niet-weten allerminst op zijn retour. Zeker niet. Als iets in de afgelopen tweeduizend jaar duidelijk is geworden, die seconde op de eeuwigheid, is het dat ieder antwoord weer nieuwe vragen oproept, dat elk inzicht nieuwe onduidelijkheden genereert. Dat maakt deel uit van het wonder. Naarmate het besef dat je daarvan deel uitmaakt zich hechter en dieper nestelt, neemt de zin van je leven toe.'

Wanneer heeft u dat wonder ervaren?

'In ieder geval tijdens mijn studie wiskunde. Het universum valt in wiskundige termen te beschrijven, maar we begrijpen ten enenmale niet wat die taal daar zo geschikt voor maakt. De Nobelprijswinnaar Eugene Wigner zei: "Het is een wonder en het enige wat we kunnen doen is met die taal aan de slag gaan." Dat vind ik een mooi voorbeeld van het onbegrijpelijke waar we deel van uitmaken. Zo is het ook met het bestaan zelf, met al zijn mogelijkheden en onmogelijkheden. Het einddoel van de reis is aan het begin gegeven, we gaan ten slotte allemaal dood en het gaat dus om de reis zelf, die moet het verschil maken. Het bijzondere ervan vind ik vooral de mogelijkheid om die in gezelschap te maken, waardoor we iets van onze reisgenoten kunnen leren en ook iets aan hen mee kunnen geven. Ik heb niet veel op met het concept van existentiële eenzaamheid. Natuurlijk ligt aan de basis van je reis door het leven wat je zelf aan conclusies en waarnemingen genereert. Maar die worden pas betekenisvol door hun waarde voor anderen en omgekeerd ontleen je zelf weer betekenis aan hun daden en gedachten. Ook in die interactie met het reisgezelschap schuilt het wonder van het bestaan.'

Brengt uw nadruk op het wonder mee dat u ook denkt dat er 'meer tussen hemel en aarde is'?

'Je zou willen dat het zo was, maar het bewijsmateriaal is natuurlijk flinterdun. Als dat zo zou zijn, zou je er toch iets meer van moeten merken dan het geval is? Ik kan me vinden in het adagium: het is vervelend te moeten leven met het idee dat het niet zo is, maar onmogelijk te leven met het idee dat het wel zo is. Op spiritueel vlak voel ik me wel betrokken bij de Ekklesia van Huub Oosterhuis. Hij maakt door zijn teksten en muziek een ontroering los die mij compleet kan overrompelen. In het boekje *Zien soms even* beschreef hij geloven als een doorkijkje naar iets dat niet gemakkelijk hanteerbaar is, maar toch zicht geeft op iets groters. Dat klinkt vaag, ik weet het, maar verder ben ik niet gekomen. Op dit vlak koester ik een verlangen naar iets waarvan ik weet dat het onbereikbaar is.'

Dat onbereikbare zit ook in de titel van uw boek – de bordjes die u niet kon opduiken om uw C-diploma te halen.
'Als we al een noodlot hebben, is dat de zekerheid van het onbereikbare. Je ziet mensen op mijn leeftijd soms met verdriet terugkijken op zaken die ze wel wezenlijk vonden, maar die niet binnen hun bereik zijn gekomen. Op enig moment zijn dat gegevenheden, zoals kinderen die je niet hebt gekregen, een partner die is uitgebleven, het wetenschappelijk onderzoek waarin je niet hebt gevonden waarnaar je lang zocht. Maar als je naar het leven als geheel kijkt, geven andere onderdelen ervan toch een rijke inhoud aan. Het accepteren van het onbereikbare, onderkennen dat dat wezenlijk voor ons bestaan is, stelt je in staat je met teleurstellingen te verzoenen en de balans in je leven te zien. Dus waar je je ook op richt, en wat ook je hoop is wanneer je begint aan de inspanning die het leven toch is, mijn benadering zou altijd zijn: accepteer dat het onbereikbare er deel van zal uitmaken en geef het een plek. Het verlangen ernaar geeft energie en richting. Het onvervulde is van waarde, het stemt tot bescheidenheid en tot dankbaarheid voor wat je wel hebt kunnen bereiken.'

Wat is voor uzelf onbereikbaar gebleken?
'Veel van het werk dat ik heb gedaan, is gericht geweest op het tot stand brengen van verbindingen – het poldermodel, het woord moest een keer vallen, is niets anders dan georgani-

seerde verbindingen. Iedereen weet dat die constellatie nimmer tot perfectie zal leiden – in ieder compromis schuilen per definitie onvolkomenheden die zich op enig moment manifesteren. In dat licht is de onbereikbaarheid van een einddoel van meet af aan gegeven.'

En op het persoonlijke vlak?

'Toen mijn vader overleed, realiseerde ik me dat veel van wat we rouw noemen eigenlijk het constateren van gemiste kansen is. Dat gevoel heb ik met hem. Het was een relatie die een opgave voor me was en misschien ook wel voor hem. Nooit heb ik getwijfeld aan zijn onderliggende ouderliefde, maar mijn vader zette wel altijd druk. Ik was de oudste zoon in een naoorlogs gezin, zowel mijn ouders als mijn grootouders keken vol verwachting naar de volgende generatie. Na hun traumatische oorlogservaringen moest die de wereld tot een succes maken. Of in ieder geval voorkomen dat dezelfde ellende zich zou voordoen, waardoor hun generatie zoveel schade had opgelopen. Bij elke gelegenheid herhaalde mijn vader zijn hoge verwachtingen. Dat heeft onze relatie niet zo harmonieus gemaakt als hij had kunnen zijn. Hij behoort tot het soort vaders dat je je hele leven achtervolgt en die je ook niet met rust laten wanneer ze er niet meer zijn. Maar aan het einde van zijn leven is het toch goed tussen ons gekomen. Hij had verzorging nodig en daar hebben we, drie broers, concreet aan bijgedragen. Dat heeft iets moois: de verzorging van je ouders op het niveau van hun basale behoeften, zoals zij dat ooit voor jou hebben gedaan. Hij registreerde het en waardeerde het zichtbaar. Dat heeft onze cirkel gesloten en heeft veel voor mij betekend.'

BOEKTIP

Job van **Joseph Roth**

'Een tijdloos boek over de omgang met een ongrijpbaar noodlot, over de beloning voor hoop en vertrouwen en over de wereldse ontknoping van een oudtestamentisch verhaal; een schitterende Joodse vertelling. Juist ook geschikt voor deze coronatijd. De eenvoudige onderwijzer Mendel ontsnapt aan de onderdrukking van het tsaristische Rusland en wordt in Amerika beloond voor zijn sombere, maar standvastige geloof en voor zijn hartverscheurende nederigheid.'

Arita Baaijens, bioloog en ontdekkingsreiziger

'Toen ik mijn baan opzei, kregen collega's een twinkeling in hun ogen: dat zouden zij ook wel willen, de woestijn in, maar ja, relatie, hypotheek... Zelf had ik een enorme drive het te doen: wat stel ik dan nog voor, wie ben ik dan, wat kan ik, wat is de zin van dit alles? Op die vragen heeft de woestijn me antwoorden gegeven, ik heb er geleerd wat ik in het leven nodig heb.'

Als dertiger en veertiger trekt Arita Baaijens vrijwel iedere winter met haar kleine karavaan kamelen door de woestijn. Met nomaden, soms met een reisgenoot, maar vooral alleen: 'Als ik terugdenk aan met kamelen in een enorme leegte verkeren, honderden kilometers om je heen, wat een genot! Geen enkele andere sterveling en het besef: één foutje te veel en het is klaar.'

De kiem wordt in haar jeugd gelegd, vermoedt de drieënzestigjarige bioloog en schrijver: 'Als meisje hoorde ik de Bijbelverhalen over de woestijn.' Dat was in het christelijke Ede, waar ze met haar oudere broer opgroeit in een gereformeerd gezin. Een gelukkige jeugd tot haar tiende, wanneer haar vader zijn gezin naar Tsjecho-Slowakije op vakantie neemt. Op dat moment werkt hij daar. 'Ter plekke vertelde hij mijn moeder dat hij een nieuwe liefde had. Hij nam ons zelfs mee naar het huis van die mevrouw. Totale chaos, mijn hele wereld stond op zijn kop.' Door de scheiding wordt haar moeder depressief: 'Mijn conclusie was: geen man gaat mij dit ooit aandoen. Als er een slachtoffer valt: die ander, niet ik.'

In haar tienerjaren verdwijnt God uit haar bestaan: 'Ik besefte opeens: het is gewoon een verhaal. Dat voelde alsof er een vloerkleed onder me werd weggetrokken, het geloof had me tot dan toe houvast gegeven.' Na een studie biologie in Amsterdam komt ze bij de gemeente IJmuiden in dienst, waar ze in de jaren tachtig ziet hoe economische belangen het winnen van de natuur: 'Ik voorzag dat dat in mijn leven altijd zo zou blijven.' Dankzij 'het geschenk' van een passie voor de woestijn kan ze voor een 'niet-uitgestippeld leven' kiezen. Maar als ze eind veertig is, dooft haar liefde voor de woestijn en krijgt ze een depressie. Drie jaar later klautert ze eruit door zichzelf tot een reisdoel te dwingen: Siberië, 'dat is de enige plek die zich in hardheid en eindeloosheid met de woestijn kan meten'. In *Zoektocht naar een paradijs* beschrijft ze openhartig haar ontreddering, maar ook haar terugkerende plezier in het bestaan. Tegenwoordig wisselt ze haar leven in Nederland af met buitenlandse reizen. In Papoea-Nieuw Guinea doet ze onderzoek naar 'ecologische intelligentie'. Dat is in de belangstelling gekomen, 'nu we door de klimaatcrisis met onze rug tegen de muur staan. In een crisis zijn mensen nodig die met ongewone ideeën durven te experimenteren.'

Wat is voor u een zinvol leven?

'Dat omschrijf ik als: het leven van je potentie. Dus het ontvouwen van wat er in je zit aan mogelijkheden en talenten. Die willen worden geleefd. Angst en voorzichtigheid horen niet je raadgevers te zijn. Je moet het leven niet vanuit angst leven, dat kan de zin ervan niet zijn.'

In uw antwoord ontbreekt de ander.
'Inderdaad, de medemens is voor mij heel lang geen issue geweest (schaterlacht). In de woestijn wilde ik alleen zijn. De ander is altijd belangrijk geweest in de zin van vrienden, maar niet in de zin van een partner waar iedereen altijd zo naar zoekt.'

Kun je je talenten in de woestijn wel ontwikkelen?
'De woestijn heeft me geleerd wat ik wel en niet ben, wat van waarde is, wat het bestaansmysterie inhoudt. Daar kom je in de woestijn dichtbij, al krijg je er nooit een definitief antwoord op. Het is niet voor niets dat profeten en mensen die naar waarheid zoeken er zo vaak heen zijn gegaan. Ik heb er geleerd dat ik klein ben in vergelijking met de natuurkrachten, maar ook dat ik ongelooflijk sterk ben, als het nodig is. Ik heb er geleerd over de nare kanten van mezelf: dat ik een opgeblazen ego kan hebben, mensen kan haten en zelfs zou kunnen vermoorden. In Soedan leerde ik, optrekkend met nomaden, de waarde van er voor elkaar zijn, de bereidheid je leven voor de ander te willen opofferen.'

Maar hoe zit het daar met talenten ontwikkelen?
'Zeker: schrijven, waarnemen, de liefde. Ik heb een talent voor liefhebben ontwikkeld, voor overgave die ik lang niet heb kunnen opbrengen – ik trok altijd de stekker eruit, zodra een relatie even niet lekker liep. In de woestijn ontwikkelde ik een talent voor leven zoals het geleefd wil worden. Daarmee bedoel ik: je verlangens serieus nemen en je niets aantrekken van verwachtingen van anderen.'

Dat deed u toch al niet?
'Nou, totdat ik ontslag nam, heb ik me altijd aangepast. Vanaf het moment dat ik als peuter mijn bordje leegat via mijn schoolhuiswerk maken tot studeren en een baan zoeken; ik zie dat allemaal als me aanpassen om maatschappelijk te kunnen functioneren. Dat hield op met die krankzinnige sprong in het diepe van de woestijn: zonder geldbuffer gaf ik alles op, in het besef dat ik nooit meer in de maatschappij zou passen. Toch deed ik het, omdat ik supergedreven was.'

Waar kwam dat vandaan?
'Ik kan het je niet zeggen, ik weet alleen dat ik ervoor door een muur zou zijn gelopen. Op reis door de Sinaï had ik vanuit een bus gezien hoe bedoeïenen de bergen introkken. Ik zat als een kind tegen de ruit geplakt, het enige wat ik dacht was: dat wil ik ook. Ik wilde verdwijnen in die woestijn.'

Dat klinkt ook als willen sterven.
'Nee, ik wilde verdwijnen uit de wereld die ik kende. Ik wilde ergens zijn waar niemand mij zou kunnen vinden en me dan verstaan met die plek. Dat is gelukt. Achteraf kun je zeggen dat het me erom ging achter een bepaalde waarheid te komen. Maar dat kon ik toen nog niet benoemen.'

Was het een zoektocht naar uzelf?
'Het antwoord daarop is "ja", maar zo voelde het toen niet. Het was de verwondering: alsof je iets herkent waar je bij hoort. Ik krijg daar nu weer tranen van in mijn ogen... ik vermoed dat de Bijbelverhalen in mijn jeugd over de woestijn een bodem hebben gelegd. Dat werd getriggerd op het moment dat ik de woestijn zag. Maar je kunt het niet rationeel verklaren. Wij zijn geen rationele wezens. Er zijn voortdurend allerlei pro-

cessen aan de gang die je niet goed kunt duiden. Dan kun je met Freud of Jung aankomen, maar ten diepste resoneert het met iets van je mens-zijn: wij zijn geen afgesloten entiteiten. We worden gedefinieerd door de relaties die we hebben: met de geschiedenis, met de toekomst, met plekken, met mensen, met dingen. Er vindt meer plaats dan je kunt verklaren.'

Met de woestijn zocht u wel het gevaar op.
'Toen ik voor het eerst met kamelen door de woestijn trok, dacht ik: Jezus, waarom doe ik dit? Ik kan hier doodgaan! Maar juist door dat gevaar is het een plek waar je ten volle leeft, dat kan niet anders. Je kunt er niet een beetje leven, dan ga je dood. Je leeft er voor tweehonderd procent.'

Dus dat was het doel?
'Jij wilt steeds een verklaring, maar de grap is: die is er niet. Als je het verlangen kunt verklaren, kun je wel ophouden. Het gaat erom gevolg eraan te geven. Maar goed, als je per se een verklaring wilt: een klein percentage van de mensheid is anders dan de rest, evolutionair gezien is dat nodig. Mensen die lastig zijn, recalcitrant, voor de duvel niet bang en nieuwsgierig, want die komen met ongebruikelijke perspectieven. Je kunt ze negeren, maar als er een crisis is, zoals nu met het klimaat, kun je inspiratie aan ze ontlenen. Ik heb niet al die eigenschappen, maar zit wel in die hoek. Daarmee zou je kunnen verklaren dat ik die enorme drive bezat en anderen niet. Maar de wereld zou onleefbaar zijn als iedereen het zo aanpakt als ik, haha. Ik ben bij terugkeer in Nederland altijd blij dat de boel nog lijkt op hoe ik die had achtergelaten.'

Onze identiteit stelt niets voor, leerde u in de woestijn.
'Je identiteit is een optelsom van hoe anderen over je denken

en op je reageren. Als je ouders je kleineren, denk je: ik stel niks voor. Vinden ze alles interessant, dan denk je: ik ben heel wat. Zo wordt onze identiteit gevormd. In de woestijn valt dat weg, er is niemand om te bevestigen wie je bent. Ik lag daar met mijn hoofd onder een struik en opeens had ik die gedachte: mijn god, wie ben ik? Met meteen als antwoord: niets. Dat was niet fijn, ik heb er tien jaar over gedaan om daarvan te bekomen. Je identiteit kwijtraken betekent dat je Niemand bent, met een hoofdletter – je bent dus niet een begrensde entiteit die volkomen op zichzelf staat, maar je bent ook al die andere zielen met wie je de planeet deelt.

Er is geen afgeronde frase voor in de plaats gekomen, ik ben geen goeroe. Misschien is het vooral dat ik het leven niet meer zo serieus hoef te nemen. Soms wel, wanneer ik bijvoorbeeld een expeditie wil organiseren, maar dat zie ik ook als spel. Ten diepste heb ik het besef dat dit leven niet is wat het lijkt. We doen van alles, maar zijn niets.'

Hoe kijkt u naar uw sterfelijkheid?
'O man, ik vind het zo fijn dat ik op een gegeven moment doodga. Ik vind het leven pittig – ik moet iedere keer bedenken hoe ik expedities financier én de huur betaal. Als dat een keer ophoudt, heerlijk! Leuk aan ouder worden vind ik om de jeugd een kontje te geven; dit is hun wereld, ga maar. Je wordt onzichtbaarder. Ik zie mezelf terug in jongeren, maar ook in mijn net overleden oude buurman. Ik ben onderdeel van de grote kosmos. Ik lig op een rad, op een gegeven moment val ik eraf en dan komen anderen bovenaan.'

BOEKTIP
Tamara A., Awater en andere verhalen over subjectiviteit van **Theo de Boer**.

'In de woestijn beklijven alleen gedichten en filosofische teksten. Dit boek vergezelde me vanwege het essay over *The Dry Salvages* van dichter T.S. Eliot. Daardoor begreep ik niet alleen de transcendentale dimensie van het gedicht, maar ook die van de woestijn. Zelden gaf iets meer troost dan het lezen van deze verhandeling over dreigende natuurkrachten, tijd en de schijnbare zinloosheid van het bestaan.'

Gerrit Lammers, boer

Op de plek waar zijn wieg stond, brengt hij zestig jaar later nog altijd zijn leven door: in het buurtschap Notter, gelegen op enkele kilometers van het Overijsselse Wierden. Zijn opa en oma van vaderskant en zijn eigen ouders waren er boeren, zijn vrouw en hijzelf zijn dat ook en inmiddels werken ook zijn beide zonen in de landbouw; de jongste zal het bedrijf van hem overnemen. De velden rond zijn boerderij (honderdtien koeien, zestig hectare grond voor hun voer) liggen er niet anders bij dan vroeger. De continuïteit is groot, maar de maatschappelijke veranderingen werken ook hier door en hebben het leven van Gerrit Lammers geraakt.

Wanneer hij begin jaren tachtig trouwt met Annie, afkomstig uit een dorp vijftien kilometer verderop, gaat het stel wel op hetzelfde erf wonen als zijn ouders, maar zet het ook een revolutionaire stap: de tussendeur gaat dicht. 'De mensen hier in de buurt spraken er schande van: hoe kon je nu voor je eigen ouders de deur dichtdoen? Maar wij wilden per se een eigen voor- en achterdeur.'

Het is een les die Gerrit heeft getrokken uit een 'mooie, maar ook benauwende jeugd' waarin hij met zijn ouders en grootouders van vaderskant in hetzelfde huis opgroeide:

‘Drie generaties onder een dak. Dat was typisch Twents, dat trouwt bij elkaar in, een getrouwd kind komt in te wonen bij de ouders. Dan krijg je dat de grootouders de kleinkinderen gaan verzorgen. Dat heb ik meegemaakt – mijn oma bepaalde hoe lang mijn haar mocht zijn en welke spijkerbroeken ik droeg. Ik baalde, maar mijn oma was vrij dominant, haar wil was wet. Achteraf hoor je dat de deuren in huis wel hebben gedonderd. Mijn moeder zei later: zoiets moet nooit weer.’

Hij is het met haar eens, de tijden veranderen nu eenmaal: ‘Mijn kinderen voeden hun kinderen ook weer anders op dan wij deden. Als jongeren elkaar een paar avonden hebben gezien, slapen ze al bij elkaar. Dat was vroeger ondenkbaar.’ Gereformeerd is hij nog wel, streng in de leer allerminst: ‘De kerk is voor mij geen must, ik heb mijn ktv-dagen, kerktijdverkorting’. Toch valt hij terug op het geloof wanneer hij in nood komt. Dat was het geval toen hij zijn zoon bijna zag verongelukken, een gebeurtenis die zijn leven ingrijpend zou veranderen.

Wat is voor u een zinvol leven?

‘Voor mij komt mijn gezin eerst, daar sta ik altijd voor klaar – mijn vrouw, mijn kinderen, we hebben er vier, de kleinkinderen. Daarna komt de boerderij. Die wil ik zo bestieren dat de volgende generatie ermee verder kan. Toen ik achttien werd, ben ik gaan boeren, ik heb nooit iets anders gewild. Ik ben een grote koeienliefhebber. Mijn vader was een trekkerboer – die haalde liever een trekker uit elkaar dan een kalf uit een koe. Voor mij is omgaan met vee mijn grote passie. En toneelspelen.’

Toneelspelen?
'Ja, ik speel al veertig jaar amateurtoneel, vroeger bij de plattelandsjongerenvereniging. De een gaat graag voetballen, de ander biljarten, ik vind toneelspel mooi. Dat je iemand probeert neer te zetten die je niet bent, dat je je fantasie de vrije loop laat gaan, daarvan kan ik genieten, na mijn werk. In het leven gaat het erom plezier te beleven. Dat is voor mij de essentie, of het nu je gezin, je boerderij of je toneelspel is.'

Ziet u zichzelf in een dienende rol?
'Nee, zo voel ik het niet. Als ik 's nachts mijn bed uit ga, omdat een koe moet kalveren, zeg ik achteraf niet: "Ik moest er weer uit." Voor mij is het altijd: "Ik ging er weer uit." Ik vind het nog altijd machtig mooi, het voelt niet als een verplichting. Ik haal er veel voldoening uit.'

Wat is uw verhouding tot de natuur?
'De natuur laat zich niet dwingen, de mens moet zich aanpassen. Als je dat niet kan, moet je tussen vier muren met een verwarming of airco gaan werken. We hebben een zorgplicht voor de natuur en voor de generaties na ons. Dus bewerk ik de aarde zo goed mogelijk, ik gebruik niet te veel bestrijdingsmiddelen, we moeten oppassen dat we het bodemleven niet doodmaken. Dat is het rentmeesterschap. Een religieuze term, ja, maar ik heb daar de Bijbel niet voor nodig.'

Welke rol speelt religie voor u?
'Ik geloof dat er bepaalde, bovenmenselijke krachten zijn. Dagelijks krijg je zowel goede als slechte gedachten, maar er is iets dat probeert om jou de goede beslissingen te laten nemen. Veel geloofsregels zijn door mensen verzonnen. Dat ik niet op zondag mag hooien, hebben mensen bedacht, niet

God. Dat geldt eigenlijk voor alles in de Bijbel. Maar ik geloof wel dat je wordt geholpen als je in je dagelijks leven voor het goede kiest.'

Heeft u dat ervaren?
'Ja, letterlijk. (stilte) Toen ik depressief was, liep ik langs de spoorlijn. Ik heb toen gesmeekt om de juiste beslissing te nemen. Dat was in een periode waarin ik in een neergaande spiraal zat. Voordat ik wist dat ik PTSS had.'

Waardoor kreeg u die?
'In 2012 was mijn oudste zoon aan het hooien, met zo'n grote machine die balen maakt. Ik kwam toevallig langs. De klep stond naar boven, hij was hooi dat vastzat, aan het wegplukken. Opeens komt die klep naar beneden en drukt mijn zoon zo de pers in. Maar hij drukte niet door. Niemand kan dat verklaren. Zo'n klep kan een houten balk doormidden drukken, dus ook een mens. Maar het gebeurde dus niet. Ik zag zijn buik op en neer gaan, er kwam bloed uit zijn neus en oren, maar hij was nog aanspreekbaar. Hij hoefde uiteindelijk maar zes weken plat. De politie vroeg me naderhand: moet je nog slachtofferhulp hebben? "Welnee, hij is het slachtoffer, niet ik," zei ik tegen ze. Ik dacht: "Ik ben de vader, ik ben een sterke man, dit trek ik wel."

Maar in de maanden erna werd ik achtervolgd door beelden van wat had kunnen gebeuren. Wanneer ik die machines weer over het land zag rijden, ging me dat door merg en been. Midden in de nacht werd ik wakker, nat van het zweet, dan zag ik voor me hoe hij als een ballon voor mijn ogen uit elkaar was gespat. Ik had geen controle meer over mezelf, werd steeds somberder. Twee jaar na het ongeluk heb ik dat tegen Annie eruit gegooid, toen is de bom gebarsten. Ik wist niet wat PTSS was, maar leerde dat het zich tot anderhalf jaar na een voorval ontwikkelt. Mijn somberheid had ik tot dan toe helemaal niet met het ongeluk in verband gebracht. Ook niet toen ik langs het spoor liep met het idee: ik spring ervoor.'

Wat weerhield u?

'Dat ik een gezin had en dat ik het ze niet aan kon doen. "Als een mens in nood is, komt hij tot het geloof," zeggen ze wel. Nou, ik heb God toen gesmeekt dat ik het niet zou doen. Dat was een heel eenzame periode. Ik weet niet wat me op dat moment tegenhield om het met anderen te bespreken. Ik vond dat ik sterk moest zijn, niet kwetsbaar. Het is een beetje boerachtig: je praat niet over je gevoelens.'

Maar God hielp u?

'Dat heb ik wel zo ervaren, anders was ik echt het ravijn ingestort. Door te bidden ben ik op het grindpaadje gebleven. Eerst fiets je van de berg af en pas als je helemaal in het dal bent, kun je weer omhoog. Toen ik mijn somberheid had aangekaart, kon de weg omhoog beginnen. Tot dan toe had ik het idee er helemaal alleen voor te staan. Maar dat bleek dus niet zo te zijn, want door mijn gezin en professionele hulp ben ik er weer bovenop gekomen. De les is dus: je kunt jezelf wel alleen voelen, maar je bent het niet.'

Wat zijn de gevolgen voor uw leven geweest?

'Vroeger kon ik me over van alles druk maken, nu ben ik veel gematigder. Ik denk veel vaker: het zal wel, pluk de dag. Neem die stikstofdiscussie: ik volg het wel, maar ik ga niet meer de barricades op. Vroeger zette ik me als boerenbestuurder echt voor dat soort zaken in. Maar sinds mijn PTSS leg ik me alleen nog toe op de boerderij.'

Ziet u het als een les in bescheidenheid?
'Voor mij was duidelijk: je moet niet te veel willen in het leven. En je moet ook niet denken dat het belangrijk is dat jij overal bij bent – de wereld draait ook door zonder jouw inbreng. Dat ervoer ik heel duidelijk, toen ik in het dal zat. Daarvoor was ik altijd druk, haastje-repje; snel even het gras schudden, want ik moet vanavond weer weg, ik wilde overal bij aanwezig zijn. Maar als je zo druk bent, gaat het leven op de automatische piloot en kun je niet genieten. Nu kan ik dat wel. En dan bedoel ik niet op een terras met een glas bier, maar tijdens het werken op de boerderij. Daar ben ik nu veel bewuster mee bezig.'

Zijn er nog meer gevolgen?
'Als je zoiets hebt meegemaakt, weet je hoe kwetsbaar het leven is en leer je veel meer waarderen – de relatie tot je vrouw, je kinderen, je kleinkinderen. Dat is een les die je niet van de daken schreeuwt, maar innerlijk wel ervaart. Ik ben een stille genieter geworden. En ik hou afstand van bepaalde discussies, zoals die over stikstof. Want ik wil niet dat die mij gaan beheersen en me het plezier in het boeren ontnemen. De kennis erover wil ik wel hebben, maar ik wil niet dat het negatieve het positieve weg drukt. Dus waak ik ervoor dat het me ten diepste raakt, ik bescherm mezelf.

De financiën van de boerderij zijn belangrijk voor me, want de landbouw is een sector waarin de winst minimaal is. Daar ben ik permanent mee bezig – het schip moet wel blijven varen, de vooruitzichten zijn momenteel door het coronavirus niet positief. Maar het is geen zorg. Want dan zou ik ermee naar bed gaan. Dat doe ik niet. Ook het geld mag mijn plezier in het leven niet vergallen.'

FILMTIP

De beentjes van Sint-Hildegard van **Johan Nijenhuis**

'Een prachtfilm met Herman Finkers en Johanna ter Steege, vol mooie Twentse zinnen. Voor mij gaat het over de vrijheid die man en vrouw elkaar in een relatie op zich wel gunnen, maar dat die relatie toch beklemmend kan worden. Wanneer de een almaar bezorgd is over de ander, wordt met de beste bedoelingen de vrijheid van de ander ingeperkt. Een film die stof tot nadenken geeft.'

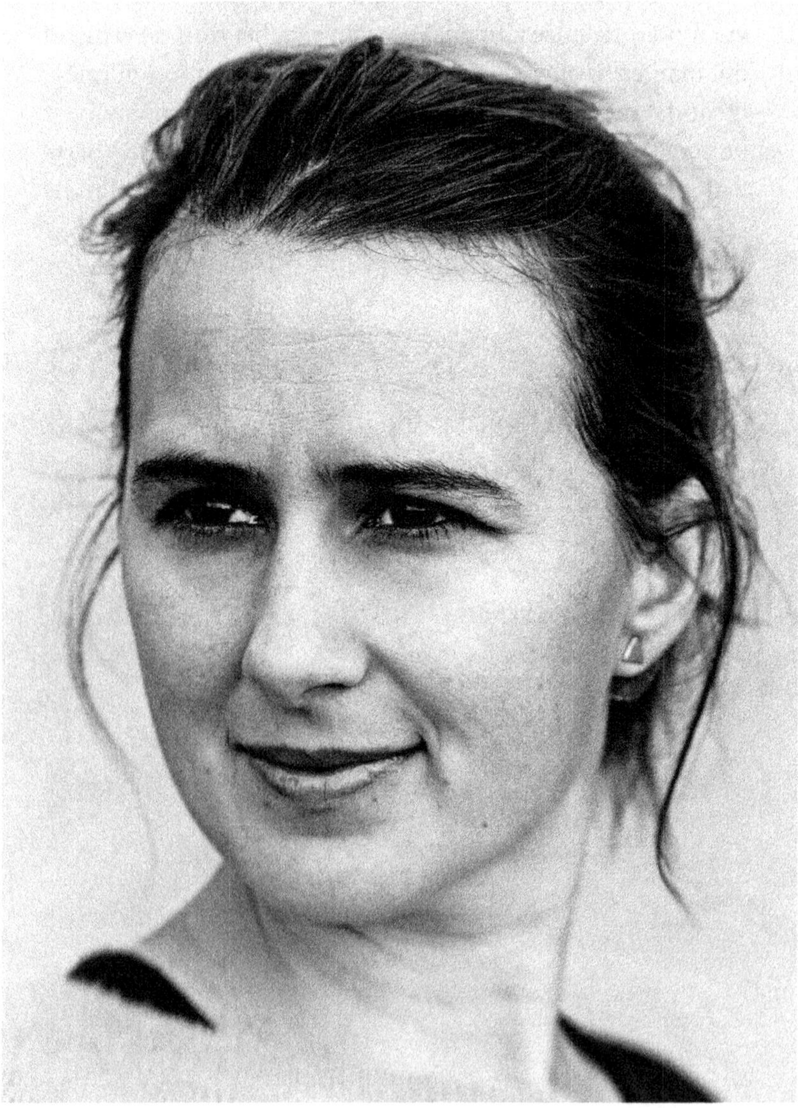

Maud Vanhauwaert, dichter

'De grootste kracht die iedere mens heeft is zijn verbeelding. Die kan je nooit worden afgenomen – je kunt een arm of been verliezen, of je vrijheid wanneer je in een cel belandt, je familie kan wegvallen, maar altijd heb je je verbeelding. Het is de mentale ruimte waar je naartoe terug kunt om te dagdromen. Daar haal ik mijn grootste geluk uit, ik blijf me over onze verbeeldingskracht verbazen. Waar ik me zorgen over maak, is dat mensen tegenwoordig zozeer geprangd zitten in hun dagelijkse sleur dat ze geen tijd meer hebben om zich in die ruimte te begeven.'

Als zesendertigjarige zit de Vlaamse dichter Maud Vanhauwaert in het spitsuur van het leven. Met haar vriendin ('die werk met cijfers doet, het omgekeerde van waar ik mee bezig ben') deelt ze de zorg voor hun eenjarige dochter; ze hebben een monumentaal, nog flink te verbouwen pand in de Antwerpse binnenstad betrokken en onlangs heeft ze een punt gezet achter twee jaar stadsdichterschap, waarin ze bezeten met haar werk is bezig geweest: 'De meest intensieve jaren van mijn leven.' De neerslag van die bezetenheid is te vinden in *Het stad in mij*, een 'bruisend en schitterend vormgegeven' boek volgens *de Volkskrant*, gemaakt met ‘opgetogenheid die de ernst niet buitensluit’.

Haar jeugd brengt ze door op afstand van het grote Antwerpen, in het provinciestadje Veurne, nabij de grens met Frankrijk. Haar vader, huisarts, is haar eerste inspirator: ‘Ik was onder de indruk van de schetsen van overleden patiënten die hij voor begrafenissen schreef en van zijn speeches op familiebijeenkomsten. De fascinatie voor taal kreeg ik zogezegd met de papalepel ingegoten.’ Haar jeugd verloopt harmonieus, al vinden nogal wat klasgenoten van het plaatselijke Bisschoppelijk College der Onbevlekte Ontvangenis haar, zo vermoedt ze, een irritant strebertje: ‘Ik zat altijd met het vingertje in de lucht en kon voorafgaand aan een les wereldoriëntatie extra informatie aan de leraar doorspelen. Dat streberige heb ik nog altijd. Wellicht komt het voort uit onzekerheid, die ik als de motor van mijn creativiteit zie.’

Een eerste gepassioneerde liefde met een vrouw op haar drieëntwintigste ziet ze als ‘een kantelpunt’ in haar leven: ‘Ervaringen met jongens waren soms fijn, maar lieten me ook vreemd onverschillig. Een docent op het conservatorium, waar ik woordkunst studeerde, zei op een keer dat de liefde het grootste thema van het leven is. Ik herinner me dat ik me toen oprecht vroeg: is dat wel zo? Pas later, toen ik door de breuk met die vriendin liefdesverdriet ervoer, viel veel in zijn plooi.’

In de voorbije vijftien jaar heeft ze dichten gecombineerd met enkele malen per week optreden voor een publiek: ‘Zoals zovelen zit ook ik vol paradoxen. Deze houdt mij in beweging: slingeren tussen dat eenzaam naar mogelijkheden zoeken op papier en de overgave aan het optreden, waarin de mogelijkheden zijn uitgekristalliseerd.’ Optreden is voor haar ‘een uur lang geen zorgen, een trip waarin alleen dat moment telt’; dichten is daarentegen ‘een reis door tijd en ruimte. Het brengt je naar momenten en plekken die je niet eerder vermoedde.'

Wat is voor u een zinvol leven?
'Voor mij is daarvan sprake als het leven genoeg momenten bevat van intens geluk waarin je loskomt van je menselijke beperkingen en je verkeert in het bovenmenselijke. Momenten waarop je het gevoel hebt dat je jezelf kunt verliezen in iets dat jezelf overstijgt. Bijvoorbeeld als je iets ziet van een onwaarschijnlijke schoonheid – in de natuur, in een ander, in een kunstwerk. Wanneer ik tal van uren met mijn poëzie bezig ben lijkt het alsof ze mij opslokt en ik er zelf in verdwijn, alsof mijn ego niet meer van tel is. Anderen hebben dat bij een yogasessie, bij het staren naar een dobber op het wateroppervlak of ze zoeken het in God. Jezelf vinden door jezelf te verliezen, daarin schuilt een mooie tegenstrijdigheid.'

Wat is er zo aantrekkelijk aan dat verliezen?
'We zijn de hele dag bezig met kleine dingen: koffiezetten, naar het postkantoor, een wasje doen, een vergadering, die stroom houdt nooit op. Het gaat om loskomen van je eigen prullerige leventje dat per definitie tot frustratie leidt, omdat er altijd nog een rekening moet worden betaald. Als je daarvan kan loskomen en bijvoorbeeld in een gesprek met iemand voelt: ah ja, het gaat niet meer over jou of mij, maar over iets groters, een energie die er tussen ons ontstaat, een wolk waarin we even kunnen verkeren, dan voel je je wezenlijk met de ander en het geheel der dingen verbonden.

Dat klinkt misschien spiritueel, maar zo bedoel ik het niet. Ik bedoel het eerder op een bijna wetenschappelijke manier – verbondenheid, omdat we allen clusters van atomen zijn. Als je mensen doorvraagt over dit soort bovenmenselijke ervaringen, kom je uit op de eeuwige zoektocht van de mens naar verbinding met het geheel der dingen. Die kun je al op een eenvoudige wandeling ervaren. Onlangs liep ik in een park met machtige, eeuwenoude bomen. Die gaven me het gevoel met het geheel een te kunnen worden. Op zo'n moment voel ik me klein en machtig tegelijk, want die bomen worden groots omdat ik ernaar kijk.'

Hoe werkt die verbinding met het geheel der dingen?
'Laatst las ik in de *Essays* van Montaigne. Om me als zesendertigjarige vrouw in het Antwerpen van de eenentwintigste eeuw plots verbonden te weten met een zestiende-eeuwse Franse kasteelheer, dat is zo wonderlijk. Die verbinding lukt, omdat hij een zin schrijft waarin ik kan gaan liggen, omdat hij iets exact verwoordt zoals ik het ervaar. Dat is een verbinding door tijd en ruimte waar ik kippenvel van krijg, nu ik erover spreek. Dat zijn de momenten die het leven voor mij zinvol maken. Niet alleen omdat ik me met die ander verbonden weet, maar ook omdat ik via hem dat met alle mensen ben – met het menselijke en dus met wat alles met elkaar verbindt, het kosmische. Dat ervaar ik vaak in kunst.'

Dat kan dankzij taal. Toch staat die ook vaak ware ontmoetingen in de weg, schrijft u.
'Ik heb het dan vooral over gesproken taal. Die leidt vaak tot misverstaan. Wanneer ik iets zeg, wat hoort die ander dan? Je hebt eigenlijk geen idee. Praten is vaak een wirwar van misverstanden. Als ik het mezelf hoor doen, merk ik hoe zinnen beginnen, maar dan los in de lucht blijven hangen. Als schrijver kun je de illusie hebben van meer controle, omdat je weloverwogen kiest waar je woorden neerzet. Maar dan nog blijft de onzekerheid over hoe iemand het tot zich neemt – je

moet maar vertrouwen dat diegene er iets uit kan plukken. Als lezer kan ik door zinnen enorm worden getroffen. Wanneer je voelt dat er door iemand zo aan is gewerkt dat de zin werkt als een mechaniekje waar geen enkele schakel bij of af moet, dat perfect in elkaar steekt, dat kan me ontroeren. Voor mij is een zinvol leven ook een leven vol zinnen, al klinkt dat misschien als een flauwe boutade.'

Wat vermag de poëzie op dit vlak?
'Voor mij is het de meest reflexieve manier om taal te gebruiken. Poëzie werkt vaak ontregelend, het gaat in tegen het logische denken. Mijn doel is daarbij niet te enerveren of onderuit te halen. Door ontregeling hoop ik iemands denken in beweging te zetten. Poëzie geeft de mogelijkheid te wrikken aan onze vaste structuren. Neem alle binaire tegenstellingen in onze taal, zoals het denken in mannen en vrouwen, of in wit en zwart. Daarmee zijn we de mensheid voortdurend aan het opsplitsen. De taal dringt ons categorieën op en heeft zo grote macht over ons. Kant (Duitse filosoof, 1724-1804) zei al dat we de wereld door taal zien. Onze blik wordt door structuren en categorieën vervormd, waardoor ik bijvoorbeeld nooit echt bij deze plant kan komen.'

Wanneer vormt dat een probleem?
'Ik zal een voorbeeld geven. Onlangs was ik op een debatavond met als titel 'Het einde van de witte wereld', waar wel tweeduizend mensen op afkwamen en dat op het scherpst van de snede werd gevoerd. Dat kan nuttig zijn om vervolgens de tegenstellingen te overstijgen. Maar dat lukt alleen als er goed naar elkaar wordt geluisterd. Dat is niet meer evident, nu we in een maatschappij leven waarin we elkaar in snedige Twitterberichten vaak de maat nemen. Die avond beangstig-

de me, omdat de wig tussen wit en zwart alleen maar nog verder in het probleem werd gedreven door al te dogmatisch denken. De taal is een verraderlijk medium. Voor je het weet spreek je met dezelfde woorden een andere taal.'

Hoe zou het anders kunnen?

'Niet het cultiveren van de eigen identiteit zou voorop moeten staan, zoals je nu overal ziet, maar het cultiveren van de nieuwsgierigheid naar de ander. Dat is fundamenteel. We hebben in mijn ogen een soort copernicaanse omwenteling nodig naar het belang van nieuwsgierigheid. Die moet beginnen met luisteren naar de ander. Vervolgens kun je je afvragen of je het ermee eens bent en eventueel je identiteit herdefiniëren. Dat is ook een manier om jezelf te vinden. Binnen de *queer community* kan ik me ook ergeren aan dat trots op jezelf durven zijn. Ik zie daarvan niet de waarde. Goed, dan ben je vandaag jezelf, maar hoe zit het morgen? Dan ben je alweer iemand anders. In mijn ogen zijn we voortdurend veranderende, onzekere wezens.'

Is iedereen onzeker?

'Het hoort bij de *condition humaine*: als je met iemand wat langer praat, stuit je er altijd op. Sommigen overschreeuwen het, maar uiteindelijk is iedereen onzeker en hypersensitief. Daar kom je achter door de nieuwsgierigheid die ik bepleit. Natuurlijk kan iemand zich aanvankelijk bot voordoen, maar praat je door dan blijkt hij altijd een gevoelig, met veel zenuwen uitgerust wezentje te zijn, bang voor kritiek. Dat wezentje verandert, afhankelijk van wie er tegenover hem zit. Ik ben anders bij jou dan bij mijn ouders of bij mijn vriendin. Een mens is fluïde. Ga je als twee blokken beton tegenover elkaar zitten, dan kun je alleen botsen. Hoe bijzonder is het dat je ook in elkaar kunt overvloeien, dat het niet meer duidelijk is waar jij begint en ik eindig en dat je zo voorbij je menselijke beperkingen kunt komen.'

BOEKTIP
Boek der rusteloosheid van **Fernando Pessoa**

'Dit is een boek dat je een heel leven met je kunt meedragen. Het is een verzameling van filosofische beschouwingen, poetische notities en grappige observaties. Voor mij werkt het boek echt magisch: elke keer als ik het op een willekeurige pagina opensla, lees ik iets dat net op dat moment in mijn leven relevant is en dat mij een nieuw inzicht geeft.'

Theodore Dalrymple, psychiater en schrijver

Vergeten boeken, aangetroffen in tweedehandswinkeltjes in Wales, en onbekende schrijvers, begraven langs de zijpaden van de Parijse begraafplaats Père Lachaise – de Britse psychiater en schrijver Anthony Daniels, beter bekend onder zijn pseudoniem Theodore Dalrymple, wekt ze op zijn zeventigste op papier weer tot leven. Dat bevredigt niet alleen zijn enorme nieuwsgierigheid ('Overal is het interessant', luidt een typerende hoofdstuktitel van zijn laatste boek, *In Praise of Folly*), maar het vormt in zijn ogen ook een bijdrage aan het grotere verhaal van onze cultuur: 'Ik vind het belangrijk dat mensen begrijpen hoe we zover zijn gekomen. Juist omdat we weten hoe kwetsbaar onze beschaving is'.

Met die laatste woorden verwijst hij naar de Tweede Wereldoorlog, die het leven van de in 1946 geboren Dalrymple sterk heeft beïnvloed. Zijn Joodse moeder verliest als jonge, naar Engeland gevluchte Duitse zowel haar ouders als haar eerste verloofde. Na de oorlog kan ze niet meer op een normale manier van haar zoon houden. Die is bovenal opgelucht wanneer hij op zijn achttiende het ouderlijk huis mag verlaten, ook al omdat hij een even moeilijke relatie onderhoudt met zijn vader, een communistische werkgever: 'Hij vernederde zijn werknemers. Hij leerde me een goede les, ik wist hoe ik niet wilde zijn.' Thuis werd bovenal gezwegen: 'Van mijn jeugd kan ik me niet herinneren dat er ooit een woord tussen mijn ouders is gewisseld. Zelfs in restaurants verliepen maaltijden altijd zwijgend.'

Om zich hiervan te verwijderen zwerft hij, na zijn studie medicijnen, geruime tijd door Afrika, waar hij ervaart hoe het is om 'zo vrij als een vogel' te zijn: 'Ik was maandenlang *incommunicado*, heerlijk.' Terug in Engeland krijgt hij als gevangenispsychiater in Londen en Bristol patiënten die tot de onderkant van de samenleving behoren. De ervaringen met hen leiden eerst tot het geruchtmakende *Leven aan de onderkant* (2001) en later tot het somber gestemde *Beschaving, of wat ervan over is* (2005). Schrijven is voor hem lange tijd een noodzakelijke bezigheid om het als psychiater vol te kunnen houden: 'Wat ik in de werkelijkheid aan menselijke ellende tegenkwam, was erger dan mijn fantasie kon bedenken.' Vanaf zijn zesenvijftigste legt hij zich toe op zijn schrijverschap. In conservatieve kringen verwerft hij populariteit met zijn opvatting dat verslaving geen ziekte, maar een individuele keuze is. Van enige somberte is tijdens een gesprek met Dalrymple geen sprake, geregeld barst hij in lachen uit. 'Humor is essentieel om dit tranendal te overleven. Het leven is een komedie voor degene die denkt en een tragedie voor degene die voelt,' zo haalt hij de achttiende-eeuwse schrijver Horace Walpole aan. Om eraan toe te voegen: 'Ik denk dat het een tragikomedie is.'

Wat is voor u een zinvol leven?

'Ik zou niet kunnen zeggen welk gedrag zinvol is en welk niet. Er is op dit vlak nog maar weinig houvast voor mensen. Vroeger gaven de kerk en de politiek dat. Van het marxisme kun je van alles vinden, maar mensen hadden wel het gevoel dat ze aan de goede kant van de geschiedenis konden staan. Dat is verdwenen. Je ziet nu een soort balkanisering van ideologie; mensen die fanatiek bezig zijn met een deelonderwerp, zoals identiteit. Transseksualiteit is plots een groot onderwerp, gekomen vanuit het niets. Tien jaar geleden hoorde je er nauwelijks iets over, nu is het een grote beweging. Voor mij past dat bij het zoeken naar het geven van betekenis aan je leven. Klimaatverandering is ook zo'n onderwerp waarmee mensen zin aan hun leven denken te kunnen geven.'

Wat is voor u persoonlijk het antwoord?
'Ik heb het liever over doelen dan over zin – een boek schrijven is mijn doel, in de hoop dat het andere mensen interesseert. Maar dat heeft geen hogere zin. De vraag wat een goed leven is, spreekt me meer aan, maar ook dan ben ik terughoudend met het bedenken van regels. Als je zegt dat het gaat om het leiden van een moreel goed leven, dan is dat mooi, maar het dreigt het leven wel ondraaglijk saai te maken. Waar is het plezier dan gebleven? Het gaat voorbij aan de intellectuele of esthetische kant van het bestaan. Bovendien sluit bewonderenswaardige moraliteit schadelijk gedrag niet uit. Mensen zijn in staat met de beste bedoelingen anderen te schaden.'

Maar toch: hoe ziet een goed leven voor uzelf eruit?
'Ik stel goede relaties met anderen voorop – ik denk dan niet alleen aan de liefde, maar ook aan vriendschappen. Dat doe ik nu meer dan in mijn twintiger jaren, toen was ik meer met mezelf bezig. Nu zou ik zeggen dat liefde het belangrijkste in het leven is. Met mijn vader en moeder had ik een liefdeloze relatie. Daarentegen had ik een goede liefdesrelatie met mijn hond – dat is echt goed gegaan, haha. Ik zie mijn hele leven

eigenlijk als een vlucht weg van mijn kindertijd, weg van mijn liefdeloze ouders. Maar ik koester geen wrok meer, al heb ik daar wel last van gehad.

Wrok is een schadelijke emotie. Je kunt dat je hele leven blijven voelen, maar eens moet je gaan inzien dat het onvruchtbaar is, ook al ben je nog zo slecht behandeld. Anders loop je het risico dat je je verleden voortdurend blijft gebruiken ter verklaring van je eigen onvrede. Dan zit je vast, je kunt niets meer aan die jeugd doen. Het idee dat je eindeloos in je verleden moet spitten om jezelf in het heden te helpen, onderschrijf ik niet. In feite is het niet meer dan pogen anderen de schuld te geven. Het mooie van het leven is juist dat je vrij bent. Tsjechov heeft dat in een brief prachtig beschreven, hoe hij zijn moeilijke verleden wist te overstijgen en zich op een dag een vrij man voelde. En kijk eens wat hij allemaal heeft bereikt! Ik geloof dat de mens tot dat overstijgen in staat is.'

Het helpen van anderen wordt vaak als zinvol ervaren – beziet u uw werk als psychiater in dat licht?

'Nou, ik werd zeker ook gedreven door mijn nieuwsgierigheid. Voor mij bestaat er geen oninteressant mens, ik vind het leven van een ander altijd boeiend. Het is niet dat je meteen van iedereen iets kunt leren, nou ja, misschien wat je vooral niet moet doen, haha, maar het fascineert me altijd. Veel mensen uit de wat betere klassen komen nooit met de onderklasse in aanraking – ze hebben geen idee, ze spreken alleen elkaar. Het in contact komen met die mensen heeft mijn kijk op het bestaan wel veranderd. Ik ben kwesties als verantwoordelijkheid en vrijheid anders gaan bezien. Het heeft me pessimistischer over onze beschaving gemaakt.

Wat dat helpen betreft: ik was eigenlijk voornamelijk bezig mensen af te helpen van het idee dat zij hulp moesten verwachten. Ik probeerde ze duidelijk te maken dat ze zelf verantwoordelijk voor hun leven zijn door ze een spiegel voor te houden. Criminelen vroegen me bijvoorbeeld: "Ben ik een inbreker geworden omdat ik een slechte jeugd heb gehad?" Daarmee herhaalden ze een boodschap die een elite hun heeft wijsgemaakt, ze zouden dat zelf nooit hebben bedacht. Ik zei dan: "Dat heeft er niets mee te maken." "Waardoor doe ik het dan?" vroegen ze. "Omdat je dom en lui bent," antwoordde ik. Dan kreeg ik een schuldbewust lachje terug. Ze werden niet boos, omdat ze ook wel wisten dat het niet door hun jeugd kwam. Natuurlijk was die ongelukkig, ze kwamen bijna altijd uit een verschrikkelijke wereld waarin ouders zich niet verantwoordelijk voelen voor hun kinderen. Maar ze wisten ook dat er lotgenoten waren die níét gingen inbreken. Als je mensen slachtofferschap aanpraat, hou je hun problemen in stand.'

Uw laatste boeken tonen juist mooie kanten van onze beschaving, in plaats van het verval te verkondigen. Bent u klaar met de klaagzang?

'Inderdaad, ik heb er langzamerhand alles over gezegd wat ik wilde zeggen. Al is het een thema waarop je oneindig kunt blijven variëren, maar ik zou mezelf dan herhalen. Alleen ben ik nog niet klaar om in mijn stoel te wachten tot eerst de lunch en daarna de dood komt. Haha. Ik vind het belangrijk dankbaarheid uit te spreken jegens vergeten schrijvers, maar ook jegens vergeten medici die geholpen hebben de beschaving te brengen tot waar hij nu is.

Wat mij aanspreekt is dankbaarheid voor wat er is. Ik heb de indruk dat die bij veel mensen uit hun leven is verdwenen. We gaan ervan uit dat het normaal is wat er allemaal op medisch gebied voor ons mogelijk is. Maar ieder aspect daarvan moest eerst worden ontdekt, de mens heeft al zijn kennis aan de onwetendheid moeten ontworstelen. Voor het feit dat dat is gelukt, kan ik grote dankbaarheid voelen. Dat geldt ook voor kunst: wat er aan schilderkunst is, zoals de schilderijen van Pieter de Hooch die mijn vrouw en ik zojuist in Delft hebben bekeken, daar kan ik me dankbaar voor voelen. Dat geldt eigenlijk voor onze hele beschaving. Daarom wil ik ook per se niet dat die wordt vernietigd, wat zoals we hebben gezien gemakkelijk kan. Scheppen is zoveel lastiger dan vernietigen.'

Hoe kijkt u aan tegen uw eigen sterfelijkheid?

'Als zeventigjarige ben ik me natuurlijk bewust van mijn sterfelijkheid, die zet mij aan tot werken. Maar ik blijf er niet bij stilstaan, want zoals François de la Rochefoucauld (Frans schrijver 1613-1680) zei: "We kunnen noch de zon noch de dood recht in de ogen kijken." De gedachte eraan maakt wel dat ik steeds meer weerzin voel bij ruziemaken over kleine dingen. Wat kan het schelen dat iemand je parkeerplek inpikt, in het aangezicht van dood en vergetelheid?

De kunst is te blijven beseffen dat je zowel extreem onbelangrijk als extreem belangrijk bent. Dat laatste ben je voor jezelf en je naasten – de mensen om ons heen moeten we behandelen alsof ze extreem belangrijk zijn. Maar dat eerste ben je ook: als ik dood neerval, draait de hele wereld door, alsof ik nooit heb bestaan. Dat is onze condition humaine. Het christendom maakt dat goed duidelijk: je bent belangrijk voor God, maar ook niets in vergelijking met God. Ons leven is een poging een evenwicht te vinden tussen die twee uitersten.'

BOEKTIP

Vaders en zonen van **Ivan Toergenjev**

'Deze grote roman valt te lezen als een subtiel onderzoek naar de relatie tussen de menselijke werkelijkheid en politieke idealen. De auteur was een liberaal die iedere vorm van wreedheid jegens anderen tot in zijn vezels haatte – hij voorzag in 1862 hoe omarming van een ideologie tot inhumaan gedrag kan leiden. Zijn roman kwam onder vuur te liggen van radicalen die hem reactionair vonden en van reactionairen die hem radicaal vonden.'

Mardjan Seighali, directeur UAF

'Die anderhalf jaar vormen een breuk in mijn leven – er is de tijd ervoor en de tijd erna. Als je jong bent, sta je niet stil bij de dood. Je bent er bang voor, maar hebt verder geen idee. In de gevangenis werd ik dagelijks met de dood geconfronteerd. Het is een tijd waarvan ik nooit zal kunnen zeggen: die ligt achter me. Maar het overheerst mijn leven niet meer.'

In Almere, omgeven door de rust van haar achtertuin, blikt de zesenvijftigjarige Mardjan Seighali terug op haar jeugd in Iran. Hoe ze opgroeit in een welgesteld gezin in het noorden van het land. Met als vader een geslaagde zakenman van eenvoudige komaf die niets van politiek moet hebben, maar alles van dichtkunst. 'Poëzie is onze Bijbel', luidt zijn adagium. Zijn vrouw, afkomstig uit een welgestelde familie, recenseert dichtbundels voor de lokale omroep. Samen koesteren ze een huisje-boompje-beestje-ideaal voor hun drie dochters. Maar de middelste, Mardjan, rebelleert, wanneer ze zich bewust wordt van sociaal onrecht: 'Ik zei tegen mijn ouders: "Hoe kunnen we doen alsof we in een kasteeltje leven, een droomwereld, terwijl de buitenwereld zo anders in elkaar steekt?"' Wanneer in 1979 het bewind van de sjah valt, wordt de vijftienjarige actief voor een progressieve politieke partij – ze bezoekt bijeenkomsten en verspreidt pamfletten. Dat komt haar duur te staan wanneer ayatollah Khomeiny aan de macht komt en een referendum over een islamitische republiek uitschrijft. Na zijn overwinning bestempelt hij alle tegenstanders als vijanden van de islam: 'Opeens ontstond er een griezelige situatie. We werden als staatsgevaarlijk beschouwd. Iedereen die zich tegen de islamitische republiek had gekeerd, mocht op straat worden gedood. Ik was vogelvrij.'

Na een maandenlange onderduikperiode bij familie waagt ze het erop naar haar ouderlijk huis terug te keren. Meteen wordt ze opgepakt. Na anderhalf jaar gevangenis komt ze vrij, dankzij bemoeienis van een vriend, haar latere man Rasoul. Een van de voorwaarden is een snel huwelijk: 'De gedachte was dat ik dan niet meer aan politiek zou doen. Ik was woedend, ook op Rasoul. "Dacht je dat je mij kunt kopen? Ik beslis zelf wel met wie en wanneer ik trouw", riep ik.'

Toch gaat het huwelijk door. In Iran krijgt ze twee zonen, maar in 1990, op haar vijfentwintigste, vlucht ze naar Nederland, waar haar man al eerder naartoe is uitgeweken. Ze leert de taal, studeert maatschappelijk werk en maakt carrière. Sinds 2013 is ze directeur-bestuurder van het UAF (Universitair Asiel Fonds), een stichting die gevluchte studenten bij hun studie begeleidt. In 2019 ontvangt ze de Comeniusprijs voor haar inzet 'voor het ontwikkelen van de internationale samenleving.'

Wat is voor u een zinvol leven?

'Als je als kind wordt geboren, vraag je daar niet om. Je komt huilend ter wereld en met dat geluid maak je anderen blij. In mijn opvoeding heb ik dat meegekregen: je bent hier niet voor jezelf, maar voor je medemens. Dat was niet ingegeven door een religie, want bij ons thuis deden we daar niet aan. Mijn opa, die theologie had gestudeerd, leerde ons: "Religie moet je respecteren, maar niet vertrouwen." Hij zei niet: zorg ervoor dat je met religie niks te maken hebt. In Iran leer je je subtiel uit te drukken, dat heeft te maken met het gebrek aan vrijheid.

Ik ben altijd een idealist geweest. Van jongs af aan verzette ik me tegen onrecht, ik verdedigde bijvoorbeeld onze werkster tegenover mijn moeder. Ik weet niet goed waar dat rechtvaardigheidsgevoel vandaan komt. Altijd heb ik me afgevraagd: wat kan ik voor anderen betekenen? Ik wilde het groots aanpakken, pas later ben ik meer waarde aan kleine dingen gaan hechten – iets doen voor een enkel mens, liefde voor je naasten, een wandeling met mijn man.'

Door uw idealisme kwam u jong in de gevangenis en werd u met de dood geconfronteerd.

'Je moet je voorstellen: jonge mensen zitten bij elkaar in een ruimte en dan wordt er 's avonds met enige regelmaat iemand uitgepikt. Die wordt geblinddoekt en weggeleid, de duisternis in en daarna doodgeschoten. Een enkele keer kwam iemand toch terug. Het was volledige willekeur. Er waren meisjes van dertien jaar die alleen "Dood aan Khomeiny" op een wc-muur hadden geschreven. Een meisje in mijn cel werd een maatje, we kletsten, wisselden onze dromen uit. Ze vertelde dat ze in een witte jurk wilde trouwen. Twee dagen later bestond ze niet meer.

Ze had niet meer gedaan dan ik. Ik bereidde me erop voor dat ook ik naar voren zou worden geroepen. Ik heb toen vriendschap met de dood gesloten. Ik dacht: "Als het me overkomt, dan is dit lijden voorbij, dan bevrijdt de dood me van de last van het leven." Dat klinkt zwaar, maar zo was het wel. De mensen uit de concentratiekampen die er later niet over konden praten, begrijp ik goed. Je zit met een schuldgevoel: waarom mag ik door en al die anderen niet? Het liefst had ik met mijn lotgenoten willen terugblikken: het was een moeilijke tijd, maar we hebben het gered. Maar de meesten waren er niet meer. De kans dat iemand terugkwam uit de gevangenis was vrijwel nihil. Massa's mensen mochten niet verder leven, maar ik wel. Waarom, hoezo? Dat is zo zwaar.'

En dat op uw zeventiende.

'Ja. Ik ben beschadigd uit de gevangenis gekomen, mijn innerlijk leven was ik kwijt. Ik ging op zoek naar de vraag: wat is leven? Hoe kan ik verder? Onze oudste zoon kreeg de naam Pouya, pelgrim, iemand die naar waarheid en zingeving zoekt. Ik heb hem genoemd naar mijn innerlijke zoektocht. Ik heb lang last gehad van nachtmerries. Mijn vrienden komen daarin voor. Ik probeer me ze te herinneren, maar hun gezichten zijn inmiddels vervaagd. Het drukte lang op mijn leven.'

Drukte of drukt?

'De pijn is met mij volwassener geworden. Dus die overheerst niet meer, ik leef niet langer in een soort somberheid. Maar het verleden is er nog altijd. En dan niet het feit dat ik in de gevangenis heb gezeten of mijn vlucht naar Nederland met mijn zoontjes met hulp van een mensensmokkelaar, nee, dit punt: dat ik het heb overleefd en al die anderen niet. Dat blijft drukken.'

Om te overleven moest u hardheid opbrengen, zei u in uw dankwoord voor de Comeniusprijs. Wat bedoelt u daar precies mee?

'Ik ben dat allereerst voor mezelf geweest. En wie hard is voor zichzelf, is dat ook voor zijn omgeving. In mijn woordenboek komt 'nee, dat kan niet' niet voor. Dat is voor mijn collega's weleens lastig, daar ben ik eerlijk over. Hardheid is niet alleen negatief. Het is ook: niet opgeven, ijzeren discipline. Met kinderen, een studie en een stage moest ik me ook nog de taal eigen maken – een dag van vierentwintig uur is dan te kort.

De hardheid betrof ook het niet willen praten over wat er was gebeurd. Ik had mijn hart gesloten, omdat ik de emoties niet wilde toelaten. Af en toe moest ik in mijn bed duiken en dan rolden geluidloos tranen uit mijn ogen. Lang heb ik dat verdriet niet met Rasoul kunnen delen. Op een gegeven moment merkte ik dat hij depressief werd, wat niets voor hem is. Ik besprak dat met de supervisor van mijn studie maatschappelijk werk. Soms kan één vraag je een fundamenteel ander inzicht geven. 'Wat betekent het voor jou dat je man niet goed bereikbaar is?' vroeg mijn supervisor. Toen begreep ik: potverdorie, ik doe hetzelfde, ik hou me ook onbereikbaar voor hem, maar niet een paar weken, hij had al jaren geen toegang tot zijn geliefde. Dat inzicht was lastig, want ik vond dat ik ernaar moest handelen, dus mijn pijn met hem moest delen. Daarbij speelde ook dat ik wilde dat mijn kinderen in vrijheid zouden opgroeien. Ik vreesde dat ik mijn ballast aan ze zou doorgeven. Dat wilde ik niet, ze zouden zich dan niet vrij voelen. Ook dat zette me aan geleidelijk met mijn partner over het verleden te gaan praten.

Daarmee kwam er meer ruimte voor zachtheid in mijn leven. Mijn overlevingsstrategie om met extreme ervaringen om te gaan, was vooral hard werken geweest en maar met mate over emoties praten. Dat werkte lang goed. Ik kon niet bij de pakken neer gaan zitten, wilde ook geen slachtofferrol. Ik zocht juist naar mijn veerkracht, naar manieren om verder te komen. Daarbij drukte ik wel noodgedwongen iets weg, totdat er ruimte voor meer openheid ontstond. Uit de literatuur weet ik dat dat moment bij de een nooit komt, bij de ander wel. Zelf ben ik gelukkig in staat geweest naast hardheid ook zachtheid te gaan waarderen. Daardoor kon ik wegkomen van het overleven. Want zolang je dat alleen maar doet, heb je de kunst van het leven nog niet ontdekt.'

Wat bent u over die kunst te weten gekomen?
'Dat je in je leven hardheid én zachtheid nodig hebt. Ieder mens heeft beide kanten in zich. Als iemand beweert erg empathisch te zijn, denk ik: er zijn vast momenten waarop je dat niet bent. In de hardheid zit kracht en geen mens kan het zonder stellen. Want de wereld kan guur zijn, het leven is bewerkelijk. Dat heb ik mijn kinderen ook geleerd: dat je je altijd moet inspannen, niks komt je aanwaaien. Ik was veeleisend in de opvoeding: geen gezeur en gezeik, maar prestaties leveren. Ze zijn allebei tophockeyers geworden.

Maar je moet je ook leren openstellen voor zachtheid. Die kun je vinden in schoonheid, eerlijkheid, het geduld om niet te snel te oordelen. Van mijn man heb ik op dat vlak zoveel geleerd. Een mens is een mens voor hem, hij oordeelt niet. Dat probeer ik ook. Voor menselijk leed bestaat geen weegschaal: ieder mens heeft iets te verduren gehad, ieder op zijn manier. Wanneer iemand een kat verliest, kan dat voor die persoon zwaar wegen. Als ik dan zeg: ik heb veel vrienden verloren, dan neem ik het verdriet van die ander niet serieus. Mij openstellen voor anderen lukt me beter doordat de zachtheid in mij is gegroeid. Dat heb ik aan Rasoul te danken. Hij is de liefde van mijn leven geworden.'

BOEKTIP

De ondraaglijke lichtheid van het bestaan van **Milan Kundera**

'Een filosofische roman, geplaatst tegen het decor van de Russische bezetting van Tsjecho-Slowakije in 1968, maar nog altijd interessant. De personages filosoferen over toeval en lotsbestemming en uiteraard over de ondraaglijke lichtheid van het bestaan. Kundera laat zien hoe de mens tot zijn keuzes in het leven komt, hoe die worden ingegeven door het verlangen zin aan ervaringen te geven.'

Joop Verhaar, ex-chauffeur en ex-boekhouder

'Je kunt me wel een zonderling noemen,' zegt hij, half ernstig, half schertsend. Joop Verhaar, voormalig vrachtwagenchauffeur, marktkoopman, winkelier en boekhouder, woont in een huisje in het dorpje Oeken, in de buurt van Zutphen. Normaal gesproken zou hij begin dit jaar hond, gitaar en racefiets in zijn bestelbus hebben gestopt en naar Zuid-Europa zijn gereden. Om daar maandenlang door Spanje en Italië te fietsen en in zijn busje te slapen. Vrijheid, dat is voor hem de sleutel tot het leven. Dit jaar heeft de coronacrisis roet in het eten gegooid, waardoor de negenenzestigjarige Verhaar zijn kilometers langs de IJssel en op de Veluwe maakt.

Als vijfde zoon in een gezin met elf kinderen ervaart hij volop vrijheid. Hij groeit op in Nieuw-Lekkerland in een gereformeerde omgeving. Maar de 'Biblebelt' staat zijn vrijheidsgevoel niet in de weg: 'We hadden een eigen terrein tussen de dijk en de Lek. Mijn ouders hadden niet de tijd om ons te volgen. Op zondag werd je naar de kerk gestuurd, dan ging je bij het talud het pad van de dijk af en kwam je op een plek waar je alle kaartspellen leerde die er te leren zijn. Kwam je thuis dan werd je gevraagd waar de preek over ging. "Vergeten," zei je dan. Was het ook goed.'

Als enige van de elf kinderen dringt hij door tot het hoger onderwijs – de kweekschool rondt hij begin jaren zeventig af, ook al verliest hij een jaar aan gitaar spelen. Voor de klas staat hij maar kort en ook zijn latere hbo-studies Engels en economie leiden niet tot gebaande carrièrepaden. Eerst lonkt de vrijheid van het truckersbestaan, in dienst van zijn broers. Later komt de boekhouding van een biologische bakkerij op zijn pad: 'Ik ben nooit carrièregericht geweest, ik heb altijd maar wat aangerommeld, maaide het gras dat voor mijn voeten kwam. We hadden ook maar weinig nodig, mijn vrouw kwam van een boerderij in Twente.'

Met zijn Hanneke die hij op zijn vierentwintigste ontmoet, krijgt hij een zoon en een dochter, allebei inmiddels volwassen. In 2008 overlijdt zijn vrouw aan een hersentumor, enkele weken later krijgt hij een eerste hartaanval. 'U heeft hartenpijn, zei de verpleegkundige van de ambulance. Dat klopte, ik had zoveel stress. Daarna heb ik nog twee hartaanvallen gekregen.' Dat weerhoudt hem er niet van te fietsen – na Hannekes dood is er eerst een tocht van Oeken via Middelburg naar Malaga, zesduizend kilometer, 'om de pijn eruit te fietsen'. Onderweg geniet hij van zijn vrijheid: 'Ik had geen kaarten nodig, je hoefde alleen maar de zee rechts te houden en de blauwe lucht boven je'. Het 'eruit fietsen' lukt maar gedeeltelijk: 'Dat kan natuurlijk niet echt. Als ik naar het dorp fiets kom ik langs de begraafplaats, dan rij ik op twintig meter van haar graf. Hoe vaak voel ik dan niet een traan?' Met fietsen vult hij zijn dagen: 'Je moet verder met je leven. Wat kan je anders, zitten kniezen? Nou, dat heb ik niet gedaan. Dat zou zij ook niet hebben gewild.'

Wat is voor u een zinvol leven?
'Een Belgische schrijver zei ooit dat het er in het leven om gaat anderen zo min mogelijk overlast te bezorgen. Dat heeft me altijd aangesproken, de anderen ruimte geven. Zo heb ik me als trucker op de weg gedragen, ik rijd zo rechts mogelijk. Zo fiets ik ook, de ruimte geven en nooit overlast bezorgen. Jij hebt jouw vrijheid en de ander heeft de zijne. Het gaat erom dat je die van elkaar respecteert.'

Maakt die vrijheid het leven zinvol?
'Zinvol is vooral als je iets voor anderen kan betekenen – voor mensen die het rottiger hebben dan jij. Ik heb dat in mijn leven wel gedaan, in het dorp heb ik vrijwilligerswerk gedaan als penningmeester voor verenigingen en als chauffeur van de buurtbus. Maar ik ben ook altijd erg op mezelf gericht geweest. Ik zei laatst tegen een nicht van me bij het weggaan dat ik zo over mezelf had zitten lullen, zo op mezelf gericht. Zegt ze: "Joop, wie niet? Iedereen is dat toch?"'

Bent u zo egocentrisch?
'Nou, ik vind mezelf in ieder geval niet belangrijk. Op een groepsfoto sta ik altijd op de achterste rij, helemaal aan de rand. Ik ben er wel, maar vind het verder wel goed. Mijn levensmotto is: als ik jullie niet lastigval, val mij dan ook niet lastig. Dat zouden meer mensen moeten doen – anderen niet lastigvallen met hun ideeën, meningen en oordelen. Wat ze nu allemaal op sociale media tegen elkaar zeggen, dat is toch verschrikkelijk? Ik weet er niet veel van hoor, ik heb alleen WhatsApp voor berichtjes en Strava voor het fietsen, maar wat ik erover hoor en lees... bemoei je toch met jezelf, denk ik dan.

Het begint ermee dat mensen zich met anderen gaan vergelijken. Dat moet je niet doen. Ze denken dan dat anderen het beter hebben getroffen. Dat is vaak maar schijn. Dat vergelijken leidt tot veel onvrede. Het materialisme van deze tijd, die mensen die met een chagrijnig gezicht in hun nieuwste Mini Cooper zitten, waar gaat dat over? Of kijk eens in jachthavens, waar iedereen kijkt naar de man met de grootste boot. Alsof die het gelukkigst is.

Vergelijken leidt ook tot streven naar perfectie. Daar hebben we door de sociale media ook veel last van. Maar waar staat dat dat moet, perfectie? Die aangeharkte tuinen die je hier overal ziet, met de mooiste tegels, het is allemaal om indruk te maken op anderen. Ik zie dat als onvrijheid, je doet iets omdat iemand anders iets erover kan denken. Bij mij staat juist niet-perfect hoog aangeschreven, kijk maar naar buiten (wijst naar zijn rommelige tuin).'

Hebt u dat uw kinderen ook bijgebracht?

'Ik heb ze als levensles meegegeven: het maakt niet uit wat je doet, maar wat je doet moet je met plezier doen. Want als je dat niet meer aan de dingen beleeft, wordt het leven een hel. Die les hebben ze zich ook eigen gemaakt – ze hebben geen grote carrières, maar wel plezier. Mijn dochter die bij de NS werkt, heeft als spreuk in haar flatje hangen: "Er is meer dan werken in het leven." Daar kijk ik met genoegen naar.

Met plezier bedoel ik niet het hedonistisch najagen van pleziertjes. Het gaat mij om tevreden zijn met wat je hebt, wat het lot je toebedeelt. Je hebt niet veel geld nodig, zeker niet, dat zit eerder in de weg. Want als je het hebt, moet je ervoor zorgen, dat maakt weer onvrij. Met keihard werken heb ik nooit meer dan veertigduizend bruto per jaar verdiend. Vind ik een hoop geld trouwens. Ik heb buffertjes gehad, die zijn wel nuttig. Die helpen je niet afhankelijk te zijn, dan hoef je je niet aan banken of verzekeraars uit te leveren. Maar meer geld dan een buffertje schept geen vrijheid, het leidt alleen maar tot de aandrang meer te willen hebben. Dan ben je een slaaf in de materiële race.

Ik heb me in mijn leven bijna nooit tekortgedaan gevoeld en ben maar zelden verongelijkt geweest. Niet moeilijk doen, dat vind ik belangrijk. Conflicten ga ik bij voorkeur uit de weg: als ik zie dat ik er recht op afloop, ga ik rechts, links en weer links eromheen en vervolg ik mijn pad. Ik ben echt een harmoniemens'.

Hoe ervaart u ouder worden?

'Dat is iets waar ik ook het liefst omheen loop. Mijn devies is: niet zeuren en doorgaan. Ik zat vorig jaar driehonderdveertig dagen op de fiets, heerlijk. Iedere dag heb ik zere benen, maar zodra ik erop zit is het over. Ik ga ermee door zo lang als ik kan. Ik heb het afgelopen jaar bijna tweeëntwintigduizend kilometer gefietst, daar ben ik best wel trots op. Wat voor zin dat heeft? Nou, dat ik er plezier aan beleef en ik er niemand mee lastigval.'

Wilt u nog iets bereiken?

'*Om purnamada* – alles is goed, in het Sanskriet, ook als het niet goed is. Het lijkt me mooi als ik zo nog eens in het leven kom te staan. Ik heb die woorden van mijn vrouw geleerd, ze was erg spiritueel. Ik ben dat niet. Ik heb wel eens geprobeerd een boek van haar te lezen, *Het Kennis Boek*. Na twee van de vierhonderd bladzijdes heb ik het huilend weggelegd, er was geen zin waar ik de zin van begreep.

Ik keur het niet af hoor, het was mooi dat zij er baat bij had, vooral in haar laatste maanden. Dat juist mijn vrouw is uitgekozen om veel te jong te sterven, daar valt geen verklaring voor te geven. *There is no logic to this, who is picked to stay or go*, zingt Lou Reed. Dat heb ik op haar begrafenis nog aangehaald.'

Hoe kijkt u aan tegen uw eigen dood?
'Ik ben net opa geworden en natuurlijk hoop ik mijn kleinzoon nog een paar jaar mee te maken. Maar zo niet, dan niet. Wie ben ik nou helemaal? Na een paar jaar is iedereen me vergeten. Nou ja, mijn kinderen misschien niet – ik heb het ook nog steeds over mijn vader die twintig jaar geleden overleed. Maar de rest wel. Met onze ratio denken we heel wat te zijn, maar in feite ben je niet meer dan een zoogdier dat een onderdeel is van het grotere geheel. Een zoogdier krijgt nageslacht en gaat dan in de natuur dood, of wordt door de mens geslacht. Wij zijn net zo'n onderdeel van het geheel. Dat is een gedachte die mij wel rust geeft.

Ik heb geen angst voor doodgaan. Bij mijn tweede hartaanval dacht ik dat het zover was, want ik kreeg aanval op aanval en had verschrikkelijke pijn. Ik zag het plafond en dacht: dit kan wel eens het laatste beeld zijn dat ik zie. Ik bleef *deadly calm*. Of er na de dood iets is, kunnen we niet weten. Wat heeft het dan voor zin erbij stil te staan? Ik doe dat in ieder geval niet – de dood is weer zo'n conflict dat ik uit de weg ga.'

BOEKTIP
In Patagonië van **Bruce Chatwin**

'Ooit had ik het plan te reizen naar dit uiterste stukje aarde, helemaal in het zuiden van Argentinië en Chili. Ik betwijfel of het er ooit nog van komt, vanwege het vliegen, maar dit boek is een prachtige reisbeschrijving van een gebied waar het helse klimaat ervoor zorgt dat de wereld nog vrij ongerept is. Chatwin schrijft mooi over de *weirdo's* die in Patagonië belanden en daar proberen zin en vorm aan hun leven te geven.'

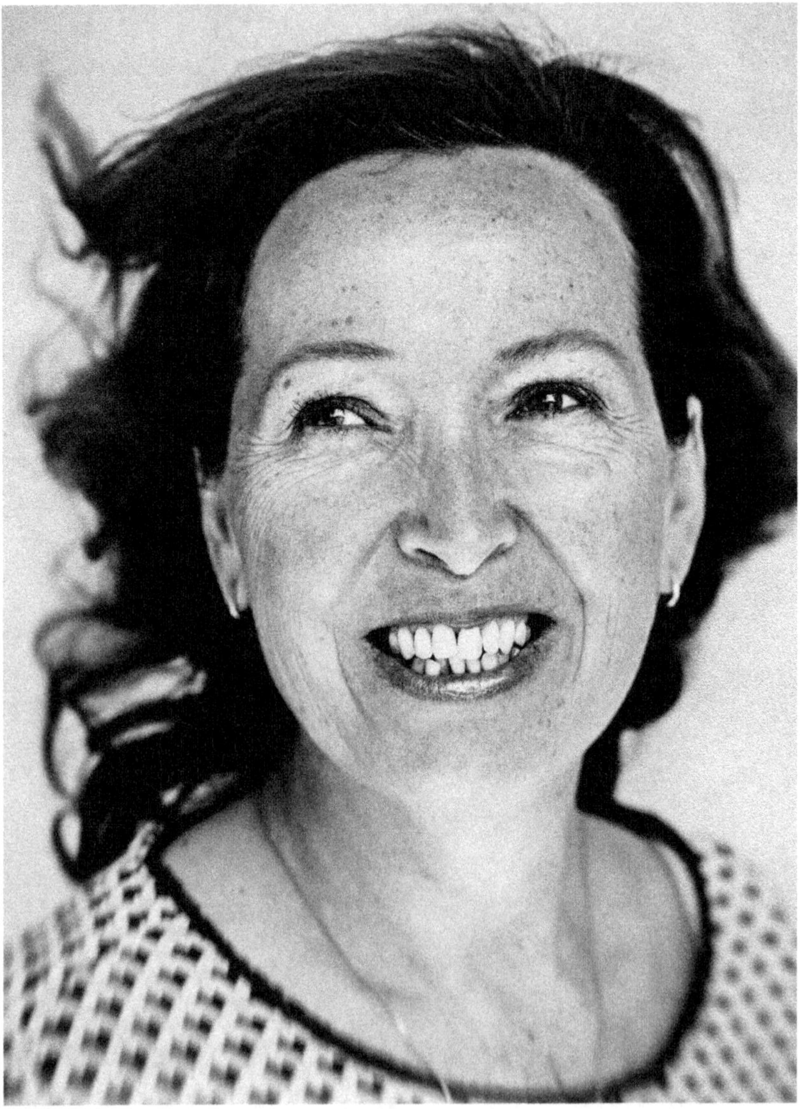

Lonieke Ultee, taaldocent

Een 'harmonieus modelgezin' in het Overijsselse Ommen in de jaren zeventig. Met een buitengewoon actieve vader, die naast zijn werk als vleeskeurder ook in allerlei besturen zit – van de Rabobank via de tennisvereniging tot zijn positie als ouderling van de hervormde kerk. Op zondag neemt hij plaats op de eerste rij, zijn vrouw en kinderen zitten in het midden. Zijn jongste dochter Lonieke is trots op haar 'flamboyante, levenslustige' vader. Met haar moeder heeft ze ook een goede band, al is die nogal eens somber, omdat voor haar slechts de rol van huisvrouw is weggelegd. Onder invloed van sherry deelt ze met haar tienerdochter 'meer dan goed voor me was op die leeftijd'. Maar verder herinnert Lonieke Ultee zich 'een goede kindertijd, waarin ik een sterk fundament heb gekregen'.

De inmiddels tweeënvijftigjarige docent Nederlands woont en werkt op de Amsterdamse Zuidas, waar ze met haar zeventienjarige dochter een modern appartement deelt. Haar oudste dochter is het huis uit. Het sterke fundament uit haar jeugd is haar van pas gekomen.

Een eerste breuk in het beeld van harmonie en liefde uit de jaren zeventig doet zich voor wanneer haar vader op zijn werk problemen krijgt. Hij signaleert misstanden in de vleeskeuring, wat hem niet in dank wordt afgenomen. Wanneer Lonieke veertien is, zit hij overspannen thuis: 'Ik herinner me hem huilend op de bank. Van een vrolijke, levenslustige man was hij in een wrak veranderd.' Er volgt een ziekenhuisopname met een slaapkuur, maar dat helpt niet. Daarna wordt hij in een instelling in Raalte opgenomen: 'Als je daar terechtkwam, was je gek. Je kwam er meestal niet meer uit, zo stond het bekend.'

Aanvankelijk leeft haar moeder op: 'Ze toonde zich opeens een soort Florence Nightingale, was heel bezorgd over mijn vader. Wat ik raar vond, want zo goed was hun huwelijk niet.' Maar lang houdt haar moeder het niet vol, ze wordt depressief en in dezelfde instelling als haar man opgenomen. De vier kinderen hebben dan alleen nog elkaar, hun ouders komen soms naar huis: 'Er gebeurden allerlei dingen waar we met de buitenwereld nooit over spraken. Mijn moeder ondernam herhaaldelijk zelfmoordpogingen. Gelukkig hebben mijn broers, zus en ik elkaar er doorheen gesleept.'

Na haar eindexamen wil ze subiet weg: 'Als ik zelf gelukkig wil worden, moet ik hier zo snel mogelijk vertrekken.' Dat voert haar op haar eenentwintigste naar Parijs, als au pair. Na een halfjaar bezoekt ze haar ouders in de instelling: 'Mijn vader was alleen maar aan het huilen en zei: "Zorg dat je vastigheid in het leven hebt." Dat voelde als een afscheid. Toen ik mijn moeder zag, schrok ik me te pletter. Ze had een gele, matte huid, koude handen. Het was alsof haar ziel haar lichaam al had verlaten.' Daags erna wandelt ze in een hofje in Parijs, samen met een vriendin – de zon schijnt, er klinkt pianomuziek: 'Opeens liet er iets los in mijn hoofd: "Het lijkt wel of ik in het begin van een film zit," zei ik tegen mijn vriendin.' Die avond krijgt ze een telefoontje van haar zus: "Papa en mama zijn allebei dood." Ze zijn samen voor de trein gesprongen: 'Het is iets dat je je hele leven met je meedraagt. Er is geen dag dat ik niet aan ze denk.'

Wat is voor u een zinvol leven?

'Een leven waarin je de vrijheid hebt te zijn wie je bent. Dat gun ik iedereen. Ik heb altijd een sterke nadruk op mijn autonomie en onafhankelijkheid gelegd. Als alleenstaande moeder mijn dochters opgevoed. Dat past bij me, vinden mensen die mij kennen.

Tegelijk ben ik empathisch ingesteld, ik wil altijd voor iedereen zorgen. Dat heb ik van mijn ouders geleerd, in hun goede tijd stonden ze altijd voor iedereen klaar. Dat is ook een deel van hun ondergang geweest, vertelde hun psychiater jaren later. Door altijd aan de problemen van anderen voorrang te geven, was er maar weinig ruimte voor die van henzelf.'

Hoe bent u met hun zelfdoding omgegaan?

'In de weken rond de begrafenis waren mijn broers, zus en ik in volkomen harmonie. Volgens sommige theorieën moet je na zelfmoord woede voelen, maar dat hadden wij niet. Na de hele lijdensweg voelden we vooral begrip. Toen ik terug naar Parijs moest, vond ik dat verschrikkelijk. Mijn broers en zus hadden elkaar, ik stond er alleen voor. Toen het vliegtuig opsteeg, voelde het alsof mijn wortels werden losgescheurd. In Parijs heb ik me aanvankelijk afgezonderd. Ik kon niet meer uitgaan en piekerde veel over wat de dood betekent.

Eigenlijk is het te veel: op je eenentwintigste op deze manier in één klap je ouders kwijtraken. In die eerste jaren was er voortdurend dat allesbepalende verdriet. Maar ik ben ook van het leven gaan genieten uit een soort bewijsdrang ten opzichte van mijn ouders: "Kijk, het leven is mooi en de moeite waard, jullie hadden nooit mogen gaan." Vandaar al mijn reizen en buitenlandse avonturen.'

Ondervond u medeleven van generatiegenoten?

'Terug in Nederland, ik was toen vijfentwintig, ervoer ik vooral eenzaamheid. De twintigers om me heen waren bezig met de maakbaarheid van hun bestaan, terwijl ik de breekbaarheid ervan had ervaren. Op feestjes voelde ik me vaak oud. Anderen waren bezig zich los te maken van hun ouders. Die zouden zich te veel bemoeien met hun studie of hun keuzes in het leven. Ik heb toen vaak gedacht: jullie moesten eens weten hoe het is geen ouders te hebben. Ik wilde ze vooral terug.

Het is een geheim dat je met je meedraagt. Je probeert dat te delen door erover te vertellen, maar dan moet je met de billen bloot, vaak op de meest onverwachte momenten. Toen ik achtentwintig was, ben ik alleenstaande moeder geworden. Dan krijg je als reactie: "O, maar je moeder helpt je toch wel? Nee, die leeft niet meer. Maar je vader dan? Die leeft ook niet meer. Wat is er dan gebeurd?" Meestal vertelde ik het direct, maar dan kreeg de ander een schok. Ik wilde dan geruststellen, dus vertelde ik over het sterke fundament dat ik had meegekregen. Maar er rust een stigma op: mensen dachten dat er met mij ook wel iets mis zou moeten zijn, omdat ik dit had meegemaakt.'

Dus ging u er minder over praten?

'Ja, ik heb het vaak verzwegen, of ik zei: een lang verhaal, vertel ik nog wel een keer. Tegenwoordig heb ik me voorgenomen er alleen over te beginnen als ik de ander ermee kan helpen. Of als iemand zijn eigen kwetsbare verhaal vertelt, dan vertel ik het mijne. Dat delen geeft zin aan het leven. Ik heb eens tijdens een vakantie in Mexico vanuit het niets mijn verhaal aan een Canadese vrouw verteld. Ze lag naast me aan de rand van het hotelzwembad, met een hoofd vol pleisters. Ze bleek haar hele gezin tijdens een brand te hebben verloren. Als ik niet had gedeeld wat mij was overkomen, had ze dat zeker niet verteld. Op dat moment ontstond er een diepgaand contact doordat we de kwetsbaarheid van het bestaan met elkaar deelden. Als je jezelf daarvoor kunt openstellen, doet de ander dat meestal ook, is mijn ervaring.'

Veranderde uw kijk op uw ouders, toen u zelf moeder werd?
'Toen groeide vooral mijn onbegrip over hun daad, ik voelde voor het eerst boosheid. Met een baby was ik me heel bewust van het feit dat alles wat ik deed of naliet een grote invloed op mijn kind had. Ik besefte dat je je kinderen nooit in de steek mag laten. Ook vond ik het erg dat mijn kinderen geen opa en oma zouden hebben. Ik heb in die fase vooral mijn moeder gemist.

Met de geboorte van mijn dochters kwam er richting in mijn leven. Om in ons levensonderhoud te voorzien, ben ik Nederlands gaan studeren en docent geworden. Ik vulde mijn hoofd met literatuur, in plaats van met verdriet. Daarvoor was ik eigenlijk stuurloos geweest. Ik had baantjes in het toerisme, maar het lukte me niet richting aan mijn leven te geven. Mijn verdriet was te groot. Ik ging waar de wind me bracht.

Dat mijn relaties met mannen telkens eindig zijn gebleken, heeft ook te maken met mijn ouders. Die hebben me verlaten. In relaties speelt naast het verdriet daarover ook verlatingsangst op. Ik was bang weer verlaten te worden, of stond de ander geen nabijheid toe om te voorkomen dat ik weer verlaten zou worden. Ik wil vooral onafhankelijk zijn, zelf aan het roer staan.

Door mijn moederschap ben ik er nog meer van overtuigd dat je dankbaar voor het leven moet zijn. Mijn dochters probeer ik zo veel mogelijk de schoonheid ervan te tonen en wil ik vooral niet met mijn sores belasten. Zelfmoord ben ik als een soort misdaad tegen de mensheid gaan zien. Ik kan er begrip voor opbrengen, maar toch: wanneer je jezelf vermoordt, beroof je ook je dierbaren van een deel van hun leven. Bij mij overheerst het gevoel dat ze het niet hadden mogen doen. Vanwege het verdriet en de ellende die ze anderen hebben bezorgd.'

Valt er toch iets positiefs over te zeggen?
'Het heeft me geleerd dat het leven breekbaar is, dat je het moet koesteren en dat je er zin aan kunt geven. Ik had veel liever gehad dat ze er nog waren, maar voor de levenslessen die uit hun zelfdoding voortvloeien ben ik wel dankbaar.'

Heeft u die kijk nodig om door te kunnen blijven gaan?
'Ja.'

Hoe kijkt u aan tegen uw sterfelijkheid?
'Ik besef dat iedere dag je laatste kan zijn. Dat vind ik niet erg, ik kan mijn dood goed relativeren. Het is goed dat we sterfelijk zijn, dat geeft urgentie aan het leven. Ik heb sterk het gevoel dat ik mijn ouders op de een of andere manier weer tegen ga komen. Naarmate ik ouder word, wordt het gemis minder. Daarbij speelt mijn besef dat het moment waarop je elkaar terugziet dichterbij komt – het gemis wordt dan een verlangen. Vorig jaar was het dertig jaar geleden dat ze uit het leven stapten. Altijd werd ik op die dag wakker met een ver-

drietig gevoel. Vorig jaar voelde ik me voor het eerst licht. Het is een bijzondere dag, dacht ik.'

BOEKTIP

Niemand is onsterfelijk van **Simone de Beauvoir**

'Een man drinkt in 1279 een toverdrank die hem onsterfelijk maakt. Dat blijkt verschrikkelijk te zijn: het leven heeft voor hem op den duur totaal geen zin meer, omdat hij telkens generaties ziet komen en sterven. Op den duur kan hij geen enkele interesse meer voor zijn medemens opbrengen. Simone de Beauvoir toont aan hoe noodzakelijk de dood is.'

Jason Bhugwandass, student en 'ervaringsdeskundige'

In een vitrine in een Diemense containerwoning voor studenten ligt een koninklijke uitnodiging. Of 'de heer J. Bhugwandass' naar het Paleis op de Dam wil komen voor de nieuwjaarsreceptie, luidt het verzoek van de koning en de koningin. 'Dat lukte me echt niet, bij zo'n gelegenheid staan te veel agenten,' zegt Jason spijtig. Vorige week is hij nog tegen de grond geduwd, toen hij tijdens een nachtelijke wandeling plots hard ging rennen. Hij zag politiebusjes staan, waarna 'mijn angsttrauma het overnam'. De agenten dachten aan een dief, begrepen later dat hij in de war was en brachten hem naar een crisisdienst, waar hij een nacht in een isoleercel belandde.

Die vorm van opsluiting is de tweeëntwintigjarige student sociaal werk geregeld overkomen tussen zijn zestiende en zijn achttiende, toen hij in de 'gesloten jeugdzorg' zat. Daaraan ging een jeugd vooraf in Amsterdam-Noord in een gezin met vier kinderen. Zijn alcoholistische vader van Hindoestaanse komaf was vooral afwezig ('Hij zat in de gevangenis, was bij een andere vrouw of lag in het ziekenhuis'). Een oudere broer met een verstandelijke beperking sloeg Jason herhaaldelijk, zijn Pools-Nederlandse moeder kwam niet voor hem op:

'Mijn moeder kan niet goed omgaan met stress. Bij ons thuis was die er altijd. Als mijn broer mij in elkaar sloeg, kregen we allebei de schuld.'

Thuis is onveilig voor Jason, die als meisje wordt geboren. Op zijn dertiende weet hij dat hij een jongen wil zijn. In dat jaar wordt hij voor het eerst depressief, maar dat staat volgens hem los van zijn 'trans'-zijn: 'We hadden een paar testosteronbommen in huis die alle aandacht op zich vestigden. Ik werd niet gezien. Die redt zich wel, die is slim genoeg, dachten ze. Dat was lang ook mijn idee: als ik straks naar de universiteit ga, kan ik daarna een stabiel leven leiden. Ik wilde advocaat worden, dat leek me geweldig.'

Maar de depressie verergert, wat op zijn veertiende tot een eerste poging tot zelfdoding leidt: 'Mijn moeder had het niet eens door. Na vijf dagen was mijn lichaam weer hersteld.' Op zijn zestiende eet hij nauwelijks meer en komt hij zijn kamer bijna niet meer uit: 'Ik heb drie jaar in een heel donker hol gezeten'. Gedwongen opname in een jeugdzorginstituut volgt. In ruim een jaar volgen nog vier van dat soort instellingen, ongewild wordt hij een jeugdzorgexpert. Normale scholing krijgt hij in die jaren niet: 'Zonder onderwijs voelde ik me een derderangsburger. Ik had het idee: de maatschappij wil me niet.'

Eenmaal meerderjarig komt hij vrij en manifesteert hij zich in de media als criticus van de jeugdzorg. 'Ik moest iets voor die kinderen betekenen, anders zou ik wel erg egoïstisch zijn. Maar ondertussen ging het helemaal niet goed met me. Soms ging ik vanuit een isoleercel direct naar een congres, waar ik dan schouderklopjes kreeg. Wat mensen niet zagen, was dat ik eigenlijk op was.' In de eerste helft van 2019 doet hij nog een suïcidepoging: 'Ik weet niet hoeveel ik er precies heb gedaan. Ik ben er echt slecht in, haha.'

Inmiddels gaat het 'nog niet goed, maar wel iets beter'. Sinds vorig jaar september studeert hij op hbo-niveau, zijn resultaten zijn goed: 'Ik hoop nog eens naar de universiteit te kunnen.' Onlangs gaf het ministerie van Volksgezondheid, Welzijn en Sport hem de *Shakingtree Award*, omdat hij zo goed in 'opschudden' is: 'Dezelfde eigenschappen die in de gesloten jeugdzorg als negatief werden bestempeld, krijgen nu lof toegezwaaid. Destijds werd ik als een onruststoker gezien, nu krijg ik een prijs omdat ik een "opschudder" ben.'

Wat is voor u een zinvol leven?
'Voor iemand die periodes suïcidaal is geweest, is dat een lastige vraag. Ik ervaar het leven als zinloos, zeker wanneer ik in een depressie terechtkom. Dat gebeurt me met enige regelmaat. Dan vraag ik me af: waarom zou ik niet meteen dood kunnen? Voor mij is het belangrijk mijn leven zo nuttig mogelijk in te vullen. Want als ik het alleen voor de lol moet doen, is dat niet genoeg reden het vol te houden. Ik ben ook niet dankbaar voor het leven, ik vind echt dat mijn ouders me met het leven iets hebben aangedaan. Ik ben constant bezig met overleven. Dan ga je de wereld anders ervaren. Dagelijks sta ik stil bij wat er echt toe doet. Dan kom ik uit bij: zorgen voor elkaar. Dus kijk ik of ik het leven van anderen gemakkelijker kan maken. Ik kan het niet voor mezelf verantwoorden dat ik het iedere dag zo zwaar heb en dat dat voor niks zou zijn. Dus probeer ik de jeugdzorg te verbeteren waar ik kan.'

Ervaart u die zwaarte al uw hele leven?
'Als kind dacht ik dat alle problemen door mijn omgeving kwamen. Als die maar zou veranderen, zou het wel goed komen. Nu zitten ze niet meer in mijn omgeving, maar in mijn hoofd. Ik vind het pittig dat ik met mezelf zit opgescheept. Ik

distantieer me vaak van mezelf, alsof er een andere persoon in mijn hoofd zit. Alsof ik de mantelzorger van mezelf ben. Aandacht geven aan die persoon zuigt me helemaal leeg, toch moet ik altijd voor hem klaarstaan. Ik heb een constante discussie in mijn hoofd. Dan denk ik: ik moet naar buiten, want dan kom ik binnen niet in de problemen. Maar daarna komt de gedachte: pas op, buiten kom je telkens in de problemen, dus blijf binnen. Daar word ik erg moe van. "Het licht moet aan, het moet ook uit", met dat soort gepingpong worstel ik voortdurend.'

Kunt u daar niet milder naar kijken, in het licht van uw voorgeschiedenis?
'Nee, ik wil mezelf niet te veel uitvluchten bieden voor gedrag dat ik niet wil vertonen. Als het niet goed met me gaat, hebben anderen daar last van. Zit ik in een crisis, dan is dat zwaar voor mijn vrienden. Ik verzwaar hun leven met mijn leed. Als ik niet zou leven, zouden ze minder stress hebben. Dus moet ik veranderen. Mijn gedrag zou ik bij een ander met dezelfde voorgeschiedenis prima vinden, maar voor mezelf vind ik het niet acceptabel. Zoveel empathie kan ik niet voor mezelf opbrengen.'

Ziet u zichzelf als slachtoffer?
'Ik durf me niet zo neer te zetten, want dat voelt als een zwakte. Ik stel me op als ervaringsdeskundige: ik spreek op congressen of symposia in de hoop dat het tot verandering leidt. Dat is een functie. Ik heb geïnternaliseerd dat ik geen slachtoffer mag zijn. Dat heeft een negatieve lading, als maatschappij willen we dat ook niet. Als we een dakloze op straat zien liggen, denken we: eigen schuld. Of: slecht voor het straatbeeld. Ik denk dat we als maatschappij best hard zijn. We zeg-

gen ook: "Je moet niet in een slachtofferrol gaan zitten." Maar wat als je dat bent? In de jeugdzorg zitten poeslieve, zorgzame kinderen die kwetsbaar en gebroken zijn, omdat hun kwaad is aangedaan. Ze zijn slachtoffers, maar we behandelen ze als criminelen door ze op te sluiten. We willen geen slachtoffers, maar mensen die een TED-talk over hun ervaringen houden of *motivational speaker* worden.

Toen ik in de jeugdzorg zat, ben ik lang boos geweest. Ik had het gevoel een straf uit te zitten voor mensen die mij kapot hebben gemaakt. Maar ik heb veel tijd gehad om erover na te denken. Ik zie nu dat veel gedrag voortkomt uit angst of uit onvermogen. Hulpverleners die me in de isoleercel zetten, waren geen sadisten, maar mensen die oprecht geloofden dat ze het beste voor me deden. Het is geen kwestie van hulpverleners vervangen, nee, het hele systeem deugt niet. Ik kreeg te horen dat mijn gedrag het probleem was, daar ging alle aandacht naar uit. Vrij recent ging ik bij een nieuwe huisarts langs, omdat het psychisch niet zo lekker ging. Ze zag mijn littekens, en vroeg: "Wat heeft jou ziek gemaakt?" Dat was me nog nooit gevraagd – niet door al die hulpverleners, niet door crisisdiensten. Die stap wordt systematisch overgeslagen.'

'Word een mens', luidt een hindoeïstische opdracht voor het leven. Kunt u daar wat mee?

'Mooi, ja. Ik heb het idee dat ik steeds meer mens word, maar dat is verweven met het gevoel dat ik het nog altijd niet ben. Omdat ik vroeger niet gezien werd of als boksbal werd beschouwd – een voorwerp dus, geen mens. Daar heb ik het gevoel aan overgehouden dat mijn lichaam niet van mij is, alsof ik het in bruikleen heb. Toen ik vorige week door de politie bij een crisisdienst werd afgeleverd, kreeg ik een prik in mijn been. Gedwongen. Dat is voor mij een schending van mijn lichamelijke integriteit, mijn trauma. Soms heb ik het gevoel in een dictatuur te leven, omdat ik te maken krijg met gedwongen zorg. Dwang kan zo onmenselijk aanvoelen, zo mensonterend. Dan leef je niet, maar word je geleefd.

Toch merk ik ook dat ik groei. Vroeger kon ik niks voelen, nu leer ik dat. Ik wil graag in therapie – ik heb een complex trauma, meervoudig PTSS. Onlangs deed ik mee aan het tv-programma *Tygo in de psychiatrie.* De camera was er ook bij wanneer het niet goed ging. Ik dacht: laat ik het maar doen, ik heb niets te verliezen. Ik heb me heel kwetsbaar opgesteld. Pas daarna hebben instellingen me therapie aangeboden.

Veel dingen in mijn leven gaan nu positiever, zoals mijn studie en mijn transitie. Ik durf nog niet verder te kijken dan vandaag, hooguit morgen. Ik ben bang dat ik anders over de kop sla. Ik zit graag in mijn ruimteschip (wijst op een tentje in zijn kamer met sterren aan de buitenkant). Gaaf hè? Het universum is mijn nieuwe obsessie, het staat voor de ultieme vrijheid. Omdat ik in de gesloten zorg heb gezeten, ben ik erg gespitst op vrijheid. Ik denk dat de meeste mensen in Nederland die niet kunnen voelen, omdat ze hem altijd hebben. Ik had het nooit gekund, als ik er niet zo lang beroofd van was geweest. Je weet niet dat je gelukkig bent, wanneer je je nooit ongelukkig hebt gevoeld. Met vrijheid is het net zo.'

BOEKTIP
Muidhond van **Inge Schilperoord**

'Een pedoseksueel, Jonathan, wordt bij gebrek aan bewijs vrijgelaten. Hij doet zijn best te veranderen, maar dat blijkt erg lastig. Het boek heeft mij enorm geholpen om de mensen die mij kwaad hebben gedaan niet verder te demoniseren.

Door het perspectief van Jonathan te kiezen laat Inge Schilperoord je empathie voor hem voelen zonder dat je zijn gedrag hoeft goed te keuren. Heel leerzaam.'

Maartje Schermer, filosoof van de geneeskunde

Gevraagd naar een vormende jeugdervaring denkt ze allereerst aan een dorpje in Nepal, met als decor hoge bergtoppen. 'Ik herinner me de volkomen stilte van een landschap dat er al eeuwen was en dat er nog eeuwen na mij zou zijn. Dat gaf me een besef van nietigheid, maar wel van een prettig soort. Niet beklemmend of angstig, eerder bevrijdend: het besef dat dit er altijd zal zijn, wat ik ook doe. Dat relativeerde sterk mijn eigen besognes, mijn gedachtes waarvan je de hele tijd maar denkt dat ze zo belangrijk zijn.'

Maartje Schermer is dan, eind jaren tachtig, student geneeskunde in Amsterdam. Haar jeugd in die stad is 'gemakkelijk en vanzelfsprekend' verlopen, als oudste dochter in een harmonieus gezin met een jongere zus. Haar ouders geven allebei les – haar vader aan docenten biologie, haar moeder aan verpleegkundigen. Ze hebben hun katholieke geloof verruild voor een wetenschappelijke kijk. Maartje voelt zich er wel bij: 'Als kind stelde ik "hoe zit dat precies?"-vragen. Dat sloot goed aan bij mijn vader, die alles maar al te graag uitlegde.'

De studie ervaart ze als te beperkt, 'het was vooral veel kennis in je hoofd stampen.' Ter verdieping begint ze aan een studie filosofie. Aanvankelijk denkt ze nog 'gewoon dokter te worden', maar dat verandert wanneer een hoogleraar ethiek haar als onderwerp 'de autonomie van patiënten' aan de hand doet. Dat wordt haar promotieonderzoek, waarna haar verdere carrière zich op het snijvlak van haar beide studies blijft bewegen: 'Ik merkte dat ik de patiëntenzorg niet miste, terwijl nadenken over grote vragen in de geneeskunde me goed lag.'

Het Erasmus MC in Rotterdam creëert een speciale leerstoel voor haar, 'filosofie van de geneeskunde'. Contact met mensen in de zorgpraktijk heeft ze via dit ziekenhuis wel, maar op afstand. De coronacrisis brengt daarin geen verandering: 'Ik sta op een lijst van reserveartsen en dat is voor mij voorlopig genoeg, ik zit nu niet in een crisis over mijn eigen zingeving.' Via haar colleges hoopt ze jonge artsen kritisch over medisch-ethische kwesties te laten nadenken. Als hoogleraar en lid van de Gezondheidsraad schrijft de vijftigjarige Schermer beleidsadviezen voor de minister en voor zorginstanties. Door de opkomst van gentechnologie houdt ze zich onder meer bezig met 'de maakbare mens', nu niet alleen genezen, maar ook het verbeteren van de soort in beeld is gekomen.

Een 'extreem zondagskind', zo typeert ze zichzelf. Privé is het haar ook voor de wind gegaan. Haar grote liefde is een tweeëntwintig jaar oudere hoogleraar ('een voormalig docent, dat zou nu niet meer mogen,' zegt ze met een lach), met wie ze twee inmiddels studerende dochters heeft opgevoed. Over haar plek in de wereld zegt ze: 'Je bent een klein onderdeel in een groot systeem. Je moet in het leven leren accepteren dat het bescheidene wat je kunt doen, genoeg is.'

Wat is voor u een zinvol leven?

'Ik ben eerder geneigd na te denken over een goed of waardevol leven. Dat is een breder palet. Bij zinvol denk ik vooral aan nuttig, dus iets betekenen voor anderen en bijdragen aan een groter geheel. Voor een goed leven hoef je niet de hele dag nuttig te zijn – het omvat ook sociale relaties onderhouden, fijne dingen doen, genieten van het leven. Ons bestaan wordt door die pluraliteit gekenmerkt, je kunt jezelf verschillende doelen stellen. Daarom heb ik ook niet zoveel met de vraag naar dé zin van het leven. Het antwoord daarop is heel divers, mensen creëren hun eigen zin.'

Maar iedereen wil wel zinvol bezig zijn.
'Dat klopt, afgezien van hedonisten die vinden dat het leven draait om plezier hebben en pijn vermijden. Dat zinvol willen zijn, zit in onze menselijke natuur: we vallen niet samen met onze ervaringen, maar kunnen ook een hoger perspectief innemen, reflecteren. Dat vermogen leidt bijna automatisch tot vragen naar zin en daarmee het verlangen onze tijd zinvol door te brengen.'

Moeten we primair onze talenten ontwikkelen of gaat het erom er voor anderen te zijn?
'Ik vind die scheiding kunstmatig: mensen ontplooien hun talenten, maar doen dat vaak ten dienste van anderen, denk aan mensen in het onderwijs of de zorg. Dus dan gaan die twee hand in hand. Voor mezelf zie ik die steeds beter samengaan. Nadat ik erachter was gekomen hoe leuk ik nadenken, lezen en schrijven vond, heb ik er lang over getwijfeld of het toch niet beter zou zijn me met nuttige dingen voor anderen bezig te houden. Als meisje had ik het idee om als arts mensen in derdewereldlanden te helpen. Inmiddels lukt het me steeds beter die twee samen te laten gaan: weten waar je goed in bent en weten hoe je dat voor anderen nuttig kunt maken. Wat niet wegneemt dat ik me nog altijd soms afvraag

wat voor zin het heeft academische stukjes te schrijven voor tijdschriften die nauwelijks worden gelezen. Misschien heb ik een te groot talent voor relativering.'

Houdt dat verband met ouder worden?

'Wellicht. Drie jaar geleden ben ik enige tijd overspannen geweest, na een periode waarin ik eindeloos in een tunnel was blijven doorrennen. Op een gegeven moment dacht ik: waar doe ik het voor, dit heeft toch allemaal geen zin? De publicatiedwang en mijn onderwijsverplichtingen vormden een berg waar ik enorm tegen opzag. Tijdens die maanden van overspannenheid kwam ik erachter dat wat ik belangrijk en leuk vind zich ook buiten mijn werk bevond – ik zat te veel in mijn hoofd en had mijn werk te groot gemaakt. Door yoga en meditatie heb ik mijn lichaam weer ontdekt en kon ik het werk gaan relativeren. Tegenwoordig doe ik niet zoveel anders dan ik destijds deed, maar nu ervaar ik het weer als leuk en zinvol. Je subjectieve ervaring van zinvolheid fluctueert dus met je stemming en stressniveau.'

Zegt het iets over onze maatschappij dat u dit overkwam?

'De druk op mensen is in ieder geval op veel fronten groter geworden. Als ik zie hoe mijn kinderen van begin twintig bezig zijn met hun cv, terwijl ikzelf destijds nog helemaal geen idee had wat dat was. Veel mensen lopen op hun tandvlees, bijvoorbeeld in de zorg. De lat ligt in veel beroepen steeds hoger. Daarbij komt dat je door sociale media zichtbaarder bent. Die stralen uit dat kwetsbaarheid niet goed is, dus krijg je de neiging die weg te stoppen. Terwijl iedereen wel zijn kwetsbaarheden heeft. Dat maakt de druk alleen maar groter. Er is in mijn ogen sprake van een soort collectief perfectionisme.'

Helpt de coronacrisis wellicht bij de bewustwording hiervan?
'Die laat zien hoe ongelofelijk afhankelijk we van elkaar zijn, wat haaks staat op het beeld dat we ons leven individueel en onafhankelijk leiden. Je ziet nu ook hoe moeilijk het voor ons, in de westerse wereld, is om met onzekerheid en controleverlies om te gaan, we verlangen naar duidelijkheid waar die niet of nauwelijks valt te geven. De kwetsbaarheid van het bestaan komt daardoor opeens dichtbij.'

Is die kwetsbaarheid de essentie van ons bestaan?
'Ik bombardeer nooit iets tot de essentie ervan, omdat ons bestaan juist door pluraliteit wordt gekenmerkt. Het is een belangrijk aspect van het leven, zeker, maar dat maakt het nog niet de essentie. Op kwetsbaarheid kun je verschillend reageren. De een zegt: het is nu eenmaal zo, je moet het accepteren en zelfs omarmen. Een ander wil juist de controle terugkrijgen, het overwinnen. Dat laatste vind ik helemaal niet verkeerd – het is maar goed dat er nu mensen zijn die vaccins ontwikkelen. Beide reacties zijn dus valide en zinvol, de kunst is vooral ze in balans met elkaar te brengen.

In de discussie over 'de maakbare mens' zie je die uitersten ook. De ene stroming wil alle zwaktes en kwetsbaarheden van de mens overwinnen, de andere wil juist niets met het sleutelen aan de mens te maken hebben, omdat je dan zijn wezen aantast. Beide stromingen zijn verknocht aan de illusie dat technologie daartoe in staat zou zijn. Volgens mij hebben ze allebei last van overspannen verwachtingen. Als je naar de geschiedenis sinds de uitvinding van het vuur kijkt, blijkt dat technologie ons telkens maar een beetje verder brengt. Het helpt onze levens iets te verbeteren, maar plaatst ons tegelijkertijd ook voor nieuwe problemen. De impact op ons dagelijks leven zal altijd maar beperkt zijn – liefdesverdriet gaan we echt niet met een pilletje oplossen.

Wat in mijn ogen vooral gevaarlijk is, is de illusie dat we alles gaan uitbannen: alle kwetsbaarheden, ouderdom of zelfs, volgens de meer extreme denkers, de dood. Dat denken is gevaarlijker dan die bescheiden stapjes die we in de praktijk zetten. Geneeskunde is een streven naar het uitbannen van ziektes en daar is nog altijd niks mis mee, maar we moeten niet gaan denken dat we alles onder controle zouden moeten of kunnen hebben; het idee dat we onkwetsbaar zouden moeten zijn. De hang naar die illusie is in onze maatschappij sterk geworden, zie alle protocollen waar mensen in de zorg onder zuchten. Dat kan ertoe leiden dat mensen niet meer met tegenslagen en teleurstellingen om kunnen gaan, wanneer ze erachter komen dat die controle er helemaal niet is.'

Is dat een les van de coronacrisis?

'Misschien wel. Hopelijk verheldert die onze kijk op onze onderlinge afhankelijkheid en kwetsbaarheid. Mensen mogen zich ook de vraag stellen: waarom werk ik zo knetterhard in een baan waarvan je in het licht van deze gebeurtenis het belang kunt relativeren? De coronacrisis biedt een kans tot reflectie, maar dat is niet per se een prettige bezigheid. Voor een aantal mensen zal dat confronterend zijn.'

Hoe kijkt u aan tegen uw sterfelijkheid?

'Het goede van de dood is dat die urgentie aan het leven geeft – het is een horizon waardoor ik me afvraag: wat wil ik doen in de jaren die me resteren? Ik zie ons leven als een spleetje licht tussen twee periodes van niets, dat vind ik een mooi beeld. We worden ingeklemd tussen zoveel niet-zijn, dat maakt ons leven heel bijzonder. Dat leidt ook tot een gevoel van dankbaarheid. Niet aan iets of iemand, maar wel voor het zijn.'

BOEKTIP

The Best Things in Life, A Guide to What Really Matters van **Thomas Hurka**

'Deze Canadese filosoof betoogt dat er vele zaken zijn die het leven waardevol kunnen maken, zoals plezier, vriendschap, liefde, prestaties, kennis en deugdzaamheid. Er is niet één soort van leven of levensinvulling goed, nee, er zijn vele mogelijkheden om een goed, waardevol of zinvol leven te kunnen leiden. Dat spreekt me aan. Alleen al het feit dat we er op zoveel manieren naar kunnen kijken, maakt voor mij het leven rijker.'

Bob Fauser, Duchenne-patiënt

Wanneer hij als zesjarige op wintersport gaat, merkt hij dat skiën hem niet goed afgaat: 'Ik kon de bewegingen niet maken. Mijn eerste gedachte was dat ik gewoon onhandig was.' Later dat jaar struikelt hij steeds vaker en gaat hij op zijn tenen lopen, letterlijk. Onderzoek in het ziekenhuis levert een zeldzame diagnose op: de ziekte van Duchenne. De spieren verliezen geleidelijk aan kracht, met de hartspier als laatste – een Duchenne-patiënt wordt gemiddeld slechts twintig jaar.

Bob Fauser is inmiddels drieëndertig. Behendig manoeuvreert hij met een joystick zijn elektrische rolstoel naar de eettafel in een ruim, gelijkvloers appartement in Rotterdam-West. Een onschuldige blik uit opvallend heldere, blauwe ogen. Frisdrank drinkt hij via een rietje, het optillen van het glas is een te grote inspanning. Maar zijn stem is nog vast, zonder haperen vertelt hij zijn levensverhaal.

Na de diagnose in zijn kindertijd wil de jonge Bob vooral een gewoon leven leiden. Voor hem geen bijeenkomsten met Duchenne-lotgenoten, waar zijn ouders hem mee naar toe nemen: 'Ik zag daar alleen maar kinderen treurig in een hoekje voor zich uitstaren. "Ik schiet hier niks mee op," zei ik tegen mijn ouders.' Hij wil per se naar een gewone school: 'Dat is goed gegaan, ik heb er vrijwel nooit nare opmerkingen gekregen. Als iemand die maakte, kreeg hij de volle laag. Ik had me voorgenomen dat ik niet zou worden gepest, dat is goed gelukt,' constateert hij tevreden.

Wanneer hij in de laatste klas van de basisschool zit, 'in de overgangsfase tussen lopen en rolstoel', wordt bij zijn moeder borstkanker geconstateerd. 'Ze bleef altijd vrolijk en positief. "Het komt wel goed," zei ze. Voor mij als elfjarige was dat fijn te horen. Ze wilde er altijd voor me zijn, hoe ziek ze ook werd. Ik merkte wel aan mijn vader en mijn broer dat er iets zou gaan gebeuren. Op het laatst vertelde ze dat het niet meer goed zou komen. Maar ik begreep dat niet echt, ik was nog een kind. Dat ik niet meer kan terughalen wat ze toen heeft verteld, daar baal ik van. De omvang van het drama drong pas later tot me door.'

Na haar overlijden ontmoet zijn vader een nieuwe vrouw. 'Ze zei dat ze mijn moeder niet kon vervangen, maar er wel voor me kon zijn.' Op de eerste dag van de middelbare school brengt zij hem naar zijn klas: 'Ze duwde me naar binnen en zei: "Dit is Bob, hij heeft wat hulp nodig met rond worden geduwd. Wie wil?" Twee jongens staken hun vinger op. Zij zijn altijd hele goede vrienden gebleven.'

Zijn stiefmoeder ervaart hij als een tweede moeder, maar ook zij wordt ziek. Wanneer Bob twintig is krijgt ze een hersentumor, waaraan ze enkele jaren later overlijdt. Een studie bedrijfskundige informatica maakt hij in die jaren niet af: 'Ik wilde er geen energie meer in steken, omdat ik wist dat ik toch nooit de top zou halen.' Bij het Erasmus MC vindt hij een baan op de administratie van de röntgenafdeling: 'Ik ben het met grote tegenzin een dagje gaan proberen, want ik dacht: ik kom al genoeg in ziekenhuizen. Mijn taak was herbeoordelingen in het systeem voor artsen klaarzetten. Maar het beviel, mijn werk werd zeer gewaardeerd. Het begon met een dag, uiteindelijk heb ik er tien jaar gezeten.'

In 2018 ziet hij zich door darmproblemen gedwongen te stoppen. Sindsdien zit hij thuis met een Wajong-uitkering: 'Eigenlijk had ik al eerder moeten stoppen, want werken kostte me te veel kracht. Op het laatst was ik doodop wanneer ik thuiskwam. Toen heb ik besloten: het is klaar, ik heb tien jaar mijn best gedaan, meer zit er niet in. Tegenwoordig zeg ik tegen mijn vrienden dat ik op ze vooruitloop, omdat ik al met pensioen ben. Daar moeten ze wel om lachen. Maar het is zo: ik leid nu het rustige leven van een gepensioneerde.'

Wat is voor u een zinvol leven?

'Bij alle tegenslagen die ik in het leven heb gehad en bij alles wat ik niet kan, probeer ik toch telkens positief te blijven. Ik merk dat anderen daar wat aan hebben. Als mijn vader een keer chagrijnig over iets is, denkt hij vaak: vergelijk het eens met Bob. Waar ik me druk over maak, is niet zo belangrijk. Mijn vrienden hebben dat ook. Ze kunnen weleens ergens mee zitten, maar wanneer ze zich in mij verplaatsen, zien ze hoe relatief hun problemen zijn.

Wat hen ook helpt, is dat ik nooit bij de pakken neerzit. Elke dag probeer ik weer zo veel mogelijk dingen te doen die ik nog kan. En daarvan te genieten. Positief blijven, liefde geven, er zijn voor andere mensen, dat maakt mijn leven zinvol. Dat positieve zit diep in me. Toen ik begin twintig was, heb ik een keer met vrienden opgeschreven welk cijfer we ons leven gaven. Je zou denken: degene die met de laagste levensverwachting in de rolstoel zit, geeft zichzelf het laagste cijfer. Maar ik gaf mezelf een acht, het hoogste! Dat geeft wel aan hoe ik in het leven sta.'

Hoe kunt u dat opbrengen?

'Dat begint met hele goede mensen om me heen. Mijn vader komt twee keer per week en dan neemt hij eten mee. Ik kan het ook goed vinden met zijn tegenwoordige vrouw. Mijn broer en mijn vrienden komen vaak langs. We zijn een vriendengroep van vijf, we kennen elkaar al jaren. In mijn studietijd heb ik met twee van hen samengewoond, zij hielpen me met eten en aankleden. Ik kan ze 's nachts bellen, dan staan ze meteen voor mijn deur. Dat houdt mij positief. Ook heb ik mijn moeder als voorbeeld. Die is altijd positief gebleven. Zo ben ikzelf ook. Natuurlijk zou ik mijn hele leven zielig kunnen doen en nergens van genieten. De andere weg is: mijn lot accepteren en in eigen hand nemen. Dus niet naar zo'n bijeenkomst met Duchenne-patiënten gaan, omdat ik weet dat ik daar niet vrolijk van word.

Acceptatie is de sleutel: dit is mijn leven. Toch lukt dat nooit helemaal. Er zijn altijd momenten dat je dat niet kunt, omdat je denkt aan wat je níet hebt. Een carrière, een vriendin. Volledige acceptatie is onhaalbaar. Maar dat kun je ook weer leren accepteren. Je moet hoe dan ook met je lot omgaan, al merk ik dat het lastiger wordt naarmate ik ouder word.'

Hoezo?

'Mensen om me heen krijgen nu kinderen. Dan besef ik dat mij dat waarschijnlijk niet gaat overkomen en voel ik me waardeloos. Ik merk dat ik daarover sneller emotioneel word. Van nature ben ik een binnenvetter en praat ik nooit over negatieve gedachten. Maar soms loop ik zo vol met emoties, dan moet ik wel. De laatste jaren ben ik wat beter in praten. Mijn omgeving merkt het ook wanneer ik minder vrolijk ben of ergens van wakker heb gelegen. Mijn vader wil dat ik met een psycholoog ga praten. Maar ik denk dat die man mijn vragen toch niet kan beantwoorden. Dus hou ik het af.'

Welke vragen zijn dat?
'Waarom heb ik dit? Waarom hou ik zo van auto's, terwijl ik er niet in kan rijden? Waarom kijk ik veel naar sport, terwijl ik daar zelf niet aan kan doen? Waarom heb ik geen carrière, waarom geen vriendin? Dat laatste is een groot verdriet. Er is geen enkele vrouw die van mijn levensverwachting hoort en dan zegt: "Dat gaan we doen." Ik heb aan online daten gedaan, maar niemand reageert. Ik denk door de rolstoel. Dat is wel begrijpelijk, maar voor mij is het heel vervelend. Vooral het intieme gedeelte van een relatie is iets wat ik mis. Ik heb veel liefde in mij zitten, maar kan die aan niemand geven.'

Hoe kijkt u naar je medemens?
'Ik heb vrijwel nooit slechte ervaringen. Mensen zijn hulpvaardig en ik geef ze de kans dat te tonen. Het valt me wel op dat ze steeds meer haast hebben. Voordat ik in een auto zit, kost dat tijd. Als mensen roepen: "Schiet eens op", raak ik geïrriteerd. Het lijkt wel alsof zij sneller leven, terwijl ik steeds langzamer ga. Dus ik zeg altijd: als je haast hebt, moet je mij niet meenemen. Ik help ze te onthaasten. Verder zijn ze erg bezig met hun carrières. Geld verdienen is iets wat ik vroeger ook belangrijk vond. Nu gaat het me om genieten. Buiten in de zon de warmte voelen, barbecueën met vrienden en familie, van dat soort dingen word ik heel vrolijk.'

Wordt u in het leven gaandeweg wijzer?
'Ik leer in ieder geval beter met verandering om te gaan. Ingrijpende veranderingen in mijn leven leer ik sneller een plaats te geven, omdat ik die al vaker hebt meegemaakt.

Naarmate je ouder wordt, kijk je anders naar de wereld. Ik kan me meer inleven in anderen, mijn empathisch vermogen is gegroeid. Dat is te danken aan de ervaringen die ik heb opgedaan, ik weet hoe iemand zich voelt wanneer hij een ouder verliest.'

Hoe staat u tegenover de dood?
'Daar probeer ik zo min mogelijk over na te denken. Wanneer die komt en hoe snel ik achteruitga, zijn vragen die ik het liefst diep wegstop. Dat lukt vrij goed, al lig ik er ook wel eens over te malen. De dood zie ik als het einde. Ik hoop dat ik nog een keer een kans krijg, maar ik geloof dat niet.'

Er is niet meer tussen hemel en aarde?
'Nee, dat is voor mij te zweverig, daar kan ik geen enkel houvast aan ontlenen. Als mensen steun aan religie hebben vind ik dat mooi voor ze, maar voor mezelf werkt het echt niet. Als mensen zeggen: "Zo heeft God het gewild", denk ik: wat een klootzak. Dat hij mij deze ziekte geeft en me ook mijn moeder afneemt, ik kan niet geloven dat iemand dat zou willen. Voor mij is er geen God. Houvast heb ik aan de mensen om me heen. Het bestaan is puur toeval. Ik heb geen verklaring waarom juist ik dit heb en anderen niet. Je krijgt een leven, daar moet je het beste van zien te maken.'

FILMTIP
Intouchables van **Olivier Nakache** en **Éric Toledano**

'Waar ik een hekel aan heb, is als mensen mij zielig vinden omdat ik in een rolstoel zit. Ze denken dan ook vaak dat er in mijn bovenkamer wel iets mis zal zijn. In deze film wordt zonder taboes lol gemaakt rond gehandicapt zijn. Een rijke gehandicapte man neemt een zwarte man in dienst om hem te verzorgen, ze hebben ongelooflijk veel lol. Ik werd daar erg blij van.'

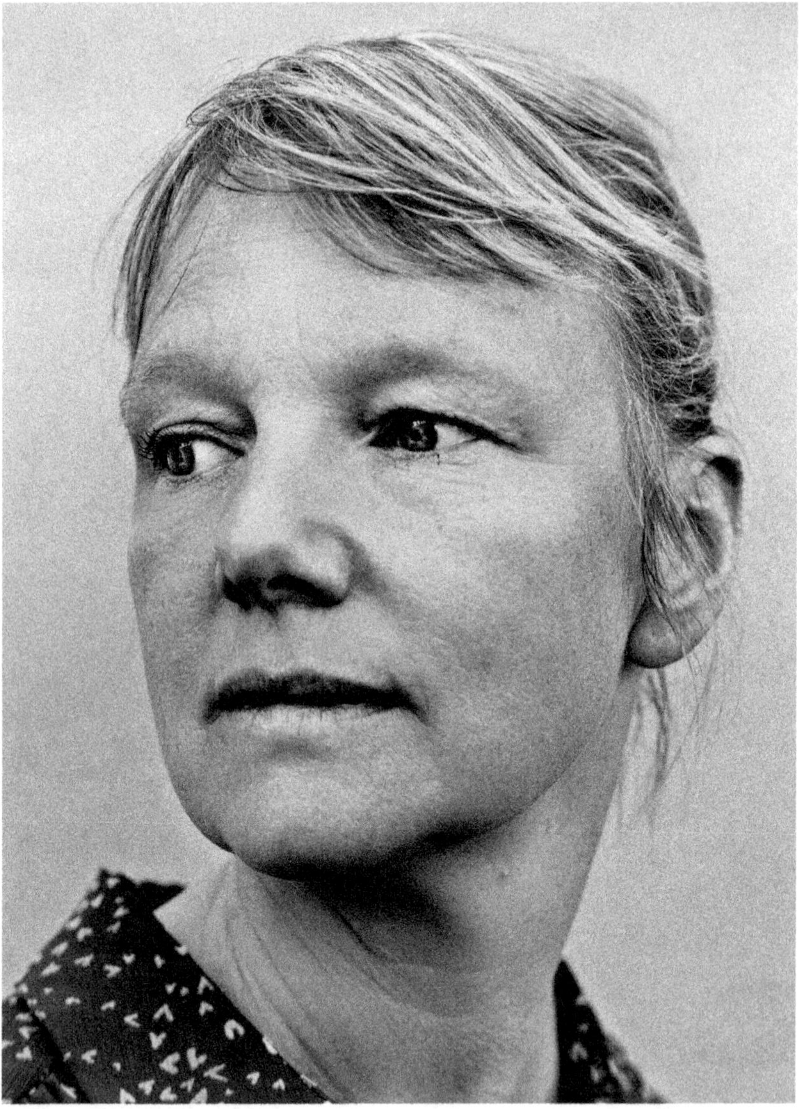

Laura van Dolron, theatermaker en stand-upfilosoof

'In de eerste drie jaar is een veilige basis gelegd waar ik nog altijd op teer. Ik heb van mijn ouders geleerd dat het boeiend is, zodra ik mijn mond opendoe: "Als jij iets zegt, is dat fantastisch." Daaraan dank ik het zelfvertrouwen dat me in staat stelt op het podium mijn mond open te doen. Ik ben echt een zondagskind'.

Laura van Dolron, oudste in een gezin met drie kinderen, groeit in de jaren zeventig en tachtig op in een artistiek gezin, behorend tot de Rotterdamse middenklasse. Beide ouders volgen de kunstacademie, waarna haar vader gemeenteambtenaar wordt en haar moeder bovenal moeder: 'Mijn ouders hadden allebei problemen voordat ik werd geboren. Zij had straatvrees, hij had last van sombere buien. Ik kwam ter wereld en redde de boel. Zo is het me verteld. Wat natuurlijk een ambitie voor de rest van je leven oplevert.'

Die achtergrond leidt tot wat ze 'een redderssyndroom' noemt: 'Zodra ik een sombere man zag stapte ik op hem af, voelde ik de trilling en dacht: dit kan ik! Zeven jaar lang ben ik met een zwaar depressieve man geweest. Achteraf bekende hij dat hij dacht dat ik op zijn depressiviteit was gevallen. Dus wilde hij er niets aan doen.'

Inmiddels is ze drieënveertig jaar, heeft ze twee dochters van vijf en drie jaar, samen met een tien jaar jongere Vlaamse man die 'vrolijk en licht' is. Hij beëindigde een jarenlange relatie na het zien van *Het voordeel van de twijfel*, een van de vele voorstellingen die Van Dolron op haar naam heeft staan. Een jaar later komen ze elkaar tegen.

In 2007 krijgt ze een oeuvreprijs, die ze gebruikt voor een boeddhistische retraite in Thailand, 'een ervaring die mijn leven heeft veranderd'. Een wijze monnik in de jungle reageert volkomen onaangedaan bij haar uitleg van haar beroep, *stand-up philosopher*: 'Hij had geen interesse in Laura met haar verhaal, maar in Laura als mens. In stilte. Het leerde me hoe sympathiek mensen kunnen zijn wanneer ze hun mond houden.'

In dezelfde categorie vormende ervaringen: haar miskraam op zesendertigjarige leeftijd. Voor het eerst ervaart het zondagskind ten diepste dat ze het leven niet naar haar hand kan zetten. Haar man staat aan haar zijde: '"Jouw biologische klok is de mijne," zei hij. Ik vertrouwde dat niet, was een paar keer diep gekwetst. Maar hij was net zo verdrietig als ik. Hij zei: "Zullen we elkaar geen pijn doen? Dan kunnen we elkaar beter bijstaan, het leven doet ons vanzelf wel pijn."'

Ze woont in een rijtjeshuis in het Rotterdamse Schiebroek, de wijk waarin ze is opgegroeid. Ze ontvangt in een ruime zolderkamer met alleen een bureautje en een indianentent van de kinderen. Ons gesprek begint ze met een uitgeschreven monoloog over de coronatijd, blij dat ze weer even publiek heeft, ook al is dat eenkoppig: 'We weten nu dat normaal niet normaal is, maar heel bijzonder. We weten hoeveel we kunnen, hoe anders we kunnen leven als het moet. Terwijl normaal natuurlijk helemaal niet bestaat. Dat geeft me troost, het idee dat we straks zullen weten hoe bijzonder normaal is.'

Wat is voor u een zinvol leven?

'Een leven waarin je zin probeert te geven aan wat er gebeurt, waarin je dus niet te veel zoekt naar een zinvol leven. Alles wat je overkomt, kan betekenisvol zijn, als het je maar lukt er op die manier naar te kijken. Vanochtend deed mijn dochter mee aan een conferencecall met andere kleuters. Haar juf ziet dan maar vier kinderen op haar scherm, namelijk degenen die het meeste geluid maken. Dat blijken de jongens te zijn. Dat deed me denken aan *De Wereld Draait Door*, waar mannen ook zo vaak domineerden. Zo zit de wereld in elkaar. Zo'n voorval delen met een publiek is voor mij de manier om betekenis te geven. Ik zou dan de hoop uitspreken dat iemand in de zaal software ontwerpt waardoor juist de stille leerlingen te zien zijn.

Ik heb het grote geluk dat ik het podium heb voor mijn zoektocht in het leven. Maar het zou mooi zijn als iedereen meer ruimte daarvoor zou maken. Dan zouden we meer leven vanuit de vraag: wat is leven? We zouden nieuwsgieriger worden naar de vraag waarom we hier eigenlijk zijn.'

U pleit voor "kijken naar wat er is". Met welk doel?

'Met nieuwsgierigheid naar het leven kijken, daar kikkert alles van op. Dat kan al verandering in gang zetten. Nieuwsgierig zijn en vragen stellen over pijn, verlegenheid, ingewikkeldheid, ongemak. Alles verandert als we er met interesse naar kijken. Ook de dood kikkert daarvan op.

Alles kan betekenis hebben, als je maar de moed en de kracht hebt ernaar te zoeken. Daarvoor moet je de zoektocht zelf ook interessant vinden, dus niet direct naar de uitkomst willen gaan. Daar betrap ik mezelf wel op: dat ik niet deze coronacrisis wil, maar wel de wijsheid die hij oplevert.'

Staat uw nadruk op nieuwsgierigheid tegenover het bewandelen van gebaande paden?
'Nee, ik heb geen oordeel daarover, zolang je het maar interessant vindt dat je die paden neemt. De nieuwsgierigheid is dan: wat beweegt je om daaraan de voorkeur te geven? Iemand die elke dag hetzelfde doet, vind ik ook bijzonder. Het gaat erom dat je geïnteresseerd bent in wat je overkomt.

Met deze crisis ervaren we iets dat veel groter is dan wij. Ik merk dat mensen daar milder en opener van worden. Op de vraag: "Hoe gaat het met je?" krijg ik nu geregeld als antwoord: "Wisselend." Prachtig, want zo waar. En zoveel beter dan het uitgekauwde "goed". Ik kreeg ook het antwoord: "Wel depressief, zo nu en dan." Ook heerlijk. Het betekent zoveel meer dan: "Alles zijn gangetje." Alles gaat nooit zijn gangetje, niet met onze hoofden die almaar doordraaien.'

Is dat een inzicht uit uw boeddhistische retraite?
'Daar leerde ik vooral met interesse en mildheid naar mijn eigen gedachten kijken – om er niet nog eens een grappige laag aan toe te voegen, zoals ik tot dan toe gewend was. Ik heb vaak het middel van ironische distantie toegepast: nog maar weer eens een grap, à la Woody Allen, in een poging tot afstand nemen en jezelf zo veilig wanen. Maar daarmee laat je het probleem intact, je doet er een soort inpakplastic omheen. Terwijl als je er echt naar durft te kijken, dan kan er iets veranderen.

Wat ik op die retraite verder ontdekte, tot mijn eigen verrassing, was hoe fijn ik het vond te knielen voor leermeesters. Voor mij zijn dat mensen die me voor gaan in de zoektocht. Voor hen kniel ik graag, zij knielen weer voor Boeddha. Ik heb een hekel aan nivelleren, doen alsof er geen verschillen zijn. Voor mensen die een lange weg hebben afgelegd, vaak na groot persoonlijk lijden, voel ik een grote eerbied. Om me zo klein te voelen, knielend, dat heb ik nooit van mijn ouders geleerd, totaal niet. Ik was juist bijzonder, het middelpunt, ik moest vooral naar mezelf luisteren. Toen ik knielde, had ik het gevoel tegen mijn ouders in te gaan. Nog altijd vind ik het lastig uit te leggen. Het gaat om de erkenning van iets dat groter is dan ikzelf, het is een soort overgave.'

Wat is dat grotere geheel?

'Dat is wat we met elkaar delen, het nu, waar we deel van uitmaken – niet alleen wij als mensheid, maar ook de natuur, de dieren. We zijn met elkaar verbonden en daaruit volgt het besef dat het lijden van een ander ook jouw lijden is. Soms denken we dat we ons het leven gemakkelijker maken door die verbinding af te sluiten. Maar dat kost juist veel moeite en maakt ons leven ingewikkelder, want het zit in onze aard met anderen mee te leven. Ook dat blijkt wel in deze crisis.

Sluiten we ons af dan voelen we existentiële eenzaamheid. Ook dan zijn we nog deel van een groter geheel, alleen realiseren we ons dat dan niet meer. In de kern zijn we niet eenzaam, maar het verhaal dat we onszelf vertellen, over wie we zijn en wat we doen, maakt ons uniek en daarmee scheiden we ons af, dat maakt eenzaam. Valt dat verhaal weg, zoals mij op die retraite overkwam, dan merk je dat het er helemaal niet toe doet en ben je samen.'

Stemt dat wegvallen van het verhaal ook milder?

'Zeker, want je merkt ook hoe alle verhalen van mensen op elkaar lijken. Ik dacht eerst: "Wat stom van me dat ik mezelf tegenover een boeddhistische monnik in de jungle als standup philosopher voorstel." Daarna realiseerde ik me dat ik er ook anders naar kan kijken, namelijk: ik leef in zo'n wereld waarin ik me zo wel moet voorstellen. Door dat mildere perspectief wordt het prettiger naar jezelf te kijken.'

Wordt een mens gaandeweg wijzer?

'Ik zie het leven wel als een leerproces, maar ik betwijfel of je steeds verder komt; je verandert vooral. Momenteel leer ik van mijn dochters. Die hebben nu een bepaalde wijsheid – ze gaan die verliezen, maar daar komt een andere wijsheid voor in de plaats. Zo gaat het ook op latere leeftijd. Ik heb geen behoefte neer te kijken op de vrouw van drieëndertig die ik was, maar kan juist met bewondering naar haar kijken, wat een strijd! Dat zou ik nu niet meer kunnen. Maar ik kan nu weer dingen die zij nog niet kon. Zij moest haar eigen stem laten horen, terwijl ik nu in mijn werk ruimte geef aan de stem van anderen.'

Hoe staat u tegenover de dood?

'De rimpels die ik krijg en mijn slapper wordende huid vind ik moeilijker dan het einde. En dat vind ik dan weer teleurstellend van mezelf, haha. Maar ik ben gelukkig goed in het aanmaken van helpende gedachten. Bij de dood denk ik: er is hierna ook een leven. Dat maakt mijn leven mooier. Of het klopt, weet ik niet. Óf ik heb ongelijk, maar dat zal ik dan niet weten. Óf ik heb gelijk en dan kan ik zeggen: "Zie je wel!" Het komt dus in beide gevallen goed. Dat vind ik troostend.'

BOEKTIP

De kracht van het Nu van **Eckhart Tolle**

'Een klassieker waarvan ik vooral de luisterboekversie onder de aandacht wil brengen. Want Tolle spreekt Engels met een heerlijk Duits accent, waardoor hij niet over het 'nu' praat, nee, hij praat je erin. Met humor, referenties aan vele religies en perfecte timing, want in het nu. Niet met je malende hoofd luisteren, maar met je oren. Veel plezier en welkom in je leven!'

James Kennedy, historicus

Aan 'de taal van het individualisme' heeft hij een uitgesproken hekel – een mens hoort zichzelf niet te belangrijk te maken. Wie meent dat het leven vooral om 'zelfontplooiing' en 'persoonlijke groei' draait, neemt een 'te egoïstisch perspectief' in. Dienstbaarheid aan anderen hoort voorop te staan, meent de Amerikaans-Nederlandse historicus James Kennedy.

Op zesenvijftigjarige leeftijd geldt hij als een van de grootste kenners van het Nederland van de jaren zestig, juist het decennium waarin het individualisme tot grote bloei kwam. Zijn afkeer ervan valt niet los te zien van zijn gereformeerde jeugd, waarin het dienen van de gemeenschap vooropstond. Van enig verzet tegen het geloof is bij hem nooit sprake geweest, spottend omschrijft hij zichzelf als een *company man.*

Kennedy brengt zijn jeugd door in de VS, in het vierduizend zielen tellende Orange City, waar vooral Amerikanen van Nederlandse komaf wonen. De solidariteit in die gemeenschap is groot, de sociale controle evenzeer. Zijn Nederlandse moeder, een kunsthistorica, en zijn Amerikaanse vader, hoogleraar religieuze geschiedenis en predikant, zijn 'streng in de leer, maar niet in de leefregels'. Er wordt thuis alcohol gedronken en gekaart, wat in Orange City niet vanzelfsprekend is. Bidden doet hij 'een keer of vijf, zes per dag', zowel thuis als op school. Een halve eeuw later bidt hij nog altijd tweemaal daags, bij het ontbijt en het avondeten: 'Niet in de hoop op een beter leven, maar uit dankbaarheid voor het bestaan.'

Als kind al is hij geboeid door grote levensvragen: 'Hoe kan een mens weten wat hem in het leven te doen staat?' en: 'Hebben we een vrije wil?' Van nature is hij onzeker, wat leidt tot een hang naar perfectie: 'Ik vind dat ik alles moet weten en kunnen en vind het erg vervelend als mensen denken dat ik dom ben.' Die instelling maakt dat Nederland, waar hij in 2003 naartoe emigreert, voor hem een harde leerschool wordt. Voor de buitenwereld leidt hij een geslaagd leven. Als hoogleraar geschiedenis aan de Vrije Universiteit en later de Universiteit van Amsterdam wordt hij commentator in het debat over de Nederlandse identiteit, zijn blik van relatieve buitenstaander wordt gewaardeerd. Maar hij moet zich staande zien te houden in een vreemd land waarvan hij de taal niet vlekkeloos beheerst. Toch maakt hij carrière – sinds 2015 is hij dean van het Engelstalige University College Utrecht. Kennedy is getrouwd en vader van drie studerende kinderen.

Wat is voor u een zinvol leven?

'Wanneer je voor andere mensen van betekenis bent. Je kunt geen zinvol leven leiden als je louter voor jezelf leeft. Mijn kinderen wens ik vooral toe dat ze zichzelf ontplooien, maar voor mezelf zie ik dat niet als doel. Dat is inderdaad inconsequent. Maar ikzelf vind het gênant, wanneer het zo nadrukkelijk om mij draait. Ik word gedreven door mijn plichtsbesef ten aanzien van het algemeen belang en ten aanzien van anderen. Als ik persoonlijke groei doormaak is dat meegenomen, maar geen doel op zich.'

Is die persoonlijke groei voor u wel belangrijk?
'Zeker. Ik heb in de afgelopen jaren vrijwilligerswerk gedaan voor mensen die schade in hun leven hebben opgelopen en we hebben ook vluchtelingen in huis gehad. Ik wil me daar niet op laten voorstaan, maar ik heb gemerkt dat dat soort activiteiten me hebben geholpen mijn hart open te houden. Een deel van mij wil het liefst een bestaan zonder problemen, in mijn eigen bubbel, omringd door intelligente mensen. Maar door het contact met mensen die een leven leiden waarvan ik in eerste instantie denk "wat sneu", heb ik een ander perspectief op het bestaan gekregen. Ik zie dat hun leven er een is met zijn eigen elegantie.'

U wilt anderen dienen, maar slaagt u daar ook in?
'Nou, nee. Ik vind een dienstbare houding als concept belangrijker dan het feitelijk helpen van mensen, vrees ik. Als ik eerlijk ben, geeft het mij toch het meest voldoening als mensen mij waarderen om wat ik doe. Als docent weet ik bijvoorbeeld nooit of studenten echt iets van me hebben geleerd en dat maakt dat hun waardering voor mij belangrijk is. De zin van mijn leven wordt zo afhankelijk van de feedback die ik krijg of ik iets wel of niet goed heb gedaan.'

Dus waardering krijgen is nog belangrijker dan dienstbaar zijn?
'Dat zijn voor mij twee kanten van dezelfde medaille. Als onderwijzer ben ik dienstbaar, maar ik ben tegelijkertijd de autoriteit voor mijn studenten en in die rol ben ik weer afhankelijk van hun oordeel. Je kunt die dingen dus niet los van

elkaar zien. Het is de *homo faber* van Marx: de makende mens die plezier beleeft aan iets waar anderen plezier aan beleven. Dat ervaar ik als ik schrijvend mooie inzichten krijg of mooie zinnen maak, dat draagt bij aan een zinvol leven.'

Wat heeft het leven u geleerd?

'Laat ik vooropstellen: in vergelijking met een vluchteling heb ik een rimpelloos leven ervaren, Nederland is goed voor mij geweest. Maar ik heb, net als iedere migrant, wel problemen gehad (stilte). Migratie raakt je toch dieper dan je vooraf denkt. Zo kwam ik erachter dat ik mijn kinderen hier minder goed kon begeleiden – ik moest dat aan mijn Nederlandse vrouw overlaten, omdat ik het schoolsysteem niet kende. Verder is er de taal – ik ben dagelijks in de weer met mijn *second best language*. Zie je, ik kan het niet eens vertalen. Daardoor ben ik vaak niet de professional die ik zou willen zijn.

Toen ik hier in 2003 kwam, kort na de dood van Fortuyn, was er veel discussie over de Nederlandse identiteit en werd ik door media en allerlei clubs om mijn mening gevraagd. Ik zei overal "ja" op vanuit de gedachte: "Ik moet alles aanpakken om mijn kinderen een goede toekomst in dit land te kunnen geven." Bovendien wilde ik geen ivoren toren-specialist worden, maar me dienstbaar opstellen tegenover de samenleving. Dat leidde ertoe dat ik mijn agenda jarenlang door anderen heb laten bepalen. Ook al omdat ik geen idee had wat van een Nederlandse hoogleraar überhaupt wordt verwacht, er is niemand die je dat vertelt. Als je het vraagt, krijg je antwoorden in de trant van: "Dat moet je zelf weten."'

Dat gaf u alle vrijheid.

'Ja, maar door alles aan te pakken, merkte ik dat ik niet toekwam aan wat ik echt wilde. Gaandeweg raakte ik steeds meer versnipperd. Mijn voorganger aan de UvA, Piet de Rooij, waarschuwde mij daarvoor. Ik knikte "ja", maar luisterde niet. Na een paar jaar voelde ik me iemand die een beetje van alles wist en zich daar publiekelijk over uitliet zonder de diepte in te gaan. Ik zou al die verzoeken en het geweld van het dagelijkse leven eigenlijk links moeten laten liggen om de diepgang te bereiken die ik zoek. Ik wil bezig zijn met waar ik echt in geloof, wat ik echt belangrijk vind.'

Waar voelt u dan echt passie voor?
'Ik wil terug naar het lesgeven over de grote thema's. Er wordt wel gezegd dat gereformeerden vooral onderwijzers zijn met de roeping om kennis met anderen te delen. Zo zit ik wel in elkaar.'

Waarom is het zo moeilijk die kant op te gaan?
'Dat kan te maken hebben met mijn hang naar verantwoordelijkheid en opoffering: iemand moet het dragen, laat mij dat doen. Daar zit een bepaalde arrogantie in, namelijk denken dat jij degene bent die de oplossing biedt. Een collega aan de VU zei een keer: "Je moet beseffen dat jouw voorletters, J.C. (James Carleton), niet staan voor Jezus Christus." Daar had hij een goed punt. Ik hoef al het lijden van de wereld niet op mijn schouders te nemen.'

Hoe verhoudt uw geloof zich tot uw vak?
'Ik zie geschiedenis niet als een plek waar antwoorden over de diepere werkelijkheid worden gegeven. Voor mij zet het vooral aan tot bezinning op het menselijk bedrijf: hoe gaan mensen met elkaar om en wat voor wijsheid kun je daaruit putten? Maar antwoorden op diepere vragen krijg je niet. Geschiedenis is in het diepste wezen een mysterie.'

Hoe komt dat?

'De loop van de geschiedenis pakt voortdurend anders uit dan wij verwachten. Wij willen iets, maar dat gebeurt vervolgens niet. We kunnen geen wetmatigheden erin ontdekken waarmee we de toekomst naar onze hand kunnen zetten. Daarnaar zoeken is de meest onbehulpzame manier van omgaan met de geschiedenis. Er valt veel te leren, maar het is ten diepste een mysterie. Van de grootste gebeurtenissen, zoals de Franse Revolutie en de Eerste Wereldoorlog, hebben we vele interpretaties, maar waardoor werden die veranderingen precies veroorzaakt? Dat is onmogelijk vast te stellen. Ik zeg soms: hoe langer ik over de jaren zestig schrijf, des te minder ik ervan afweet.'

Die ervaring deelt u met veel specialisten.

'Ja, je komt erachter dat weten ontoereikend is. De mens is ook vaak een raadsel voor zichzelf – hij kan zichzelf niet kennen. Abraham Kuyper (staatsman en predikant, 1837-1920) zei: "Pas na je dood kun je zien wie je eigenlijk bent." Voordien lukt je dat niet. Ik weet dat ik voor mezelf een mysterie ben. Ik kan van bepaalde dingen niet verklaren wat mijn beweegredenen zijn.'

Dus toekomst, verleden én wijzelf vormen een mysterie; we verkeren in een toestand van niet-weten, terwijl we doen alsof dat niet zo is.

'Zeker, onze samenleving gaat uit van een eenduidige rationaliteit van mensen – we hebben afgesproken dat het daar om draait, alsof dat de enige werkelijkheid is die ertoe doet. Bureaucratieën hanteren een bepaald mensbeeld, waarbij mensen zich volgens bepaalde regels dienen te gedragen. Studenten worden geacht op basis van rationele afwegingen hun studiekeuze te maken; politici zouden op rationele gronden besluiten nemen. Dat soort aannames zijn wellicht onvermijdelijk, maar het gevaar is dat we het rationele overschatten. We omarmen het weten, terwijl het niet-weten het fundament is. Voor mij is er meer dan de platheid van die empirische, rationele wereld.'

Helpt uw geloof dat niet-weten te accepteren?
'Het biedt me een spiritueel en ethisch kompas, ik kan er een koers mee varen in een wereld van niet-weten. Maar het vormt geen invulling van dat niet-weten, het vervangt het niet. Je kunt het geloof wel gebruiken om open over niet-weten te zijn. Het helpt ook het bestaan te relativeren. Ons leven is belangrijk, zeker, maar je moet er niet te veel gewicht aan geven. De theoloog Harry Kuitert zei ooit: "Alles is politiek, maar politiek is niet alles." Met ons leven is het net zo: als het aardse bestaan alles zou zijn, wordt het leven een keurslijf, het wordt te zwaar. Dankzij het geloof reiken mijn vooruitzichten verder dan dit lichaam dat straks door wormen wordt geconsumeerd. Ik blijf geloven in een goede toekomst.'

BOEKTIP
The Second Mountain, The Quest for a Moral Life van **David Brooks**

'Brooks is politiek commentator van *The New York Times*, maar in dit persoonlijke boek gaat hij in op wat een zinvol leven is. De eerste "berg" die je in je leven beklimt, is het najagen van persoonlijk succes en zelfontplooiing. Wanneer je de beperkingen daarvan ziet, komt de tweede berg: je gaan richten op anderen en daar vreugde uit halen. Ik vind het boek bedachtzaam en open, vol goede inzichten.'

Vera Hofman, dirigent, fluitist en activist

Bij haar afstuderen als dirigent koos ze voor een 'loodzwaar' werk van de Franse componist Olivier Messiaen, *Et exspecto resurrectionem mortuorem*: 'Het is zo'n stuk dat nooit iemand speelt. Ik had er veertig professionele blazers voor nodig, plus zes slagwerkers voor koebellen, gongen en tamtams. Het is een werk dat veel dirigenten afschrikt, ook omdat het technisch erg ingewikkeld is. Zou je dat nu wel doen, kreeg ik te horen. Voor mij werkt dat juist motiverend, ik ben enorm eigenwijs. Het stuk begint met gekrijs uit de afgrond, daarna wordt de hele beerput aan menselijk leed opengetrokken en tot slot komen alle doden aangemarcheerd. Ik zag het als een manier mensen te laten voelen wat we vaak zo gemakkelijk zeggen, namelijk dat we geen oorlog meer willen. "Wat gebeurt hier?" vroegen bezoekers zich af. Daarmee was mijn doel bereikt.'

Dit groots opgezette Messiaen-project had de springplank moeten worden voor haar carrière – na negen jaar studie, afgerond met twee masters: eentje als dwarsfluitist, een tweede als dirigent. Maar het leven bleek iets anders in petto te hebben voor de achtentwintigjarige Vera Hofman. 'Ik had iets groots neergezet dat zijn vruchten begon af te werpen en kreeg interessante aanbiedingen. Maar toen kwam corona. Wat ik het liefst deed, mensen met muziek een mooie avond bezorgen, werd levensbedreigend. Mijn agenda was plots leeg. Dan kun je in een hoekje gaan huilen, maar je kunt ook proberen wat te ondernemen.'

Zelf de regie nemen, het zit er al vroeg in. Ze groeit op in het Limburgse dorp Meijel, in het natuurgebied de Peel, op de grens met Brabant. Een harmonieus gezin met vier kinderen, waarin zij nummer drie is. Op de basisschool wordt ze gepest vanwege haar grote bos rode krullen: 'In groep zeven ben ik voor de klas gaan staan en heb gezegd: "Hallo, ik heb een andere kleur haar, daar kan ik niks aan doen, hou erover op." Daarna was het voorbij.' De liefde voor de muziek is er van jongs af aan: 'Bij ons thuis werd veel gezongen, het is altijd een deel van mijn leven geweest.' Haar verlangen om van muziek haar beroep te maken krijgt de steun van haar ouders: 'Ze hebben het nooit uit mijn hoofd willen praten, ook al is het een onzeker bestaan. Ze hadden vertrouwen in me. En verder dachten ze: laat haar maar haar hoofd stoten, als ze hulp nodig heeft, horen we het wel.'

Met haar eigen kind wil ze het straks niet anders doen. Want toen haar carrière plots stokte, ontstond ruimte voor de kinderwens van haar en haar vriend, een jazzmuzikant. Met hem woont ze in een huisje naast een oude Philips-fabriek in Tilburg, 'op sterk vervuilde grond'. Inmiddels is ze een halfjaar zwanger. Haar door corona afgedwongen vrije tijd heeft ze gebruikt om zich als activist te manifesteren. Al langer was ze vrijwilliger bij RES (Regionale Energie Strategie), een organisatie die voortvloeit uit het klimaatakkoord. Haar taak is jongeren bij de klimaatplannen te betrekken, 'dus niet alleen de oude, witte mannen die het nu voor het zeggen hebben, maar ook de toekomstige generaties.' Dit voorjaar maakte ze een tiendaagse wandeling langs tientallen duurzame projecten. Die kreeg in haar regio flink wat publiciteit. In haar podcast *Walk and Talk* spreekt ze met de initiatiefnemers van de projecten om te laten zien 'hoe mooi de wereld zou kunnen zijn'. Ze is ten diepste overtuigd van de noodzaak van een radicaal andere manier van leven: 'Voor toekomstige generaties moeten we dat doen. Anders zullen mijn kind en zijn kinderen niet dezelfde keuzevrijheid als wij hebben.'

Wat is voor u een zinvol leven?
'Ik vind het belangrijk het systeem waarin we leven te bevragen, ik sta kritisch tegenover de manier waarop we het samenleven hebben georganiseerd en houd ervan tegen de gevestigde orde te schoppen. Verder vind ik het zinvol te werken aan vertrouwen tussen mensen. Als iemand iets doet wat niet klopt, kun je dat bijna altijd begrijpen wanneer je het verhaal achter zijn handelen kent.'

Hoe ver gaat uw kritiek op het systeem?
'Voor mij gaat het om een kritische houding tegenover het hele politieke en economische systeem waarin we leven en waartoe we ons permanent moeten verhouden. Het draait om het perspectief: wie ben ik, waar leef ik in, waar sta ik in relatie tot dat systeem? Veel mensen zijn alleen maar gefocust op hun werk, omdat dat de zekerheid biedt te kunnen betalen wat ze nodig denken te hebben: hun huis, spullen, een bepaalde levensstijl. Terwijl ze dat werk niet zouden doen, als ze vrij zouden kunnen kiezen. Dan zeggen ze vaak: ik zou iets anders doen. Zo zitten ze vast in het systeem. Die afhankelijkheid ervan wil ik ter discussie stellen.'

Wat schort er precies aan?

'In de westerse wereld zien we onszelf graag als lichtend voorbeeld voor andere werelddelen, waarbij we trots zijn op hoe we ons na de oorlog hebben weten op te richten. We zijn zeker verder gekomen, maar onze veranderingsdrift is wel ten koste van de natuur gegaan. Dat weten we al vanaf de jaren zeventig, maar toch doen we er bar weinig aan. Nog altijd willen we almaar meer: meer groei, meer productie, meer bezit. Met alle spullen die we produceren en alle energie die we verbruiken is het inmiddels echt uit de hand gelopen: als iedere wereldbewoner de Nederlandse levensstijl zou overnemen, zou je drie aardbollen nodig hebben. Drie! Dus hoezo lichtend voorbeeld?

Dat gedrag zit diep in onze cultuur ingebakken. Al in de Bijbel wordt de mens boven de natuur geplaatst. We claimen stukken land, doen alsof we daarmee alles mogen doen, maar is dat wel zo? Met jaloezie kan ik lezen over oude, nomadische volkeren die nog met de natuur leefden. Ze beseften dat we van een kringloop van levende wezens deel uitmaken en hadden respect voor alles wat leeft. Ze namen niet meer van de natuur dan wat ze nodig hadden en claimden ook geen bezit – niet van land, maar ook niet van een ander mens. Man en vrouw waren gelijkwaardig. Zelfs de kleren die ze droegen bezaten ze niet. Ik vind dat inspirerend, want ik ben ervan overtuigd dat ons leven juist door onze bezitsdrang zo gecompliceerd is geworden. Je hebt daardoor altijd een belangentegenstelling tussen mensen, zeker wanneer ik veel bezit en jij weinig. Dat leidt automatisch tot spanningen. We moeten naar een andere verhouding tot bezit, dat is voor mij fundamenteel.'

Maar kan dat wel?

'Dat is niet gemakkelijk, maar ik zie wel enkele hoopvolle veranderingen, zoals de neiging om bezit meer te delen – denk aan deelauto's of aan de toename van woongemeenschappen met gemeenschappelijke ruimtes. Maar de meeste mensen zijn inderdaad sterk aan bezit gehecht, ik denk omdat ze er houvast aan willen ontlenen. In het leven overkomt ze van alles en daar proberen ze zekerheden als een groot huis en veel spullen tegenover te stellen. Maar echt houvast biedt dat natuurlijk niet. Al ons bezit is tijdelijk. Zelfs ons lichaam. Dat hebben we in bruikleen, op het moment van onze dood geven we het terug aan de aarde. Net zoals al die spullen tijdelijk bij ons zijn.'

Wat geeft dan wel houvast?

'Voor mij is dat: vertrouwen in andere mensen. In onze cultuur spreekt dat niet vanzelf – de overtuiging overheerst dat de mens in wezen slecht is en tot zonde geneigd. Zie de Tien Geboden, die hem in het gareel moeten houden. Zonder een systeem van normen en waarden zouden we door het vernislaagje van beschaving heen breken, is de gedachte. Ik geloof er niets van. Bij een sollicitatie ben ik een keer weggelachen toen ik stelde dat ieder mens het beste met de ander voorheeft. Hoe naïef, kreeg ik te horen. Maar ik ervaar juist dagelijks dat mensen te vertrouwen zijn, ik hoef maar om hulp te vragen en krijg het. En omgekeerd geef ik die graag, wanneer iemand mij erom vraagt.'

Voelt dat niet als een fragiel houvast?

'Helemaal niet. Al moet ik erbij zeggen dat ik dit vertrouwen niet altijd heb gehad. Toen ik achttien was, is mijn dwarsfluit gestolen. Dat heeft mijn vertrouwen in de mensheid voor langere tijd geschonden. Het verlies heeft me schichtig tegenover mensen gemaakt, omdat ik daarna toch weer met een kostbaar instrument over straat moest. Het voelde als een amputatie, alsof je een arm verliest. Dat kun je niet simpel met een ander instrument oplossen. Je zegt ook niet: neem een ander kind. Zo voelde het, muzikanten kunnen dat gevoel beamen. Ik ben er weer bovenop gekomen door een therapie voor posttraumatische stress te volgen en door muziek te spelen. Vooral het stuk waar ik ten tijde van de diefstal mee bezig was heb ik veel gespeeld. Dat heeft me geholpen bij de verwerking. Mijn vertrouwen in de mens is hersteld.'

Uw verhaal verraadt wel een grote gehechtheid aan bezit.
'Zeker. Die aandrang zit ook in mij, niets menselijks is mij vreemd, haha. En ik leef ook niet volledig volgens de regels van een verantwoorde footprint, dat is in onze maatschappij door onze voeding en ons reizen vrijwel onmogelijk. Dat neemt niet weg dat we voor de volgende generaties ons uiterste best moeten doen. Het is een gigantische klus, maar het positieve van de coronacrisis is wel dat we hebben bewezen tot snelle gedragsverandering in staat te zijn, als we de urgentie voelen. Het is dus niet een kwestie van niet kunnen, maar van niet willen.

Zeg niet dat het probleem te groot is, maar probeer te doen wat binnen je bereik ligt – je kunt zoveel, want het raakt aan allerlei aspecten van ons leven. Weet je het niet, dan kun je het altijd aan anderen vragen. Dat bevordert wellicht ook weer je vertrouwen in je medemens. Met dat vertrouwen kom je in verreweg de meeste gevallen niet bedrogen uit. In je eentje kun je heel wat, maar samen komen we nog veel verder. Dus mensen, doe het alsjeblieft, pas je gedrag aan en vraag om hulp, want de wereld is supercomplex. Vertrouw de ander. Dat geeft zin aan het bestaan.'

BOEKTIP
De meeste mensen deugen van **Rutger Bregman**

'Dit boek kwam voor mij als een geschenk uit de hemel, want het levert de wetenschappelijk gefundeerde onderbouwing bij wat ik al langer intuïtief aanvoel: heb vertrouwen in je medemens, want die wil het beste voor de ander, net als jij. Rutger Bregman laat aan de hand van inzichten uit verschillende disciplines overtuigend zien dat dit geen naïef, maar een realistisch standpunt is.'

Cuong Lu, boeddhistisch leraar

'Ik moest een keer lesgeven aan tien gedetineerden, allemaal zware jongens. "Laten we eerst in stilte zitten," zei ik. Na tien minuten liep bij een van hen, een stoere kerel, een traan over zijn wang. Door de stilte kon hij voor het eerst bij zijn pijn komen. Gedetineerden voeren vaak jarenlang een innerlijke strijd tegen hun pijn. Die kon ik voelen. Ik accepteerde hen volledig, zonder enig oordeel. Dat stelde ze in staat naar hun pijn toe te gaan, vaak al in korte tijd. Door hun lijden en hun gevoel van mislukt te zijn, zijn ze sensitiever dan mensen buiten de gevangenis.'

In zijn boek *De Boeddha in de bajes* verhaalt Cuong (spreek uit: koeng) Lu over de jaren dat hij als geestelijk verzorger in vier gevangenissen praat en mediteert met moordenaars, drugshandelaren en andere 'zware jongens'. Zijn inzicht: 'Ik zie geen enkel onderscheid tussen mijzelf en de gedetineerde.'

Om op dat punt uit te komen moest hij een lange weg afleggen. Als jongetje van twaalf komt hij eind jaren zeventig in Nederland aan. Hij maakt deel uit van de zogeheten Vietnamese bootvluchtelingen – zijn vader, een zakenman van Chinese komaf, vindt het in eigen land te onveilig. Het gezin met zes kinderen belandt in het Limburgse Tegelen: 'We hadden ook in Engeland of de VS terecht kunnen komen.' Twee jaar later zit hij in Venlo op de middelbare school, waar zijn harde werken en intelligentie hem in korte tijd van mavo naar vwo brengen. Juist wanneer hij de stap naar het vwo zet, overlijdt zijn vader: 'Ik voelde me daarna verdwaald in het leven, ik miste een begeleider. Mijn moeder sprak geen Nederlands en ik had wel een drie jaar oudere broer, maar die was zelf zoekend en kon me niet met diepere vragen helpen.'

Dat kan de wereldberoemde Vietnamese monnik Thich Nhat Hanh wel. Wanneer hij Nederland bezoekt, komt de achttienjarige Cuong oog in oog met hem te staan. 'Wat ik zag, was zijn innerlijke rust. Meteen voelde ik ook: wat heb ikzelf toch veel onrust! Mijn leven bestond alleen maar uit dingen doen, omdat het moest. Ik voerde taken uit om iemand anders tevreden te stellen, niet mezelf. Ik wist niet wat ik wilde en wie ik was.'

Om zich in zijn wortels te verdiepen, kiest hij voor Oost-Aziatische studies in Leiden. Maar de ontmoeting met de monnik blijft knagen. Als vijfentwintigjarige reist hij naar de Dordogne, waar Thich Nhat Hanh op het landgoed Plum Village aan het hoofd van een monnikengemeenschap staat. Zestien jaar lang probeert hij daar het voorbeeld van zijn leermeester te volgen, tevergeefs: 'Ik kwam daar helemaal vast te zitten.' Gedesillusioneerd komt hij in Spijkenisse terecht, waar hij taxichauffeur wordt. Een jaar na zijn uittreding krijgt hij op een nacht 'voor het eerst van mijn leven contact met rust'. Zijn latere vrouw, die dan nog in Hongkong woont, stimuleert hem die ervaring te gebruiken om als geestelijk verzorger in gevangenissen te gaan werken. Na zes jaar stopt hij daar in 2017 mee. Inmiddels woont de tweeënvijftigjarige Lu met zijn vrouw en drie kinderen in Gouda, waar hij de

Mind Only School heeft opgericht. Hij doceert boeddhistische filosofie en psychologie.

Wat is voor u een zinvol leven?
'Dat is op de eerste plaats een concept, een idee. Ik maak onderscheid tussen zinvol leven als een idee en zinvol leven als realiteit. Het leven is van zichzelf zinvol, bijvoorbeeld dat wij elkaar spreken, is zinvol. Maar wij leven niet met die zinvolheid, maar met een concept ervan. Daardoor piekeren we over hoe we ons leven zouden moeten inrichten en ervaren we zinloosheid, wanneer we denken dat het niet lukt. Juist het concept ervan belemmert ons zinvol leven als realiteit te kunnen aanraken.'

Maar zo'n concept geeft toch richting?
'Inderdaad, net als een idee over geluk dat je najaagt. Maar mijn punt is dat je je daar niet naartoe hoeft te bewegen. Je hoeft niet je best te doen, want het is er al, als realiteit. Daarom is het concept een belemmering, want je bent op zoek naar iets dat je al hebt: de vrede, de zinvolheid, het geluk. Door een concept van geluk te hanteren, neem je ook het tegendeel waar, het lijden. De essentie van de boeddhistische leer is het uitdoven van alle concepten. De grote vraag is: hoe kun je die loslaten?

Als monnik heb ik zestien jaar lang geprobeerd bepaalde concepten te versterken, zoals goedheid en compassie. De monniken van Plum Village zeggen: "Je moet water geven aan de positieve zaden in je bewustzijn, want zo kan je groeien." Daarnaast heb je negatieve aspecten van je bewustzijn, waar je vanaf moet. Dat is me niet gelukt. Een gemeenschap van monniken is mooi, maar het werd een te gesloten plek voor mij. Ik wilde de wereld leren kennen, een vrouw en kinderen hebben, mezelf ontdekken. Plum Village verliet ik met het gevoel van mislukking, in zekere zin werd ik weer een vluchteling. In de buitenwereld merkte ik wat ik had gemist als jongeman, met name seks. Ik vond het heerlijk met een vrouw te zijn. Maar toch had ik het gevoel van mislukking. Ik verweet mezelf: "Ik hou meer van seks dan van zen." Daar schaamde ik me voor, ik voelde een diepe pijn.'

Hoe bent u uit dat dal gekomen?

'In oktober 2010, ruim een jaar na mijn uittreden, deed ik weer een oefening om de positieve kwaliteiten van mijn bewustzijn te ontwikkelen. Maar ik voelde ik me zo hopeloos dat ik dat streven losliet en ging slapen. Midden in de nacht werd ik wakker en had ik voor het eerst van mijn leven plots contact met rust. Ik zag ineens: je bent als mens niet goed, maar ook niet slecht, je bent niet je bewustzijn! Daarmee raakte ik mijn essentie aan. Twintig minuten lang voelde ik een volkomen helderheid, rust. Ik was zo blij. Toen belde mijn vriendin, nu mijn vrouw, vanuit Hongkong. Ze vroeg: "Wat is er aan de hand?" Ze voelde iets. Ik zei: "Het is ongelofelijk, ik ben vrij, schat. Ik ben goed noch slecht." Het ontroert mij nu nog, nu ik dit vertel. Het is zo'n lange zoektocht geweest. Dat was ook precies wat ik later in een gedetineerde kon zien: goed noch slecht. In essentie is niemand dat. Ik kwam erachter: ik heb toch iets te vertellen, niet over mezelf, maar over de mensen, over wie ze zijn. Ze zijn veel vrijer en groter dan ze denken.'

Wat bedoelt u met: we zijn niet ons bewustzijn?

'Ik maakte die avond voor het eerst verbinding met het leven, maar dan niet via een vertaling door het bewustzijn. Dat functioneert voortdurend als een soort tolk tussen de wereld en jezelf. Wat jammer is, is dat we ons ermee identificeren.

Want we zijn veel meer dan ons bewustzijn. Dat is altijd dualistisch – goed blijft altijd goed, slecht altijd slecht. Je ervaart dan ook voortdurend strijd in jezelf. Mensen missen daardoor veel kansen om te leven en zijn vaak alleen maar aan het overleven. Op het moment dat je vrij van je bewustzijn komt, ben je het leven zelf – ik ben het leven, het leven is mij. Ik ben ook de ander. Dat is de essentie. Daarom kon ik ook meteen zien dat ik de gedetineerde was. En omdat ik vrij was, was hij dat ook. In mijn aanwezigheid kon hij ophouden met het zich vastklampen aan concepten en gedachtes. Hij kon zichzelf als een vrij mens zien, zoals we dat in wezen allemaal zijn.'

Heeft uw ervaring uit 2010 zich nog eens herhaald?
'Ik kan hem op ieder moment aanraken. Als ik wil kan ik nu jou zijn, of mijn overleden moeder. Vergelijk het met een kuiken die zijn eierschaal heeft opengebroken. Die ziet de buitenwereld, maar dat is ook de binnenwereld. Want de buitenwereld is ook dat kuiken zelf. Na die eerste keer kom ik nooit meer in die eierschaal terug.'

Is dat wat u doet: kijken zonder oordelen?
'Nee, die heb je nu eenmaal, ik heb ze ook over jou, dat is je bewustzijn. Alleen is dat niet je essentie. Het gaat er niet om dat je geen oordelen hebt, maar dat je daar niet aan gehecht bent. Je denken is onderdeel van je bewustzijn. Dat is het niveau waarop we onderscheid maken tussen goed en slecht. Zit je in je bewustzijn dan heb je ook altijd een idee van continuïteit – ik ben geboren, ik ga dood. Het concept van een "ik", begrensd in de tijd. Je bewustzijn doet er alles aan ervoor te zorgen dat je het leven als continuïteit ervaart. Maar zo zit het niet in elkaar, het is veel rijker dan dat. In de boeddhistische psychologie onderscheiden we acht niveaus van bewustzijn.

Daar gaat het op mijn school over. Ik denk dat als mensen de werking ervan beter begrijpen ze gemakkelijker naar hun essentie toe kunnen gaan.'

Wat is dan die essentie?
'Die valt eenvoudig te omschrijven: jij bent ik. Alleen kan je bewustzijn dat niet aan, het kan dat onmogelijk bevatten. Je zou kunnen tegenwerpen: "Jij bent ik" is ook een concept. Maar ik breng dat op mijn leerlingen over zonder concept: ik laat dat voelen, ervaren, zoals ik dat ook bij gevangenen deed. Ik laat het toepassen. Als iemand in moeilijkheden zit, komt dat voort uit zijn bewustzijn. Ik geef mijn leerlingen als oefening: bedenk iemand die je liefhebt, bijvoorbeeld je opa, en vraag die om hulp: "Opa, ik heb je nodig, ik wil jouw steun nu." Maakt niet uit of hij overleden is. Dan voel je de aanwezigheid van die ander in jou. Op het moment dat je je opa bent, ben je in zekere zin vrij van je bewustzijn. Want dat zegt: jij bent helemaal niet je opa. Na afloop zeggen mijn leerlingen vaak dat ze de aanwezigheid van hun opa echt hebben gevoeld. Met zijn ogen kunnen ze samen naar de pijn kijken en zeggen: ach wat zielig, mijn kind. Als je er zo naar kijkt, ontdek je dat het geen pijn hoeft te zijn, dat je het ook als geluk kan zien. Dat is een eerste stap op weg naar het loslaten van je bewustzijn.'

BOEKTIP
De rivier van het bewustzijn van **Oliver Sacks**

'Er zit zoveel wijsheid en liefde in dit boekje, het ontroerde me zeer. Moeilijke onderwerpen als bewustzijn, tijd en geheugen worden op een toegankelijke, maar ook diepe wijze uitgelegd. Het geeft mij het gevoel dat de auteur naast mij zittend me probeert te inspireren meer passie voor de mensheid, de natuur, het leven en wetenschap te hebben. Zijn taalgebruik is zuiver en prachtig.'

Machteld Huber, gezondheidsonderzoeker

In haar leven zijn er de 'gouden jaren' en de 'oogstjaren', maar ook de 'gehaktmolenjaren' en de 'monnikenjaren' – de behoefte aan ordening en overzicht die kenmerkend is voor haar wetenschappelijke geest, leidt tot deze indeling, zoals ze ook streeft naar het ontdekken van 'wetmatigheden in het bestaan'. Bovenal verlangt ze naar harmonie, wat ze omschrijft als 'het scheppen van evenwicht tussen alle aspecten in mijn leven'.

Die harmonie ontbreekt nadrukkelijk in haar jeugd, die Machteld Huber doorbrengt in een 'Ot en Sien-dorpje' op de Veluwe, als middelste van een gezin met drie kinderen. Het huwelijk van haar ouders kenmerkt zich door doorlopend geruzie. Haar adellijke moeder is alcoholiste en niet in staat tot normaal contact met haar kinderen, haar vader is een zakenman die 'me niet echt ziet'. Wel brengt hij zijn dochter de liefde voor de natuur bij, wat ze als 'een geschenk voor de rest van mijn leven' ervaart – wandelen bij zonsopgang levert 'ongekende ervaringen van schoonheid en harmonie' op. In haar puberteit voelt ze zich 'geborgen in de natuur, maar veel minder bij mensen', ook al omdat de oorlog nog maar twee decennia geleden is: 'Ik groeide op met het gevoel: de natuur kan wel heerlijk zijn, maar tussen mensen kunnen verschrikkelijke dingen gebeuren.' Ze bedenkt dat mensen een voorbeeld zouden moeten nemen aan de natuur, 'met al haar wijsheid en harmonie'.

Om snel het huis uit te kunnen verkiest ze de hbs boven het gymnasium. Daarop volgt een studie geneeskunde in Utrecht, 'gouden jaren' in haar herinnering, al gaat ze aan het slot in therapie: 'Wil ik andere mensen kunnen helpen dan moet ik eerst wat aan mezelf doen, bedacht ik.' Haar beginnende carrière als arts onderbreekt ze om filosofie te studeren: 'Na een aantal jaren werken als dokter in een ziekenhuis voelde ik een sterke behoefte afstand van het medische wereldje te nemen om mijn zelfstandig denken te stimuleren.' Wanneer ze later haar opleiding tot huisarts bijna heeft afgerond, volgen de 'gehaktmolenjaren' – tot vier keer toe wordt ze als dertiger ernstig ziek. De lessen die ze daaruit trekt, past ze toe in therapeutisch werk met 'mensen die echt beschadigd zijn', zoals drugsverslaafden en mensen met oorlogstrauma's. Daarnaast begint ze als zesendertigjarige aan het Louis Bolk-instituut als wetenschappelijk onderzoeker – haar 'monnikenjaren', waarin ze van haar ziektegeschiedenissen bijkomt en zich op onderzoek naar veerkracht richt. Zo richt ze zich op de gezondheidseffecten van biologische voeding, wat haar in 2007 in aanvaring brengt met 'economische belangen achter de wetenschap' – ze wordt onder druk gezet haar onderzoeksresultaten aan te passen. De zware kater die ze eraan overhoudt, resulteert in wetenschappelijke verdieping ('mijn therapie tegen de frustratie'), met een fundamenteel gevolg: een nieuwe definitie van gezondheid. In 2014 promoveert ze op drieënzestigjarige leeftijd bij André Knottnerus, de oud-voorzitter van de Gezondheidsraad en de Wetenschappelijke Raad voor het Regeringsbeleid. Twee jaar later wordt ze tot 'meest invloedrijke persoon in de publieke gezondheidszorg' uitgeroepen en volgt de oprichting van haar Institute for Positive Health, waar ze nog altijd aan verbonden is. Ze geniet van haar 'oogstjaren', waarin haar visie op 'positieve gezondheid' aanslaat, in Nederland bij opleidingen en instellingen en in andere landen. In haar 'bredere kijk' op gezondheid draait het om de eigen regie van de mens om de uitdagingen van het leven aan te kunnen. Gezondheid is voor haar 'een middel om datgene te doen wat zin geeft aan je leven'.

Wat is voor u een zinvol leven?

'Voor mij draait het om het ontdekken van je meest innerlijke drijfveer, je persoonlijke zin in het leven. Daar wil ik anderen graag bij helpen. Een van mijn grootste inspiratiebronnen is het werk van de Oostenrijkse psychiater Viktor Frankl. Nadat hij de concentratiekampen had overleefd schreef hij een boek over de zin van het leven, waarin hij vertelt dat hij kon zien welke mensen in de kampen de grootste kans hadden te overleven. Het meest wezenlijk is of iemand vanuit zijn innerlijke drijfveer leeft, stelt hij, dat is belangrijker dan seksualiteit zoals Freud dacht, of macht zoals Adler beweerde. Frankl las dat belang van zingeving af aan de realiteit in de kampen. Na de oorlog hielp hij mensen in therapieën hun zingeving te vinden. Zelf zie ik zingeving ook als de sterkst gezond makende kracht.'

Hoe omschrijft u uw eigen innerlijke drijfveer?

'Ik wil mensen helpen zich meer met het leven en de natuur te verbinden en hoop op een cultuurvernieuwing in die richting. Als beginnend arts heb ik ervaren hoe de natuurwetenschappelijke kijk op het bestaan die verbinding kan ondermijnen. Toen ik in het ziekenhuis werkte, voelde het alsof er een kaasstolp om mij heen was gekomen. Waar ik vroeger kon genieten van verkleurende herfstblaadjes, zag ik nu de bijbehorende chemische processen. Ik merkte dat er iets tussen mij en mijn verbinding met de natuur was geschoven. Belangrijk was ook een schokkende ervaring in het ziekenhuis. Als coassistent kwam ik op een dag met een internist en een hoofdzuster een kamer binnen waar een zwaar demente man lag. Ik zag meteen dat hij was overleden, maar zij liepen naar het voeteneinde, waar zijn gegevens hingen. Minutenlang bespraken ze hem, tot een van hen opkeek en constateerde dat het geen zin meer had. Ik was ten diepste gechoqueerd, ik krijg er nog kippenvel van. Ik dacht: dit is een waarschuwing, zo wil ik niet worden. Ik realiseerde me wat de materialistische benadering van de geneeskunde op gevoelsvlak met je kan doen. Die medische kennis is prachtig, maar je moet oppassen het gevoel voor je omgeving niet te verliezen.'

Enkele jaren later begonnen uw 'gehaktmolenjaren'. Hoe vormend waren die?

'Het waren jaren, waarin ik mezelf als studieobject gebruikte. Ik leerde naar de signalen en instincten van mijn lichaam te luisteren. Ik kwam erachter dat die ziektes allen iets met mijn jeugd te maken hadden. Aan het begin ervan bleek mijn moeder een hersentumor te hebben. Prompt werd ik zelf ziek. Ondanks de haat die ik voor haar voelde, ervoer ik ook bezorgdheid over haar welzijn en mijn lijf reageerde daarop – mijn eerste ziekte had een onmiskenbare relatie met die van haar.

Ik kreeg ontstekingen in mijn hals aan beide kanten, er vormden zich abcessen. Het was heftig, mijn keel zat bijna dicht. Als kind had ik veel amandelontstekingen gehad. Dat wordt wel geduid als een aandoening die een gevolg is van onveiligheid. Mijn jeugd is dat zeker geweest. Toen de knoarts het tijdens de operatie aanraakte, vloeide de pus met de amandelen aan beide kanten eruit. Na die ingreep bemerkte ik opeens dat ik warme gevoelens voor mijn moeder had. Ik was verbijsterd, want dat had ik nog nooit voor haar gevoeld. De enige verklaring die ik kon bedenken was dat ik de haat die ik in mijn amandelen had opgeslagen uit mijn lijf had gewerkt. Dat maakte de weg vrij om met warmte aan haar te denken. Dat lichaam en geest elkaar zo konden beïnvloeden, had niet in mijn opleiding gezeten. Ik concludeerde dat die twee elkaar diepgaand doordringen en beïnvloeden. En dat je dus niet louter materialistisch naar een lichaam moet kijken.'

Bevinden alle ziektes zich tussen de oren?

'Nee, zo ver wil ik zeker niet gaan. Heftige ziektes moet je niet met een psychische benadering willen oplossen, dat is onzin. De relaties tussen lichaam en geest zijn complex, dat heb ik aan den lijve ervaren en iedereen moet daarin zijn eigen weg vinden. Je hebt genoeg mensen die denken: repareer me maar. Die benadering krijgen medici ook mee in hun opleiding. In het ziekenhuis zei een opleider eens tegen me: "De mens is een auto en wij zijn de monteurs in de garage." Maar zo simpel is het niet. Mijn eigen ervaring met ziekte heeft me veel gebracht. Het stimuleerde me via onderzoek een bredere kijk op gezondheid op de kaart te zetten en dat heb ik ook toegepast in mijn werk met drugsverslaafden en mensen met een oorlogstrauma.'

Hoe ging dat concreet?

'Neem drugsverslaafden. Bij hen kom je na het werken aan lichamelijke verbetering uit op de vraag: waar gaat je hart naar uit? Die zingeving heb je nodig, wil je sterk genoeg zijn om een verslaving echt te kunnen overwinnen. Dat onderstreept nog eens het belang van de geest voor het lichaam. Ik hoorde verhalen als: "Ik heb voor de achtste keer in de bak gezeten, dit wil ik echt niet meer." Dan is de vraag: wat wil je dan wel, wat is je persoonlijke zingeving? Wanneer mensen die eenmaal voelen en zich daarop richten, gebeurt er vaak iets in hun leven waardoor ze verder komen. In mijn eigen leven heb ik dat ook herhaaldelijk ervaren. "Nu ik op dit spoor zit, gaat het leven met me dansen," zei een drugsverslaafde eens tegen me. Mooi gezegd, vond ik, ik heb dat altijd onthouden. Kom je bij wat je ten diepste wil, dan biedt het leven je kansen die je droom dichterbij brengen. Daarvan ben ik overtuigd.'

Is dat toeval of zit er regie achter?
'Voor mij is dat geen toeval. Ik denk dat er meer is, dat we niet in staat zijn alle dimensies van ons bestaan te zien. Wat dat meer is, kan ik niet benoemen. Maar je kunt verbinding met een groter geheel ervaren – en dan niet door te denken, maar door te voelen. Wanneer je met die meest innerlijke drijfveer in contact komt, wordt een kracht werkzaam die maakt dat je verder kunt komen.'

Ziet u de natuur als dat grotere geheel?
'Daar beleef ik het in ieder geval wel, ja. Een wetenschapper zei eens: "Als je met een magneet over een schroothoop met ijzer gaat en er komt dan een vliegtuig tevoorschijn, dan is dat net zo onwaarschijnlijk als dat de natuur geheel en al door toeval is ontstaan." Ik geloof zeker in de evolutie, maar in de natuur beleef ik ook iets groters. In mijn leven heb ik altijd naar een vorm van samenwerking daarmee gezocht. Mijn intuïtie heb ik zo veel mogelijk geoefend om aan te voelen hoe de natuur mij kon helpen. Die heeft voor mij als vader en moeder gefunctioneerd.'

BOEKTIP

De keuze van **Edith Eger**

'Dit boek is het inspirerende en leesbare levensverhaal van een drieënnegentigjarige Amerikaanse psycholoog die de concentratiekampen heeft overleefd. De vreselijke dingen die ze heeft meegemaakt, ze moest onder meer voor de naziarts Mengele dansen, heeft ze een plek weten te geven. In haar boek staat persoonlijke zingeving centraal. Ze wil anderen daarbij helpen en doet dat door authentiek over haar eigen ervaringen en keuzes te schrijven.'

Ismail Aghzanay, leraar Engels

'Dat ik als vijfjarige naar het speciaal onderwijs moest, was echt een klap voor me. Ik herinner me hoe ik onder mijn bed lag en me huilend vasthield aan een poot van het bed. Ik moest er door mijn juf letterlijk onder vandaan worden weggesleurd. "Ik ga niet!" schreeuwde ik. Maar de realiteit is: je gaat wel.'

Door zijn gedrag moet Ismail Aghzanay halverwege de jaren negentig van zijn reguliere basisschool in Rotterdam af. Geboren in 1991 als zoon van twee analfabete, Marokkaanse ouders, is hij het zesde kind in een gezin van zeven. Thuis, in de achterstandswijk Feijenoord, is hij 'de lieveling' van zijn moeder ('en zij staat bij mij ook met stip op nummer één, nog altijd'), maar in de klas geldt hij als een driftkikkertje. 'Ik had het idee dat ik niet werd gezien, gehoord en gewaardeerd,' zo verklaart hij zijn woedeaanvallen: 'Ik schreeuwde, dook onder tafels en sloeg die omhoog.'

Zijn verwijdering van school noemt hij 'een litteken dat altijd bij me blijft'. Terugdenkend aan de docenten die hem hebben weggestuurd, voelt hij nog altijd verontwaardiging opkomen: 'Natuurlijk zullen ze het druk hebben gehad, maar als ze ook maar iets meer tijd en energie aan me hadden besteed, was het anders gelopen. Ik heb het hun wel vergeven, maar zal het nooit vergeten.' De gang naar het speciaal onderwijs is ook een klap voor zijn reputatie – jongens op straat spreken achter zijn rug over 'het mongooltje' van de buurt: 'Toen me dat werd verteld, lachte ik als een boer met kiespijn. Ik had het echt zwaar.'

Zijn plan is het speciaal onderwijs snel te verlaten, maar dat lukt niet – hij moet door tot groep acht, 'ook al was het zwaar onder mijn niveau'. Dan begint hij aan een lange mars: via vmbo-basis en twee mbo-opleidingen komt hij op zijn drieëntwintigste uit bij het hbo, waar hij de lerarenopleiding Engels met succes volgt. In 2018 beleeft hij zijn moment van zoete wraak op docenten die hem niet zagen zitten, wanneer hij in Rotterdam tot 'leraar van het jaar' wordt verkozen.

In datzelfde jaar staat hij in de finale van cabaretfestival Camaretten en speelt hij als stand-upcomedian zeventig voorstellingen in een halfjaar. Niettemin besluit hij daarmee te stoppen. In toenemende mate heeft hij moeite met zijn eigen grappen, zoals die over Marokkaanse vaders die niet in staat zijn hun gevoelens te uiten: 'Mijn vader heeft zijn land van herkomst verlaten voor ons. Jarenlang heeft hij geploeterd om ook aan het einde van de maand eten op tafel te hebben. Hij moest geld verdienen voor al zijn kinderen en ook nog voor zijn familie in Marokko. Zo iemand ervaart zoveel druk, moet ik die dan belachelijk maken?' Ook zit het hem dwars dat zijn grappen 'alleen maar stereotypes bevestigen, in plaats van die te ontkrachten of te verzwakken'. Bovenal denkt hij van grotere betekenis te zijn als leraar: 'Ik waardeerde wel alle lof die ik als cabaretier kreeg, maar daar moet je het niet voor doen. Het belangrijkst voor mij is en blijft: waar kan ik de meeste impact hebben? Dan gaat mijn voorkeur uit naar waar onze gezamenlijke toekomst begint, het onderwijs.'

Wat is voor u een zinvol leven?
'Voor mij gaat dat over rechtvaardigheid en gelijkwaardigheid – ik wil eraan bijdragen dat ieder mens dezelfde kansen krijgt, ongeacht zijn afkomst. Rechtvaardigheid betekent voor mij: elk mens geven waar hij recht op heeft. Iemand die is achtergesteld, verdient dezelfde kansen als ieder ander. Ik ben niet bang voor de dood, maar mijn grootste angst is dat ik onrechtvaardig handel en dat niet meer kan herstellen. Ik hoop aan het einde van mijn leven te kunnen zeggen dat ik niet onrechtvaardig ben geweest, dus probeer ik zo veel mogelijk vanuit die waarde te leven.'

Waarom is die waarde voor u zo belangrijk?
'Als puber kreeg ik vaak krachttermen naar mijn hoofd zoals 'kutmarokkaan' of 'kutmoslim', wanneer ik met vrienden over straat liep. Later kreeg ik te maken met subtielere pogingen om me te kwetsen. Jarenlang heb ik daardoor gedacht: "Zie je wel, ik mag hier niet zijn, ik doe er niet toe." Die negatieve opmerkingen ben ik gaan projecteren op mensen die leken op degenen die me beledigden, zeg maar op alle witte Nederlanders. Die schreef ik dezelfde opvattingen toe, waardoor ze allemaal racisten werden. De ommekeer kwam toen politici groepen zoals Marokkanen of moslims gingen beledigen en daarmee iedereen over een kam scheerden. Toen bedacht ik: "Maar dat doe ik zelf eigenlijk ook, hoe kan het dat ik zelf doe wat ik verafschuw?" Ik bedacht dat ik moest ophouden op voorhand in te vullen wat een ander van me denkt. Want dan doe ik die ander geen recht, dat is onrechtvaardig. Dat was het keerpunt.'

Hoe houdt u de juiste koers voor ogen?
'Ik ben op religieus vlak meer gaan praktiseren. Vijf keer bid-

den per dag brengt je tot rust, de wereld om je heen staat even stil en je kunt reflecteren op wat je doet. Daarvoor ga ik ook wel bij het water zitten. De islam helpt me ook met mijn lot om te gaan. De eerste keer dat ik dat echt heb ervaren was toen ik achttien was. Ik voetbalde bij Feyenoord, maar wist dat een carrière als profvoetballer er niet meer in zou zitten. Ik had een probleem met een trainer, een oud-prof die me zwaar tekort heeft gedaan. In de voorbereiding op het seizoen deed ik het echt goed, ik was in topvorm. Maar de trainer had al een aantal jongens een basisplaats toegezegd. Toen ging hij zoeken naar een fout bij mij. Die vond hij, toen ik een keer te laat kwam voor een teamfoto. "Ismail heeft nu zijn eigen glazen ingegooid," zei hij. Dat vond ik erg onrechtvaardig. Dat was geen racisme, maar wel vriendjespolitiek.'

Hoe hielp uw geloof u toen?

'De ramadan was belangrijk voor me – die had ik wel eerder gedaan, maar toen dit speelde deed ik hem veel serieuzer. Daardoor kwam ik mentaal in een andere wereld en kon ik bedenken: "Dit moest zo zijn, ik moet gewoon tevreden zijn met zoals het nu is." Wat me ook hielp was een gesprek met een oudere buurtjongen, een geweldige voetbalkunstenaar. Die zei: "Wellicht had profvoetbal ertoe geleid dat je je alleen maar met geld en materiële zaken zou bezighouden. Dat is helemaal niks voor jou. Geloof dat dit jouw lot moet zijn."'

Hoe bent u daarna van uw leraarschap overtuigd geraakt?

'Bij de opleiding kreeg ik een gouden docent, mevrouw Bento. Ze was streng, maar rechtvaardig. Op een keer zei ze ten overstaan van de hele klas tegen me: 'Minder grappen maken! Er zit een hele goede leraar in je, maar als je met grappen doorgaat, zien mensen je alleen als een clown.' Dat hakte erin, zowel haar compliment als haar kritiek. Ik had de neiging me te verschuilen achter humor, want dan hoefde ik niet te delen waar ik mee zat. Terwijl ik aan mijn leerlingen steeds voorhield dat ze juist dat moesten doen. "Je moet je emoties niet opkroppen, anders ga je daar veel last van ondervinden en doe je jezelf zwaar tekort," vertelde ik ze. Ondertussen hield ik alle emotie binnen. Ik was bang dat er van alles zou veranderen, als ik zou zeggen waar ik mee zat. In een gesprek vroeg mevrouw Bento me een keer: "Ismail, waar loop je nou echt tegenaan?" Ze was benaderbaar, toegankelijk. Ik werd echt emotioneel. Ik begreep toen dat ik mijn eigen kwetsbaarheid moest gaan tonen – mijn leerlingen zouden zichzelf nooit geven, als ik dat zelf niet zou doen.'

Hoe doet u dat in de praktijk?
'Ik heb er geen aanleiding voor nodig. Ik heb geleerd dat ik verbinding met de leerlingen krijg door kwetsbaarheid te tonen. Dus geef ik bijvoorbeeld een les over moederliefde. Dan begin ik met een filmpje van een Amerikaanse worstelkampioen, Marc Mero, die vertelt hoe hij rijk en beroemd werd, maar niet in staat was met zijn moeder te praten. Hoeveel spijt hij daarover heeft, nu ze is overleden. Dan zie je ook de meest stoere gasten in de klas slikken. Daarna vertel ik dat ikzelf ook tegen mijn moeder heb geschreeuwd en haar tekort heb gedaan. Ik stel ze ook directe vragen: "Wie heeft er onlangs nog tegen zijn moeder gezegd dat hij van haar houdt?" Dat blijkt dan bijna niemand te zijn. Ik vraag ze ook een brief in het Engels aan hun moeder te schrijven. Over dit soort thema's praten heeft grote urgentie.'

Voelt u liefde voor uw leerlingen?
'Zeker. Ik zie ze als mijn eigen kinderen. Je kunt het natuur-

lijk niet vergelijken met de liefde van een moeder voor haar kind, maar ik hou wel zielsveel van die kids. Ik wil ze helpen. Daar zijn ze zo bij gebaat. Want ik ben niet de norm, hè? Dat ik goed terecht ben gekomen is niet vanzelfsprekend. Ik zie veel gevallen waarin het misgaat, dat raakt me. Dus als ik het verschil kan maken in hun leven... (geëmotioneerd) Je merkt wel, dit komt echt uit mijn hart. Soms heb ik het idee dat het me lukt. Die leerling die net binnenkwam... hij heeft veel problemen door een vrijwel afwezige vader. Laatst zei hij tegen me: "Meneer, er is niemand die zo goed naar me luistert als u. Ik zie in u een vaderfiguur." Dat raakt me diep. Maar soms weet ik niet of wat ik doe wel helpt. Als ik buiten een leerling van me iets onverstandigs met vrienden zie doen, voer ik het gesprek: "Als je dit pad gaat bewandelen, ga je spijt krijgen." Maar ik ben maar een momentopname in zijn leven. Blijft hangen wat ik zeg, of is het gewicht van die vriendenkring groter?'

Hoe ziet u het verder gaan – blijft u altijd leraar?
'Ik heb dromen, jawel. (stilte) Ik ga het gewoon zeggen. Ik zou het vet vinden, als ik minister van Onderwijs zou worden. Maar alleen als ik echt impact zou hebben, anders is het niet iets voor mij. Als minister zou ik het onderwijs voor kinderen beter maken, eerlijker vooral. Ik zou voor de volle honderd procent voor rechtvaardigheid en gelijkwaardigheid gaan.'

BOEKTIP
De kracht van kwetsbaarheid van **Brené Brown**

'Dit boek vormde voor mij de bevestiging van wat ik onbewust deed. Veel mensen groeien op met de gedachte dat kwetsbaarheid tonen een zwakte is. Maar het heeft juist veel moois tot gevolg – je ervaart dan dat we ons menselijk lot delen, dat leidt tot meer verbinding en groei. Dit boek is een aanrader voor iedereen die het delen van kwetsbaarheid moeilijk vindt.'

Anita van Gameren, oud-politiemedewerker

Ze woont op haar zeventigste met twee hondjes in een galerijflat in Leiderdorp. Anita van Gameren gaat veel om met haar buurvrouwen – twee in de flat, twee op haar volkstuin. Met enige regelmaat krijgt ze bezoek van haar zoon, die ze een tijdje uit haar leven had gebannen toen hij verslaafd was. Twee jaar geleden overkwam haar 'het grootste verdriet dat een ouder kan hebben', toen haar dochter aan kanker overleed. Sindsdien heeft ze 'een kort lontje', vindt ze: 'Ik heb geen geduld meer voor gezeik, gezeur, onzin. Ik ben er nog steeds voor iedereen die hulp nodig heeft, maar als die ander in zijn slachtofferrol blijft hangen, moet je mij daar niet meer mee lastigvallen. Ik kan er niet tegen. Het leven heeft zoveel te bieden, het is maar hoe je ermee omgaat.'

Haar gereformeerde vader gaat in de jaren vijftig met paard-en-wagen langs de huizen in Heemstede om aardappels te verkopen, hij is 'de patriarch die op zondag het vlees sneed'. Als één na jongste in een gezin met vier kinderen is Anita 'de opstandigste, ik lag voortdurend met mijn vader in de clinch, mijn moeder bungelde er wat achteraan.' Na de huishoudschool wil ze meteen het huis uit, dus begint ze op haar zestiende aan een verpleegstersopleiding in Leiden. Vele beroepen volgen – boekhouder, een kledingboetiek, trainingscoördinator en uiteindelijk werkt ze bij het alarmnummer van de politie.

Op haar negentiende trouwt ze een alcoholist: 'Vijf dagen na ons huwelijk was de pret voorbij. Vanaf toen was het schelden, vloeken, ik mocht niks meer.' Toch duurt het huwelijk, waar twee kinderen uit voortkomen, vijftien jaar. Aan het einde ervan ontmoet ze een Palestijn, met wie ze zesentwintig jaar een relatie zou hebben. Hij is politiek actief, was gemarteld in Israël en daardoor getraumatiseerd – hun relatie loopt stuk op zijn affaires met andere vrouwen. Wanneer hij daarna 'doorgedraaid' voor haar deur staat, neemt ze hem toch weer in huis: 'De liefde was voorbij. Maar ik laat nog geen hond buiten staan.'

Wat is voor u een zinvol leven?

'Omdat ik besta, kan ik er voor andere mensen zijn als ze me nodig hebben. Ik ben altijd zorgzaam geweest, vroeger nam ik eendjes mee die uit het nest waren gevallen. Maar liefde geven is misschien ook egoïstisch – jíj vindt het fijn dat mensen blij met je zijn. Ik ben blij als ik het leven van mensen wat kan veraangenamen. Liefde ontvangen is voor mij lastiger, omdat ik dat in mijn jeugd nooit heb ervaren. Mijn ouders hebben dat niet meegekregen, dus dan is het moeilijk doorgeven.

Mijn vader moest vanaf zijn zesde op het land werken, hij is als goedkope arbeidskracht op de wereld gezet. Mijn moeder was het lelijke eendje in een gezin van negen. Ze was zorgzaam, maar knuffelde me nooit – je zag bij ons thuis nog geen blote teen. Ik nam me vroeg voor dat ik tegen mijn kinderen zou zeggen: ik hou van je, goed gedaan. Toen ik op de huishoudschool zat, hoorden mijn ouders op een avond op school dat ik voorzitter van de leerlingenraad was en heel creatief. Ze waren stomverbaasd, ze zagen nooit wat ik in mijn mars had. Er was gewoon geen communicatie. Daarom ben ik op mijn zestiende de deur uitgegaan. Mijn ouders waren opgelucht en ikzelf ook.'

Enkele jaren later trouwde u een man die alcoholist bleek te zijn. Had u dat niet door?
'Toen ik hem leerde kennen, plukte hij de sterren van de hemel voor me. Had ik nachtdienst dan stond hij in de ochtend me op te wachten. Dat is lief, dacht ik. Maar hij had gewoon in de kroeg gehangen. Vroeger, bij mij thuis, speelde drank geen rol, ik wist dus niet wat me overkwam. Ik dacht: ik heb A gezegd en moet nu ook B zeggen. In het begin wilde ik een keer schaatsen met een vriendin. Hij stond bij ons wandmeubel met alle servies en zei: "Ik trek hem om als je naar buiten gaat." Dat vond ik zonde van de spullen, dus ben ik maar gebleven. Voor de buitenwereld was hij een toffe peer, maar thuis kon hij van de ene minuut op de andere omslaan. Ik luisterde op een gegeven moment niet meer naar zijn scheldkanonnades, toen is hij zich op onze dochter gaan afreageren. Dat werd onhoudbaar, dus moest ze op haar twaalfde naar een internaat.'

Waardoor kwam het tot een scheiding?
'Mijn dochter was voor het eerst terug van het internaat en hij begon zijn agressie en onkunde weer op haar bot te vieren. Toen heb ik gezegd: nu is het afgelopen. Dat was al bijna eerder gebeurd. Een keer wilde ik wegrijden met de auto, hij ging ervoor staan, ik gaf gas. Hij sprong net op tijd weg, gelukkig maar, want ik had hem doodgereden. Een andere keer stond ik met een groot mes in de keuken klaar om zijn keel door te snijden. Toen dacht ik: dan ga ik de gevangenis in en hebben de kinderen helemaal niemand.'

Waar trekt u voor uzelf de grens?

'Als ik het gevoel heb dat ik kopje-onder ga. Voor de scheiding had ik een moment dat ik een lantaarnpaal in de middenberm moest vasthouden, omdat ik anders onder een auto zou lopen. Ik zag het niet meer zitten. Ik was dus al ruim over mijn grenzen gegaan. Lang heb ik gedacht: als ik nou maar lief ben en goed voor anderen zorg, dan komt het wel voor elkaar. Ik offerde me op. Dat werkt dus niet, als die anderen geen probleem zien.

Ik ben bij tijd en wijle depressief geweest. Op een gegeven moment zag ik mezelf in een foetushouding op de bank liggen. Ik kon niet meer deelnemen aan het leven. Ik dacht: als ik nu niks doe, is het afgelopen. Toen ben ik op advies van mijn lieve en kundige huisarts in therapie gegaan. Daar kwam mijn woede naar boven. Ik mocht er op een kussen op losslaan. Toen heb ik wel een aantal mensen vermoord. Na afloop was ik uitgeput, maar ik was wel een hoop kwijt.'

Wie vermoordde u, behalve uw ex?

(stilte) 'Ik ben aangerand toen ik vier was. Ze zeggen dat je dan nog geen herinneringen hebt, maar als ik mijn ogen dichtdoe, zie ik hem nog zo staan en weet ik precies wat hij aanhad. Hij had een zak snoep bij zich. Het was op landgoed Groenendaal, toen ik met mijn zusje kastanjes zocht. Zij was zes, is naar huis gelopen. Ik weet nog precies waar hij me mee naar toe nam.

Op een gegeven moment is het thuis ter sprake gekomen. Mijn ouders belden de politie. Ik zie me nog zitten in de stoel met zo'n grote agent voor me: "Wat heeft hij gedaan?" Het kostte me in mijn therapie veel moeite dat weer te herinneren. De therapeut zei: onbewust heb je toen een keuze gemaakt om te overleven. Je begreep dat je geen hulp van anderen kon verwachten, dat je er alleen voor stond.

Later ben ik misbruikt door een oom, tussen mijn negende en mijn elfde jaar. Mijn vader was emotioneel altijd afwezig en als hij er wel was, kreeg ik meestal klappen. Die oom, een getrouwde man, kwam met cadeautjes, lieve woordjes, hij was mijn lieve oom. Maar daar stond wel wat tegenover, alleen daar praatte je niet over. Het stopte toen ik ongesteld werd en dus zwanger kon raken. Ik wist dat wat hij deed fout was, maar ik zei er niks over. Later heb ik mijn moeder ermee geconfronteerd, maar die deed alsof er niks was gebeurd. Zij begreep niet dat ik er als kind helemaal alleen voor stond, omdat mijn ouders deden alsof er niks aan de hand was geweest. Die ontkenning van wat mij is overkomen, heb ik altijd gevoeld, het bevestigde voor mij dat ik er alleen voor stond. Daarom werd ik zo recalcitrant, ik vond mijn ouders hypocriet.'

Toch bent u zich nooit als slachtoffer gaan zien.
'Nee. Ik ga mijn leven niet verpesten, omdat die mannen hun handen niet thuis konden houden. Ik sta altijd enorm wantrouwend tegenover mooie praatjes. Ik hou ook niet van romantische films of romans, die geloof ik niet. Ik hou wel van waargebeurde verhalen, vooral over vrouwen – ik wil weten hoe zij zich door het leven hebben geslagen, hoe ze er inhoud aan hebben gegeven. Maar fictie is aan mij niet besteed. Ik wil de werkelijkheid.'

Die heeft u omarmd: neem het leven zoals het komt.
'Ja, kom niet aan met fabeltjes. Wegdromen zoals bij een film is voor mij tricky. Want als je wegdroomt kan er van alles met je gebeuren. Dat is wel een rode draad door mijn leven geworden. Wegdromen: dat is denken dat het een lieve meneer was, daar in het bos, of een lieve oom, dat is heel gevaarlijk. Ik

ben altijd alert. Aan mooie woorden hecht ik helemaal niets. Bewijs het maar met daden, denk ik dan.'

U heeft nergens spijt van?

'Dat vertik ik. Spijt lijkt me het ergste. Ik heb in mijn leven mijn eigen keuzes gemaakt – met een gezond verstand, ogen, oren, ik was er zelf bij. Ik zie mezelf niet als slachtoffer, nooit. Als je in die rol blijft hangen, verziek je je leven en zal je spijt krijgen dat je jezelf zo bent gaan zien. Dat belemmert je in je dagelijkse doen en laten, dan leef je niet.'

Welke les zou u uw kleinkinderen willen meegeven?

'De vraag is of ze daar wel voor openstaan. Volgens mij zitten ze niet zo te wachten op adviezen van hun oma. Ze denken: die snapt het niet meer, die is zo oud. Dat vind ik wel jammer, in andere culturen is er meer respect voor levenswijsheid van oudere mensen. Mijn voornaamste les zou zijn: probeer de drama's in je leven die er altijd zullen zijn, in iets positiefs om te zetten. Mij is dat uiteindelijk wel gelukt – ik ben een zorgzaam en lief mens geworden, de negatieve ervaringen hebben me uiteindelijk sterker gemaakt. Dan moet je wel je gezond verstand blijven gebruiken: zelf nadenken, niet dingen voor zoete koek aannemen. Sta open voor adviezen van anderen, maar kies daar alleen uit wat bij je past. Het gaat erom te weten hoe de wereld in elkaar zit. De mens is dubbel – hij kan het ene zeggen en het andere doen. Daar ben ik al heel jong achter gekomen.'

BOEKTIP

Tranen in het zand van **Nura Abdi**

'Dit is het waargebeurde verhaal van een vrouw uit Somalië, Nura Abdi, die veel drama in haar leven heeft gekend en daar toch een positieve draai aan heeft gegeven. Dat vind ik inspirerend. Op haar vierde werd ze besneden. Tijdens de burgeroorlog in haar land vluchtte ze met haar familie – eerst naar Kenia, later naar Duitsland. Daar voert ze een strijd tegen genitale verminking en probeert ze Somalische lotgenoten bij te staan.'

Marc Van den Bossche, filosoof en sporter

In de loop van zijn leven is de Vlaamse filosoof Marc Van den Bossche herhaaldelijk geconfronteerd met wat hij 'het primaat van het lichamelijke' noemt. Als tienjarig jongetje blijkt hij een trage hartslag en een linkerhartkamer van dubbele omvang te hebben. Gevolg: een jarenlang sportverbod. Wanneer dat op zijn zestiende wordt opgeheven, gaat hij 'maniakaal' trainen – een passie voor duursporten, wielrennen en hardlopen, zal zijn verdere leven kleuren. Zijn andere grote liefde: boeken lezen en schrijven. Als hoogleraar cultuurfilosofie aan de universiteit van Brussel heeft de zestigjarige Van den Bossche inmiddels dertien titels op zijn naam – toegankelijke boeken met aansprekende titels als *De zinnen van het leven*, *Religie na de dood van God* en recent *Sport en het goede leven.*

Met zijn lichaam gaat het mis in 1989, wanneer hij als negenentwintigjarige sportjournalist van de krant *De Morgen* op een vrijdagavond een bocht mist, met zijn auto over de kop slaat en tegen een boom eindigt: 'Wonderbaarlijk genoeg heb ik het overleefd. Ik heb een tijd in coma gelegen, met een bloeding net buiten de hersenen. Uiteindelijk heb ik er alleen een misvormde linkervoet aan overgehouden.' De levensles is dat hij meer aan 'zelfzorg' moet doen, na jarenlange roofbouw: 'Ik was een workaholic die te veel rookte en dronk, het was een uitputtingsslag.'

In de maanden na het ongeluk is hij depressief. In eerste instantie helpen pillen hem, daarna de racefiets. 'Door prozac durfde ik weer in een auto te zitten en voelde ik me zelfverzekerd. Ik was verbijsterd over het effect dat een pilletje op je gemoed kon hebben. Later lukte dat ook zonder, dankzij de racefiets. Dus je doet iets met je lichaam en je leven verandert compleet. Dat vond ik fascinerend. Ik begon uit te zoeken wat filosofen over het lichaam hebben gezegd.'

Vanaf 1991 is hij aan de universiteit verbonden, naar eigen zeggen als een 'old school'-filosoof: niet een specialist met publicaties in kleine tijdschriften, maar schrijvend voor een breed publiek over de grote levensvragen. In 2002 ontmoet hij zijn tweede vrouw, Hilde, na de scheiding van zijn eerste vrouw met wie hij twee kinderen heeft gekregen. Acht jaar later blijkt Hilde ongeneeslijk ziek, nog geen vijftig jaar oud – ze overlijdt een jaar later. In *Leven na de dood* vertelt Van den Bossche openhartig over hun laatste jaar samen en zijn rouwproces. Wie het lichamelijke als primair ziet, moet zich ook verhouden tot de eindigheid van het lichaam, zo realiseert hij zich: 'De vrouw die ik kort daarvoor nog zo had liefgehad, werd plots herleid tot een laagje as in het gras. Wat doe je dan met de lichamelijkheid? Ik heb dat in mijn boek een plaats proberen te geven met als leidend idee: we zijn meer dan ons eigen ik, meer dan die machinekamer van gedachtes die Descartes van ons heeft gemaakt. Zijn "ik denk, dus ik ben" deed het lichamelijke af als minderwaardig. Maar we zijn in de eerste plaats ons lichaam.'

Wat is voor u een zinvol leven?

'Een zinvol leven speelt zich voor mij op drie terreinen af: liefde, werk en spel. Op alle drie speelt de lichamelijkheid een grote rol. Bij de liefde ligt dat voor de hand, daar wordt duidelijk wat betekenis geeft aan je leven. De liefde beleef je altijd via de ander, je gaat jezelf anders bezien door zijn of haar blik. Toen Hilde was overleden, dacht ik dat het van mij niet meer hoefde. Maar na een interview op de radio over *Leven na de dood* reageerde een vrouw met wie ik direct een enorme verbondenheid voelde, Saskia. Ik was onmiddellijk verkocht, hoe schroomvallig ik ook dacht te zijn. Plots ging ik het leven weer bezien vanuit de liefde voor de ander. Daarin speelde het lichamelijke een belangrijke rol, maar ook emoties – je wordt door ze gepakt via de ander.'

Maar speelt lichamelijkheid ook zo'n rol in uw werk? Die dertien boeken schreef u toch met uw geest als instrument.

'Niets van wat je schrijft, kun je los zien van dat lichamelijke – je denken wordt erdoor gestemd. De Amerikaanse filosoof Mark Johnson toont aan in zijn boek *The Meaning of the Body* dat onze westerse benadering altijd top-down is geweest, sinds Descartes en Kant zijn we het denken als hoogste goed gaan zien. Maar inzichten uit de neuropsychologie leren ons: het is bottom-up, het begint bij het lichamelijke en de emotie. We zijn niet ons brein, zoals de hersenwetenschapper Dick Swaab zegt, maar we zijn een brein in een lichaam dat zich bevindt in een bepaalde cultuur. Mijn schrijven begint bij het geworpen zijn in mijn omgeving, bij de emoties die daarmee gepaard gaan en die belanden uiteindelijk in het topje van de ijsberg, de rede. Mijn lichaam is bovenal verbonden aan een plek en daarmee aan een cultuur. Daardoor worden we gestemd, zei Heidegger al. Voor mijzelf, als kritisch denkend individu, zie ik het als opdracht erachter te komen: hoe ben ik precies gestemd?'

Waardoor bent u zo gestemd dat sport en filosofie uw passies zijn?

'Daar kan ik moeilijk de vinger op leggen. Een mooi beeld van William James (grondlegger van de Amerikaanse psychologie, 1842-1910) is het leven te zien als een stroom van gebeurtenissen. Als je daarover iets wilt zeggen is het alsof je een emmer water uit die stroom schept, terwijl ondertussen het water verder stroomt. Omdat je je erin beweegt, kun je er niets statisch over zeggen. Heb je het over de zin van je leven dan gaat het over de richting van die stroom – de vraag naar de zin en naar vrijheid bevindt zich altijd in een bepaalde context.'

Wat betekent dat concreet?

'Dat je je altijd moet afvragen: wie geeft een antwoord op die zinvraag, vanuit welke positie? De Franse antropoloog Michel Agier beschrijft in zijn boek *Borderlands* een treffende scène, die zich afspeelt in de Griekse havenstad Patras. Op een groot terrein proberen vluchtelingen in vrachtwagens te klimmen die hen aan boord van een schip kunnen brengen. Aan de rand van dat terrein staat een sportschool, waar mensen op loopbanden naar de vluchtelingen kijken. Het is een wrang beeld dat veel zegt over onze tijd. Zou je die twee groepen mensen naar de zin van het leven vragen, dan zou je beseffen hoezeer de plek van het uitspreken bepalend is voor het antwoord. Heb dus oog voor de stroom waarin je je bevindt en waarvoor je niet altijd hebt gekozen.'

Niet altijd of nooit?

'Nooit, inderdaad, het is waarin je wordt geworpen. Ik heb me inmiddels na de nodige innerlijke conflicten los kunnen maken van de katholieke opvoeding die ik in mijn jeugd heb gehad. Toch zal die opvoeding mij blijven bepalen – christelijke noties als naastenliefde en mededogen zijn belangrijk voor me gebleven, ook al zie ik mezelf nu als seculier humanist. Ik gebruik vaak het beeld van een rugzak waarin gedurende je leven allerlei betekenissen worden gestopt. Die draag je met je mee, vaak zonder dat je je er bewust van bent, maar ze bepalen hoe je verder loopt. Toen ik in 2013 gastprofessor in Indonesië werd, werd ik daarmee geconfronteerd. In mijn hotel moest ik op een formulier beantwoorden: tot welke religie behoort u? Niet gelovig was geen optie. Aanvankelijk was ik daarover verontwaardigd, maar later drong het tot me door dat ik de vraag verkeerd begreep. Voor hen ben ik iemand uit een christelijke cultuur, of ik nu belijdend ben of niet. Ik ben daarin geworteld. Je kunt niet loskomen van de traditie waarin je bent geworpen.'

U ziet sporten als levenskunst. Waarom?

'Bij sporten gaat het me niet om het verslaan van de ander of het streven naar een doel. Voor mij is het een zoeken naar je eigen maat – een voortdurend aanpassen aan veranderende omstandigheden. Zo bezien is het levenskunst: je leert te luisteren naar wat je lichaam je toefluistert. De kunst is dat te doen op een wijze die bij je past. Het idee van je eindigheid en kwetsbaarheid komt daarbij vanzelf in beeld. In de sportschool zie ik tachtigers, blinden ook. Voor hen gaat het om te ontdekken: wat kan ik nu nog?'

Hoe kijkt u aan tegen uw eigen sterfelijkheid?

'Het stervensproces van mijn tweede vrouw heeft erin gehakt. Ik zie me nog op mijn knieën voor haar bed, hand in hand en dan die laatste ademtocht, dat vergeet ik nooit. Ik besef sindsdien nog scherper hoezeer dat idee van het primaat van lichamelijkheid klopt en hoezeer dat onlosmakelijk aan sterfelijkheid is gekoppeld. Dat heeft me wel verzoend met mijn eigen eindigheid. Wat niet wegneemt dat je het leven betekenis blijft toekennen, een mens kiest als vanzelf voor hoop en groei. William James schreef: "Handel of het leven zin heeft en het zal zin krijgen. Handel alsof het zinloos is en het zal zinloos blijven."'

Maakt u nog groei door?

'Ik leer nog altijd. Groei kan ook kwalitatief zijn. Je kunt een grens zien als iets waar je stopt, maar ook als iets waar je begint. Je kunt die grens ook als een horizon zien, iets dat niet gefixeerd is en voortdurend verandert. Dat merk je bij een wandeling, wat het leven in feite ook is. Vanuit de horizon die je ziet, geef je jezelf betekenis. Ik zit nu op zes jaar voor mijn emeritaat. Mijn missie is dat ik wil bijdragen aan een wereldcanon – niet aan een Vlaamse, Nederlandse of Europese. Ik wil Zuid-Amerikaanse en Afrikaanse auteurs in mijn lessen binnenbrengen om aan ons eigen eurocentrisme te ontsnappen. Dan stop ik bij de docenten van morgen hopelijk iets anders in hun rugzak, andere vormen van verbeelding. Dat is hard nodig. Neem het denken over de natuur. Vanuit ons westerse efficiëntiedenken zijn we daarmee omgegaan als een voorraadkast die we voor onszelf kunnen gebruiken en uitputten. Maar je kunt de natuur ook zien zoals bijvoorbeeld de Azteken: als iets waar we deel van uitmaken, als iets dat ook altijd in ons zit. Die benadering sluit aan bij mijn idee over lichamelijkheid. "Het lichaam is de spil van onze wereld," zei de Franse filosoof Merleau-Ponty al. Het is vanuit je lichamelijkheid dat je tot zingeving komt in je leven.'

BOEKTIP

Wij zijn ons lichaam van **Aldo Houterman**

'Op een heldere en intelligente manier legt deze Nederlandse filosoof uit "wat sport en beweging ons vertellen over menselijk gedrag", zoals de ondertitel van zijn boek luidt. Houterman toont overtuigend aan hoe reductionistische visies op lichamelijkheid, zoals die van hersenonderzoeker Dick Swaab, het verhaal van de complexiteit van ons mens-zijn onrecht aandoen. Hij illustreert dat mooi en overtuigend met voorbeelden uit de sportpraktijk.'

Linda de Roos, ic-verpleegkundige en schrijver

'Mensen uiten aan het einde van hun leven soms spijt: dat ze te veel hebben gewerkt, of dat ze onvoldoende aan zichzelf zijn toegekomen. Doordat ik op de ic dagelijks met de dood te maken heb, ben ik me ervan bewust wat voor mij essentieel is. Dat is: leven in het moment.'

De achtenveertigjarige Linda de Roos benadrukt dat laatste herhaaldelijk. Al bijna een kwarteeuw is ze verpleegkundige op de intensive care, vooral in het Utrechtse UMC. Ook in *Flinterdun*, een bundeling indrukwekkende columns over haar werkervaringen op de ic, komt die boodschap aan bod. Bewonderend vertelt ze over de tachtiger die aan een motoruitje een hoge dwarslaesie overhoudt, waardoor hij alleen zijn lippen en oogleden nog kan bewegen. Op zijn humeur trekt dat geen enkele wissel. 'Dat is voor mij ultieme levenskunst. Sommige mensen kunnen van nature zijn met wat is,' observeert De Roos – groot, blond, vrolijk en een spraakwaterval.

Dat laatste staat in contrast met haar Friese jeugd die zij 'stotterend en me eenzaam voelend' doorbrengt. Ze groeit op in een christelijk gezin, waarin ze zich 'de zwakste schakel' voelt. Haar oudere zus, die later hoogleraar wordt, wekt haar jaloezie op – voor haarzelf wordt het de mavo. Op haar twaalfde verhuist het gezin van het vertrouwde Tijnje naar het grote Heerenveen: 'Ik was faalangstig door mijn spraakgebrek, kende niemand. Ik heb toen wel een tijdje gedacht: ik wil het leven niet.' Binnen het gezin is haar moeder haar baken. Haar vader, leraar van beroep, gaat op in zijn schoolwerk en muzieklessen aan huis: 'Ik zag God als de vader die mij beschermde.'

Maar het geloof stelt haar ook voor problemen: 'Ik wilde drummen, maar moest op orgelles. Van mijn moeder mocht ik niet meer met een vriendinnetje spelen, omdat die naar de openbare school ging.' Ook haat ze het verplichte rokje op zondag: 'Mijn geest was vrijer dan de omgeving waarin ik zat.' In haar puberteit ontdekt ze haar voorkeur voor meisjes: 'Ik kende niemand die zo was. Alleen Jos Brink en André van Duin kwamen op televisie er openlijk voor uit, in mijn omgeving bestond het niet. Zelfs van het woord lesbisch had ik nooit gehoord.' Pas op haar achttiende durft ze het haar moeder te vertellen: 'Ik was bang dat ze me de deur uit zou zetten.' Vier jaar later krijgt haar moeder maagkanker, waaraan ze na drie maanden overlijdt: 'Onbeschrijflijk. Het blijft moeilijk erover te praten.'

Na de dood van haar moeder verhuist Linda, inmiddels verpleegkundige, naar Rotterdam: 'Nu gaat mijn leven beginnen, dacht ik.' Ze leeft zich uit in de gayscene en vindt haar plek op de ic: 'Het ziekenhuis voelde als thuiskomen, ik werd gewaardeerd – heerlijk voor een onzeker meisje.' Vanaf haar dertigste onderneemt ze een spirituele zoektocht. Een gezin heeft ze nooit gewild: 'Kinderen passen niet bij mijn vrijheidsdrang. Ik hou van de werkhectiek, maar als tegenhanger wil ik rust.' Sinds enkele jaren heeft ze een latrelatie, al dacht ze single te blijven: 'Als ik kijk naar de voorbije tien jaar dan is mijn leven volledig anders gelopen dan hoe ik het had bedacht. Als mens denk je controle te hebben, maar het leven gaat zijn eigen weg.'

Wat is voor u een zinvol leven?
'Het mirakel dat ik ben en dat ik dit mysterie mag beleven, dat is voor mij genoeg. Ik omarm de Griekse uitdrukking panta rhei: alles stroomt. We zijn onderhevig aan de stroom van het leven, sterker nog: we zijn zelf het leven. Dat geeft me rust. Waar ik vroeger nog dacht: ik moet het zo goed mogelijk doen en op zoek naar nut en zingeving, wat tot mijn spirituele zoektocht leidde, denk ik nu: het leven gaat vanzelf. Dat woord is voor mij belangrijk. Het besef dat het leven mij beweegt, ervaar ik als een bevrijdend inzicht. Dat brengt een licht, relaxed bestaan binnen bereik.

In de coronatijd is me dat van pas gekomen. Vroeger zou ik me druk hebben gemaakt over wat er op ons afkwam, nu was mijn houding: laten we kijken wat het leven brengt. Ik kon het nieuwsgierig aanschouwen, verlost van de illusie dat ik enige controle kon uitoefenen. Vergelijk het met een kind dat in zo'n wagentje in een pretpark hard zit te sturen; wat hij ook doet, dat wagentje volgt toch zijn loop. De kunst van het leven is je aan dat besef over te geven.'

Hoe moet ik me dat in het dagelijks leven voorstellen?
'Wanneer ik me dat realiseer en zeg maar in uitgezoomde staat ben, kijk ik nieuwsgierig naar hoe iedere dag zich ontvouwt. Dan voel ik ontspanning, hoef ik geen vinger meer in de pap te hebben. Dat wisselt af met een ingezoomde staat waarin ik het spel vol overgave meespeel – mijn adagium is dan: niks doet ertoe, maar doe of alles ertoe doet. Op de ic ben ik volledig aanwezig, blijkbaar geeft het leven me dat in. De irritantste patiënt kan ik zien als iemand die op me lijkt,

want ten diepste zijn we gelijk. Ik ga zonder oordeel om met mensen, want uiteindelijk doet iedereen zoals hij wordt bewogen.'

Kunt u nog een voorbeeld geven?

'Wanneer iemand uit de islamitische cultuur overlijdt komen er soms te veel mensen naar de ic, wel vijftig of nog meer. Dat kan niet, zeker niet in coronatijd. Bovendien uiten ze hun emoties heftig – je denkt wel eens dat er iemand wordt vermoord. Familieleden moeten soms letterlijk op iemand zitten om diegene rustig te krijgen. Dan treed ik daadkrachtig op: we zijn in Nederland, op een Nederlandse ic, we hebben coronatijd en we hebben regels. Maar ik realiseer me ook dat hun cultuur erom vraagt je emoties heftig te uiten, dat helpt de overledene over te laten gaan. Dus ik respecteer het, maar ben ook duidelijk.'

Doet u uw werk beter dankzij uw levensfilosofie?

'Een boeddhistische uitspraak luidt: vóór het inzicht is het houthakken en water dragen en na het inzicht is het houthakken en water dragen. Maar het grote verschil is wel dat mijn leven relaxter is geworden – ik heb meer rust, nu ik me overgeef aan wat is. Dat lukt me niet altijd. Soms zit ik in een vernauwing, in die ingezoomde toestand, waarin mijn ego niet gelooft dat het leven vanzelf gaat. Dan denk ik dat het erom gaat doelen te bereiken. Of wanneer iemand me lelijk benadert en mijn ego wordt gekwetst. Maar meestal kan ik inzien dat het leven wordt gedaan, of zoals Boeddha zei: "De handeling vindt plaats, maar er is niet iemand die het doet." Dat inzicht over het functioneren van ons ego heeft gemaakt dat ik meer in het moment leef, waardoor ik nauwelijks meer wroet in mijn jeugd of me bezighou met toekomstplannen.

We hebben de tijd bedacht als horizontale lijn om orde in de chaos te scheppen, maar eigenlijk doet alleen de verticale lijn van het nu ertoe. Meer is er niet.'

Wat beoogt u met patiënten en hun familieleden te bereiken?

'Zijn met wat er is. Acceptatie van het lot is het hoogst bereikbare, zoals die meneer met zijn hoge dwarslaesie die dat vanzelf kon. Dat lukt lang niet altijd. Als een appende automobilist een fietser halfdood heeft gereden, dan is de familie van die fietser in alle staten. Ik ben dan de bedding voor hun zielenroerselen. De een komt met engelen, de volgende vraagt of je mee wilt bidden. Omdat ik zelf een spirituele zoektocht heb gedaan, vind ik niks gek en doe wat zich aandient. Dus bid ik mee, als het wordt gevraagd. Familieleden denken ook vaak vooruit: hoe zal de patiënt verder leven, hoe moet het straks thuis? Dan probeer ik ze terug te brengen naar wat is: die antwoorden komen wel, *let it be*. Wat er nu is, is meer dan genoeg, zeg ik vaak. Tegelijk begrijp ik dat je wilt handelen. Als mijn liefje op de ic terecht zou komen, zou dat zoveel pijn doen dat ik heus niet rustigjes zeg: dit is hoe het leven gaat. We hechten ons nu eenmaal aan onze medespelers in dit spel.

Mijn inzicht is dat ik ten diepste niet mijn denken ben, en ook niet mijn lichaam, mijn gevoelens of mijn verlangens, maar iets wezenlijk diepers, namelijk leven. Dat geeft me rust, maar daarmee kan het leven nog altijd pijn doen. Het biedt vreugde en plezier, maar ook pijn en verdriet. In spirituele kringen hoor je soms: we ontwikkelen ons tot steeds hogere bewustzijnslagen, tot er alleen liefde is. Niks van waar, het leven blijft een munt met twee kanten. Maar het lijkt erop dat we de zijde van pijn en verdriet steeds minder accepteren.'

Waar leidt u dat uit af?

'Als ik zie hoe de medische techniek wordt ingezet om het leven te rekken, heb ik daar bedenkingen bij. Ik vind het soms mensonterend wat we patiënten aandoen. Dat krijgen ze niet allemaal bewust mee, maar soms ook wel. We laten de natuur niet meer haar werk doen. Het gevolg is dat we, het klinkt hard, soms een lijk aan het behandelen zijn. We willen het eeuwige leven, lijkt het wel. Ik vind het erg goed dat huisartsen in de coronacrisis aan oudere patiënten hebben gevraagd: wil je in geval van corona straks wel naar de ic?

Door corona is er veel angst bijgekomen. Voor mij verklaart dat de complottheorieën – mensen willen zo graag houvast. Terwijl het gaat om een nieuw virus waar we bar weinig van weten. Ook dat is de natuur. Mij stemt het vooral nederig. We willen zo graag het leven begrijpen, maar het is een mysterie. Dat te beseffen geeft al ontspanning. Waarom kunnen we niet gewoon zíjn, zoals de vogels in mijn tuin? Dat is voor mij genoeg. Die overtuiging helpt me ook bij tegenslag. Want die gaat ook weer voorbij, dus *hang in there*, er komt vanzelf iets anders voorbij. Alles stroomt. Dat inspireert me iedere dag. Ik ben thuisgekomen in het moment. Het belang ervan resoneert diep in me, ook omdat ik zie hoe het in de natuur wordt gespiegeld. Geen vogel vraagt zich af wat zijn zin is, geen vogel maakt zich druk om waar hij volgend jaar vliegt.'

BOEKTIP

Het kleine meisje van meneer Linh van **Philippe Claudel**

'In alle eenvoud vertelt Claudel het prachtige en ontroerende verhaal van meneer Linh, die uit een Aziatisch land naar Frankrijk is gevlucht. Hij belicht de thema's die het leven zo mooi kunnen kleuren: veiligheid, vriendschap, respect en liefde. Ik was oprecht geraakt door dit juweeltje, mede door zijn verrassende ontknoping, waarmee Claudel briljant illusie en werkelijkheid illustreert.'

Maxim Februari, filosoof en schrijver

'Als je over mijn jeugd begint, gaan bij mij de bruggen omhoog. Dat voortdurend maar terugkeren naar de kindertijd vind ik een infantilisering van de volwassene. Achter die interesse gaat ook een vreemd soort determinisme schuil: alsof je als kind een code krijgt die bepalend is voor de rest van je leven. Dat denken zit er zo ingebakken: kom een paar dingetjes over mensen te weten en je begrijpt wat ze later hebben gedaan. Zo werkt het leven niet.'

Vraag Maxim Februari, tot 2013 levend als vrouw, dus niet naar vormende gebeurtenissen in de eerste achttien jaar van zijn leven. Op een vrolijke lach volgt dan: 'Dat zijn dingen die je niet in een interview over een zinvol leven vertelt.' Tot enkele uitspraken over die tijd laat de NRC-columnist, essayist en romanschrijver, in 2020 winnaar van de P.C. Hooftprijs, zich niettemin verleiden: 'Ik geloof niet dat ik in mijn gymnasiumjaren gelukkig ben geweest, om maar een understatement te gebruiken.' Doelt hij erop dat hij als jongen in het verkeerde lichaam zat? 'Die beschrijving bevalt me niet. Het was gewoon mijn lichaam, alleen met de verkeerde sekskenmerken. Ik zie mijn transseksualiteit als een medische afwijking, vergelijkbaar met een aangeboren hartafwijking. Het is een fysiek iets dat gelukkig vrij simpel kan worden verholpen. Maar in de puberteit was het vervelend omdat ik niet, zoals anderen, kon experimenteren. Dus heb ik die min of meer overgeslagen.' Waarna de brug weer wordt opgetrokken.

Veel liever spreekt Februari aan zijn keukentafel in een herenhuis in het Betuwse stadje Buren over maatschappelijke kwesties, zoals rechtsbescherming en systeemdenken. De zevenenvijftigjarige filosoof, jurist en kunsthistoricus vreest dat we in toenemende mate worden omringd door systemen die de mens tot 'een bundeltje data' reduceren. Daar keert hij zich in zijn werk bij uitstek tegen – afkeer van allerlei vormen van het reduceren van mensen vormt een rode draad. Zijn diepe overtuiging is dat we zoveel rijker van inhoud zijn dan wat anderen, politici voorop, geneigd zijn van ons te maken. 'Mensen, en vooral zij die zich met beleid bezighouden, zouden zich moeten realiseren dat politiek en beleid ten dienste behoren te staan van het leven zelf. Nu doen we, en de kranten doen daaraan mee, alsof ons leven in dienst staat van de politiek.'

De mens vervult volgens Maxim Februari niet alleen een rol als burger of consument, maar maakt deel uit van een groter geheel, het universum. Dat 'diepe besef' brengt hem tot de constatering 'een religieus mens' te zijn, wat vooral niet met 'gelovig' moet worden verward. Voor deze dimensie bestaat te weinig aandacht: 'We verkeren in een wereld waarin we denken dat het intellect zaligmakend is. Maar dat uitgangspunt is beperkt: je zit op een stoel, trekt een kringetje eromheen en roept: "Hierbinnen weet ik alles!"'

Wat is voor u een zinvol leven?

'Voor de mensheid als geheel is het geen vraag: het leven, inclusief de natuur, is er gewoon – het gaat zijn gang, maakt zijn seizoenen door, van leven naar dood en van dood naar leven. Vragen naar een grotere zin is in mijn ogen een categoriefout: je brengt twee begrippen met elkaar in verband, zin en leven, die geen verband met elkaar hebben. Dat ligt anders op individueel niveau, want we zijn nu eenmaal betekeniszoekende wezens. Anders dan katten. Wij willen dat het leven iets betekent: waar gaat dit over? Dat vraag ik mezelf af en toe ook af: zal ik niet eens opstappen, heeft dit nog wel zin?'

Wat is dan uw antwoord?
'Ik zou heel tevreden zijn als op mijn sterfbed zou blijken dat ik ieders problemen heb opgelost, haha. Alleen ben ik bang dat het daar niet meer van komt.'

U heeft gezegd: ik heb lang aan het Jezus Christus-syndroom geleden, ik wilde het onrecht in de wereld goedmaken. Waar kwam dat vandaan?
'Daarvoor zou je diep moeten graven, maar ik ben nooit in psychoanalyse geweest. Ik kan wel zeggen dat ik niet ben opgegroeid met het idee dat de wereld een vrolijk oord is. In de jaren zestig en zeventig woonde ons gezin in een omgeving met andere gezinnen die oorlogsgeschiedenissen achter de rug hadden en die met elkaar begonnen te praten: mensen hadden in een Jappenkamp gezeten, in de onderduik of andere complexe situaties. Als kind zweefde je daar tussendoor. Verder was het op mijn middelbare school een en al goede bedoelingen: men maakte zich druk om Zuid-Afrika en Franco, men was anti-dit, anti-dat. Zo werd je voortdurend om de oren geslagen met het idee dat de wereld een akelige plek is en dat jij een rol had in het beter maken.'

Heeft u dat syndroom nog altijd?

'Het is een almachtsfantasie waar ik in ieder geval te lang mee door ben gegaan. Sinds een jaar krijg ik zoveel post dat het niet meer te behappen is. Ongeveer de helft daarvan behelst verzoeken maatschappelijke problemen op te lossen. Ik heb het onderwijs, de zorg, de kunst, de wetenschap, de digitalisering en juridische kwesties onder me, zo ongeveer de portefeuille van het hele kabinet. Rond de jaarwisseling werd het me te veel. Het beeld dat toen bij me opkwam was de Madonna della misericordia: de maagd Maria die de mensheid onder haar blauwe mantel neemt en iedereen troost biedt. Toen vroeg ik me af: waarom komt dat beeld telkens boven? Afgelopen maand begreep ik: ik wil af van dat gevoel dat ik alles moet oplossen. Ik ben Maria niet.

In je serie zijn er mensen die zeggen: het komt allemaal goed, ze behoren tot een bepaald soort optimistisch menstype. Daar reken ik mezelf niet toe. De wereld zit vol tegenslagen en meevallers. Er is dus altijd leed. Je voorkomt dat niet, lost het ook niet op, maar je kunt wel beschermen en troosten. Daarom hou ik zo van rechtsbescherming en vandaar ook die rare hoop dat Maria het troosten van me overneemt.'

Hoe moet een mens zich tot leed verhouden?

'Het heeft geen zin ongelukkig te worden van het leed van de wereld, daar schiet niemand iets mee op. Maar je moet zeker ook geen cynische houding aannemen, want dat maakt alleen maar meer kapot. Cynisme moet je bestrijden. Mijn houding is dat je vooral met tederheid naar het menselijk onvermogen moet kijken. Ons leven zit nu eenmaal zo in elkaar dat we anderen schade toebrengen. Wanneer ik niet inga op een uitnodiging een rechtszaak te voeren, leidt dat tot teleurstelling. Je weet hoe dat aankomt: het ziet eruit als onverschilligheid, 'die

Februari leeft er ook maar op los'. Een deel van wat er misgaat in de wereld wordt per definitie door jezelf veroorzaakt. Dat dingen misgaan, is zoals we zijn. Je kunt proberen iets bij te dragen aan onze omgang met dat gegeven. Kunstenaars citeren in dit verband vaak de balletlerares Sonja Gaskell: "Meisje, meisje, als je valt, altijd er iets van maken." In mijn columns heb ik nooit de behoefte hard te slaan. Ook al is dat soms ontzettend leuk om te lezen, het helpt nooit.'

U noemt zichzelf religieus, wat bedoelt u daarmee?
'Dat is het besef dat we van een veel groter geheel deel uitmaken: met deze planeet hangen we in een heelal dat je op geen enkele manier kunt overzien. Dat leidt bij mij tot een religieus gevoel. Ik ben niet gelovig of godsdienstig. Voor mij is geloof de overtuiging dat er een opperwezen is of dat er een bedoeling achter alles zit, terwijl het begrip godsdienstig is gelieerd aan een instituut. Maar ik ben wel religieus in die zin dat ik een indringend besef heb van dat grotere geheel.'

Waar leidt dat toe?
'Tot de noodzaak onze bescheiden plek te blijven zien. Zowel de kredietcrisis als de coronacrisis zie ik als episoden die ons op onze plaats wijzen. De kredietcrisis wees op de beperkingen van het menselijk verstand: we bedachten dingen die we zelf niet begrepen, verstrekten onnavolgbare hypotheekproducten. We zijn niet zo slim als we zelf meenden. Daar kun je de conclusie uit trekken dat we niet moeten claimen meer te weten dan we doen. Bij de coronacrisis is de oorzaak juist niet abstract, maar natuurlijk: iets uit de wildernis is in contact gekomen met de mens en we zijn daar ziek van geworden. We zijn losgezongen geraakt van zoiets als een diertje dat ons kan besmetten. Daar hadden we niet meer op gerekend, want we

zaten met ons hoofd bij abstracties, zoals systemen en technologie. Dit is een tamelijk primitieve crisis die ons eraan herinnert dat we natuurlijke wezens zijn. Terwijl we denken dat we vooral uit intellect bestaan. Ik heb daar nooit in geloofd. In mijn ogen is je ratio niet meer dan een zandkorrel in de woestijn van je leven.'

Houdt uw religieus besef ook verband met uw afkeer van het reduceren van de mens?
'Ja. Na het overlijden van Gerda (Meijerink, decennialang de partner van Februari, tot haar dood in 2015) besefte ik dat alles wat zij aan cultuur in haar hoofd had, allemaal weg was. Ik dacht: "Mijn God, dan ben je daar je hele leven mee bezig en dan is die Duitse middeleeuwse poëzie plots verdwenen." Mijn verzet tegen het behandelen van burgers als een datasetje heeft direct te maken met het besef van de innerlijke rijkdom van mensen. We bestaan uit zoveel meer dan die paar gegevens op basis waarvan de overheid ons gedrag denkt te kunnen voorspellen.'

Maar zonder enig reductionisme kunnen we toch niet?
'Natuurlijk, het is nodig om de samenleving aan de gang te houden, regels af te spreken en te besturen. In de wetenschap maak je gebruik van modellen die per definitie reduceren. Maar je moet blijven beseffen dat je de werkelijkheid hebt uitgekleed. Het grote gevaar is dat je denkt die helemaal te pakken te hebben. Ik hou mensen graag voor: "U bent veel meer dan een burger, u bent een mens die leeft." Dan krijg ik vaak verbazing als reactie. En ook wel enig verheugen. Mensen denken: "O, mens, dat ben ik ook nog!" Burgerschap is niet meer dan een instrument om dingen te regelen ten dienste van een leven dat veel groter is dan burger zijn.'

BOEKTIP

De mooie mevrouw Seidenman van **Andrzej Szczypiorski**

'Een zeldzaam mooie roman over de ingewikkeldheid van menselijk gedrag. In het Polen van de Tweede Wereldoorlog blijkt het onvoorspelbaar te zijn wie je kunt vertrouwen en wie de ander verraadt. Soms is de gemeenschap het gevaar en het individu de redding. Ik las dit als een studie over de eenling. Boven al die afzonderlijke levens hangt de vraag naar de zin ervan.'

Regien Jongma, therapeutisch coach

"'Ik ben jouw mentor, mijn persoonlijke missie wordt de lichtjes in je ogen te doven," dat was haar eerste tekst. Mijn antwoord was: "Dan zul je me dood moeten schieten, want dat gaat je op geen enkele andere manier lukken."'

Wanneer Regien Jongma eind jaren tachtig vijftien is en na jarenlange hulpbehoevendheid uiteindelijk in een rolstoel belandt, krijgt ze een plek toegewezen in een instelling voor jongeren met een ernstige handicap. Als mentor krijgt ze een vrouw, waarvan ze direct weet dat die 'een van mijn ergste vijanden zou worden. Dat was een instinctief besef. Vrouwen zijn vaak gemener dan mannen.'

Dertig jaar later schijnen de 'lichtjes in haar ogen' nog altijd, wat een klein wonder is in het licht van haar voorgeschiedenis. Haar moeder krijgt acht kinderen, maar voedt er niet één zelf op – ze wordt telkens uit de ouderlijke macht ontzet, in het geval van nummer zes, Regien, zelfs voor de geboorte. Ze werkt in de 'gedwongen prostitutie', de vader is een klant die haar moeder heeft verkracht. Zijn dochter zal hij nooit ontmoeten. Regien ziet haar moeder voor het eerst op haar zevenentwintigste – ze omschrijft haar als 'een zwakbegaafd, ongeleid projectiel'. Van contact is geen sprake meer.

De eerste jaren van haar jeugd brengt ze door in kindertehuizen. Daarna volgen twee pleeggezinnen – de eerste van haar derde tot haar zesde, de tweede van haar zesde tot haar vijftiende. In beide gezinnen wordt ze slachtoffer van geweld en seksueel misbruik. De fysieke mishandelingen, zoals in elkaar geslagen worden en onder water houden, dragen bij aan haar invaliditeit. Ook zuurstoftekort bij haar geboorte is daarbij een factor geweest. Na het tweede gezin komt ze terecht in de instelling met de gevreesde mentor, 'een vrouw die zelf was gemangeld en die me met fysiek, maar vooral mentaal geweld eronder heeft proberen te krijgen.'

Regien, die zichzelf als 'een kleine rebel' omschrijft, komt in verzet door geheime opnames van wantoestanden in de instelling te maken. Een personeelslid helpt haar die aan de grote klok te hangen, waarna de inspectie sancties treft tegen personeelsleden, waaronder haar mentor. Wanneer ze als twintigjarige uit de instelling komt, ontmoet ze bij een organisatie voor gehandicapten in Utrecht de achttienjarige Jorn: 'Hij voldeed helemaal niet aan mijn vooroordelen over gehandicapten, namelijk mensen met een laag zelfbeeld en weinig kennis van de wereld. Jorn wist veel van politiek en kunst, hij was stabiel en leerde me veel. We hebben zestien jaar samengewoond. Hij had aan mij geen gemakkelijke, want vooral intimiteit is voor mij moeilijk. Nu hebben we een latrelatie.'

Inmiddels woont ze alleen in Amersfoort, gesteund door haar 'minigezin' – een team van zes mensen dat haar helpt 'maximaal tot bloei te komen'. Na een zelfontwikkelde therapie voelt ze zich op zesenveertigjarige leeftijd geestelijk sterker dan ooit: 'Ik ben in de kracht van mijn leven.' In 2020 heeft ze de stichting Flinder opgericht, wat staat voor: 'Flexibel, liefdevol, integer naar daadkrachtige eigen regie'. Ze wil gehandicapte kinderen en hun ouders helpen, alsmede slachtoffers van seksueel geweld: 'Ik ga geen geld vragen, aan de misère van anderen wil ik niet verdienen. Ik wil ze helpen hun lijden te dragen, ik heb nog veerkracht over.'

Wat is voor u een zinvol leven?
'Voor mij begint dat bij dankbaarheid voor het feit dat je er überhaupt bent. Ieder mens is een wonder op zich. Het leven is kort en dierbaar. Benut je kansen en leid een rijk leven, dat maakt je leven zinvol. Ga niet lopen lummelen. Vanwege mijn trauma's heb ik veel energie in mijn heling moeten stoppen. Lang was ik erg angstig en niet lichaamsbewust, ik deed aan zelfverminking. Dat is gelukkig verleden tijd. Dat is hard werken geweest. Nu kan ik zinvol leven door anderen te helpen met het helen van hun trauma's en het vinden van hun eigen lied. Ik wil mensen helpen de verbinding met zichzelf te herstellen.'

Hoe komt het dat u geen zwartgallig mensbeeld aan uw jeugd heeft overgehouden?
'Aan mijn bestaansrecht heb ik nooit getwijfeld, ik heb altijd gevoeld dat het de bedoeling is dat ik hier ben. Dat begint al bij mijn verwekking uit een verkrachting. Meestal worden vrouwen dan niet zwanger, maar bij mijn moeder is dat toch gebeurd. Dat zie ik als een teken. Je ziet het ook op mijn jeugdfoto's. Mijn uitstraling is er een van: ik mag er zijn. Al is dat gevoel in sommige periodes wel minder geweest en heb ik moeten zoeken naar wat ik te doen heb.'

Heeft het geweld in uw jeugd u niet echt weten te raken?
'Ik heb een rijke binnenwereld en heb altijd beseft dat de daders in beide pleeggezinnen daar nooit bij zouden kunnen komen. Ik ben blijven stralen. Nelson Mandela, die zevenen-

twintig jaar vast heeft gezeten, is een grote inspiratiebron voor me geweest. Hij zei dat mensen bedoeld zijn om als kinderen te stralen en dat het ons licht, niet onze duisternis is die anderen het meest afschrikt. Donker moet je met licht bestrijden, met liefde. Dat is het sterkste wapen. Ik denk dat ik er moest zijn om mijn pleegouders tegenover hun donkerte licht te laten zien.'

Wat dreef hen? Van pleegouders verwacht je juist een beschermende houding.

'Ik denk dat ze alle vier ook met dat idee zijn begonnen, toen ze me in hun gezinnen opnamen. Maar ik nam wel mijn geschiedenis mee. Bij mijn geboorte heb ik een hechtingsprobleem van jewelste opgelopen. Ik was in mijn jeugd bang voor alles: de stofzuiger, harde geluiden, zware stemmen, bepaalde geuren. Dan kon ik in paniek raken en bleef ik huilen. Je kon me niet alleen laten. Wanneer iemand de kamer uitliep, dacht ik dat de wereld verging.

Ik denk dat ze een ideaalbeeld voor ogen hadden, waaraan ik niet voldeed. Daarbij komt dat de twee vrouwen zelf te maken hebben gekregen met mishandeling in hun verleden. Bij de twee mannen was er ook sprake van geweld in hun jeugd. Ik koester geen wraakgevoelens. Het is wat je vaak in het leven ziet: de geschiedenis die zich herhaalt. Mijn moeder heeft ook hetzelfde gedrag vertoond als haar moeder. Ik ben blij dat dat bij mij is gestopt.'

Hoe maakte u gebruik van uw rijke binnenwereld?

'Wanneer ik na een mishandeling in mijn bed lag, ging ik me richten op mijn ademhaling en wiebelde ik met mijn tenen. "Mooi, dat gaat nog," zei ik dan. Wanneer de zon dan door het raam binnenviel en mijn wang aaide, had ik al genoeg. Ik kan van twee kruimels brood maken. Bij die binnenwereld gaat het dus niet zozeer om een rijke fantasie, maar om het kunnen ervaren van positieve dingen. Muziek, bloemen, de zon. Zo liet ik me troosten. Ik ben een optimistisch mens, in negen van de tien gevallen zie ik het zonnig in. Boeken vormden ook een strohalm. Anne Frank gaf me hoop, omdat ze in haar dagboek altijd een stip op de horizon wist te zetten. Mandela en Gandhi inspireerden me door hun wijsheid en hun keuze voor licht en liefde. Van hen leerde ik dat je iedere dag opnieuw kunt beginnen – het is aan jou te bepalen hoe je met je ervaringen omgaat.

Er zijn ook altijd engeltjes voorbijgekomen die mijn lot hielpen te verdragen. Soms was dat alleen maar iemand die me een aai over mijn bol gaf. Maar er is ook een echtpaar van psychotherapeuten in mijn leven dat me heeft geholpen het tweede gezin te verlaten.'

U wilt anderen met therapieën helpen. Wat staat u voor ogen?

'Ik wil mensen de therapie bieden die ik voor mezelf heb ontwikkeld. Daarin heb ik gewerkt aan het herschrijven van mijn harde schijf door er goede ervaringen op aan te brengen. Met mijn therapeut heb ik eerst gekeken naar mijn innerlijke kindsdelen – de kinderen die ik ben geweest. De kunst is dan in te tunen op traumatische ervaringen in verschillende levensfases. Daarna hebben we dat innerlijke kind uitgenodigd die over te doen.

Bij ieder trauma moest ik leren een tegengeluid te maken door iets te doen wat ik destijds niet kon. Dus als ik werd mishandeld, ging ik niet meer voor dood liggen, zoals vroeger, maar bood ik weerstand en vocht ik terug. Fysiek, ja. Daar heb ik met mijn therapeut, Peter, afspraken over gemaakt.

Hij is een muzikant en stukadoor met een bijna voltooide opleiding tot Gestalt-therapeut. Ik heb met hem alles nagespeeld – verkrachting niet, dat is strafbaar, maar we kwamen wel dichtbij. Voor mij is Peter een engel, hij oordeelt niet. In één sessie heb ik drie uur lang met hem gevochten. Heerlijk. Hij is een kerel van twee meter, maar na afloop was hij aardig uitgeput. Zelf was ik ook leeg. Zo'n sessie hielp mijn angst te overwinnen. Wat ik uiteindelijk telkens erin vond, was de schaterlach. Daarmee eindigde iedere sessie. Op dat moment voelde ik dat wat er was gebeurd me niet meer kon raken. Met de schaterlach ben je voorbij de angst.'

Wat gaat u anders doen dan andere hulpverleners?

'Veel hulpverleners mijden diepgaand contact uit angst voor echte verbinding. Dat zou niet professioneel zijn. Maar als je jezelf thuislaat, mis je veel, vind ik. Dan krijg je geen zicht op iemands gezonde delen. Hulpverleners voeren vaak tijdgebrek als excuus aan. Maar je kunt zoveel bereiken, als je je wel openstelt. Tijdens een stage in een verpleeghuis ontmoette ik een vrouw die hersenletsel had opgelopen. Ze werd als onhandelbaar gezien en moest alleen eten. Ze gedroeg zich inderdaad ongepolijst, ze had nog maar weinig taal. Ik ben op haar afgereden. Omdat ik op vier wielen sta, ben ik op geen enkele manier een bedreiging – in zekere zin ben ik een soortgenoot, want ook gehandicapt. Ik heb geduldig naar haar geluisterd, ze was vroeger binnenhuisarchitect. Van een autonoom wezen was ze opeens hulpbehoevend geworden. Dan heb je toch alle reden een poosje ongepolijst te zijn? Ik vroeg haar waarom ze alleen at. "Ze vinden me maar niks," zei ze. "Dat lijkt me niet leuk," antwoordde ik. De tranen liepen over haar wangen. Na een tijdje kon ze weer met de anderen meeeten. Goed luisteren en aandacht geven, zo simpel is het vaak.'

BOEKTIP

Licht in de tunnel van Marc de Hond

'Hij was een rasoptimist, maar ook een realist. Het is zo jammer dat ondernemer Marc de Hond door zijn onnodige ziekte niet oud kon worden. Zijn boek is niet alleen de moeite waard voor mensen die zelf ziek zijn, maar voor iedereen, niet in de laatste plaats vanwege zijn geweldige humor. Hij was een lieve vader en allerminst een zeurpiet. Een inspirerende man.'

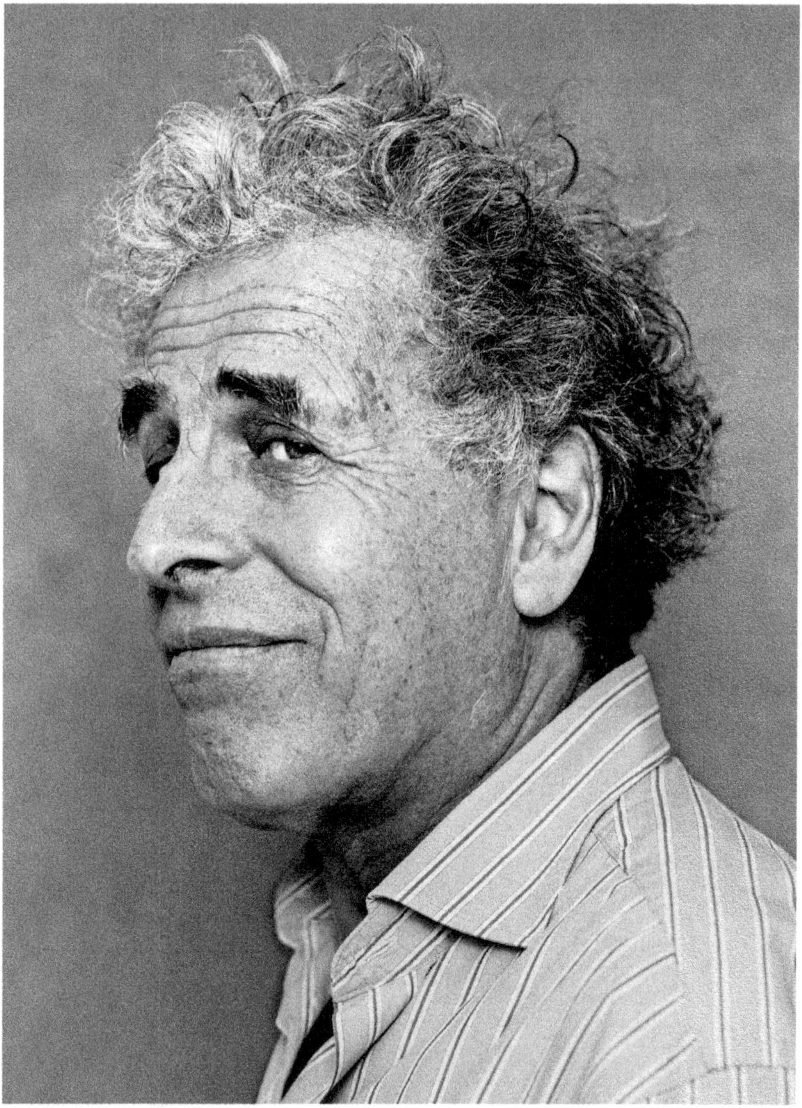

Marcel Worms, pianist

'Op vakantie kan ik me onthecht voelen. Dan zit ik aan de rand van zo'n Italiaans meertje en denk: nu zou ik het fijn moeten hebben. Elk mens kent die twijfel wel, denk ik. Wie doet alsof het altijd maar fijn is, wantrouw ik.'

Het wantrouwen van pianist Marcel Worms valt niet los te zien van zijn familiegeschiedenis. Zes jaar na het einde van de Tweede Wereldoorlog komt hij in Amsterdam-Zuid ter wereld, als enig kind van Joodse ouders. Beiden hebben de oorlog overleefd, maar dat geldt niet voor de ouders, drie broers en de eerste echtgenoot van zijn moeder. Zijzelf overleeft in Westerbork dankzij haar werk voor de Joodsche Raad, later duikt ze onder. Na de oorlog trouwt ze met de vader van Marcel, een advocaat. Over de voorgeschiedenis wordt thuis niet of nauwelijks gesproken, maar de jonge Marcel groeit wel op met het besef 'dat de wereld geen prettige plek is om te vertoeven'.

De oorlog mag dan als onderwerp worden gemeden, hij is er dagelijks. In de huilbuien van zijn moeder over trivialiteiten, zoals een krasje in de autolak; in de gordijnen die al 's middags dicht worden getrokken ('de boze buitenwereld werd dan buitengesloten'); in haar paniek als 'Marcelleke' wat later uit school komt ('dan dacht ze meteen dat ze mij ook kwijt was geraakt'). Zijn rol in het gezin is volgens hem vergelijkbaar met die van journalist Ischa Meijer, die het boek *Een jongetje dat alles goed zou maken* schreef.

Gebreken mag hij niet vertonen, dus 'breekt de pleuris in huize Worms uit' wanneer hij een 4 voor wiskunde haalt. Zijn stotteren waar hij vanaf de basisschool last van krijgt, wordt door zijn ouders genegeerd of gebagatelliseerd. Als scholier en student is hij gebrand op hoge cijfers. Na een tentamen neemt hij geen vrij, zoals zijn medestudenten, maar duikt hij meteen weer in de boeken. Zijn studie biologie duidt hij later, na jaren van psychoanalyse, als een poging zijn vader te behagen. Pas wanneer die is overleden, kiest hij, dertiger inmiddels, voor zijn jongensdroom: piano studeren aan het conservatorium. Met optredens en cd's maken verdient hij sindsdien zijn geld. Hij trouwt met zijn niet-Joodse jeugdliefde. Ze krijgen twee kinderen, inmiddels twintigers. Ondanks zijn gezinsgeluk belandt hij in de voorbije decennia geregeld in een depressie. Afgelopen herfst barst de achtenzestigjarige Worms op bezoek bij goede vrienden spontaan in tranen uit: 'Toen wist ik dat het weer menens was. Gelukkig behoud ik in die periodes mijn zin in pianospelen.'

Wat is voor u een zinvol leven?

'Waar ik naar streef is samenhang in mijn leven. Afzonderlijke activiteiten die ik onderneem, kunnen ieder op zich prettig zijn: een goed maal, intimiteit, de krant lezen, pianospelen. Maar dat is niet genoeg, het geheel moet ook zinvol zijn. Daarvoor heb ik muziek nodig, daardoor kan ik samenhang ervaren. Muziek brengt me in contact met een wereld die groter is dan mijn kleine belevingswereld. In het dagelijks leven heb je veel triviale conversaties, in de trant van "een goede vakantie gehad?". Met muziek kun je die smalltalk overslaan en direct bij grote onderwerpen uitkomen als troost, eeuwigheid en vergankelijkheid.

Ik voel me dan opgenomen in een groter geheel. Wanneer ik Bachs *Wohltemperierte Klavier* speel, maak ik met mijn handen dezelfde bewegingen als Beethoven en Chopin destijds. Hoe nietig ik ook ben, ik sta dan in contact met het verleden. Dat gaat over mijn plek in de wereld. Dat ik daar de nadruk op leg, heeft met mijn Joodse identiteit te maken. Ik heb vaak het gevoel een buitenstaander te zijn.'

Bent u dat ook?

'Vrienden zeggen weleens: "Jij staat volop in het leven, je kent zoveel mensen over de hele wereld, je staat helemaal niet aan de zijlijn." Dat is op zichzelf waar, maar toch ervaar ik het anders. Ik kan me onthecht voelen, ook als ik het middelpunt van de aandacht ben. Dat gevoel van buitenstaander zijn ervoer ik bijvoorbeeld ten tijde van de MH17-ramp. Een vriend was onder de indruk van de tv-beelden: de doodskisten, de politici die ernaast stonden, de mensen langs de kant van de weg – hij voelde op dat moment grote verbondenheid met Nederland. Dat had ik helemaal niet. Natuurlijk was het een verschrikkelijke ramp, maar in die tijd verdronken ook vele honderden vluchtelingen op zee. Met hen voel ik net zoveel verbondenheid. Zeker, ik ben honderd procent Nederlands. Ik leef dankzij de Nederlanders die mijn ouders een onderduikplek boden. Maar het waren ook Nederlanders die mijn moeder de deur wezen toen ze na de oorlog naar haar ouderlijk huis terugging, ook al was het juridisch haar huis.

Ik wantrouw grotere groepen – ik ben geen lid van een politieke partij, ook al stem ik al decennia op GroenLinks. En in de muziek hoor ik ook niet bij de jazzscene, al improviseer ik veel, of bij de klassieke-muziekscene, al speel ik die muziek veel in kerkjes, musea of bij mensen thuis. Ik heb wel een hechte vriendengroep, maar het zou me niet verbazen als de meesten van hen ook wantrouwig tegenover grote verbanden staan.'

Is het vooral uw Joodse identiteit die u tot buitenstaander maakt?

'Ik denk het wel. Als kind heb ik een somber beeld van de wereld meegekregen. Als een plek waar je godverdomme van je bed kunt worden gelicht omdat je bent wie je bent. Een foto die enorme indruk op mij heeft gemaakt, is die van mijn moeder eind jaren dertig in een Italiaans berglandschap. Je ziet haar samen met haar drie broers op wie ze dol was, genieten van het leven. Verwachtingsvol kijken ze in de lens, zich van geen kwaad bewust. Vijf jaar later zijn ze dood, behalve mijn moeder.

Ik was geraakt door de familiegeschiedenis *Ons kamp* van Marja Vuijsje, een generatiegenoot van me, ook Joods. In dat boek herkende ik veel. Ik heb contact met haar gezocht en we zijn hechte vrienden geworden. Als we elkaar zien, is er meteen die verbondenheid: "Zo meneer Worms, hoe gaat het?" vraagt ze en ik antwoord dan: "Hoe zal het gaan?" Achter dat zinnetje gaat een wereld schuil. Zulke begroetingen kon je bij ons thuis horen, wanneer een tante met een Auschwitz-nummer op haar arm op bezoek kwam. Het betekent: we hoeven elkaar niks wijs te maken, het leven is een tranendal.'

Ervaart u dat ook echt zo?

'Ik heb een fijn leven, maar er is altijd iets dat knaagt – twijfel, ambivalentie, angst. Ik kan niet tegen mensen die het alleen maar over de vrolijke kant van het leven hebben. Mensen met het mantra "genieten, genieten, genieten", verschrikkelijk. Wat nou genieten? Je weet niet of er wat valt te genieten, laten we proberen het beste ervan te maken. Het leven heeft van zichzelf een tragische kant, al is het maar omdat we tot de doodstraf zijn veroordeeld. Er is veel wrijving, dissonantie, tegelijk is er hoop. Die beide kanten zie je bij Bach sterk: wat in mineur begint, eindigt vaak in majeur. Hij laat je verdriet en vergankelijkheid voelen, maar toont je ook hoe harmonieus God de wereld heeft geordend. Voor mij is er geen God, dus is het de kijk van Bach op die ordening. Wat hij heeft gemaakt, is voor mij van een goddelijke schoonheid. Als ik Bach speel, geloof ik, al weet ik niet waarin. Bij mijn laatste depressie hielp het zijn muziek te blijven spelen. Hij is hoofd en hart, vreugde en tragiek, alle emoties zitten erin. Muziek troost me vaak. Met het ouder worden is die troostende kracht ervan alleen maar belangrijker geworden.'

Hoe duidt u uw depressies?

'Ik ben meestal geen sombermans. Mensen kunnen mij grappig vinden, ik sta te boek als een positief denkend mens met wie je veel kunt lachen. Maar ik heb sinds 1995 met enige regelmaat depressies. Dan zie ik de zin van het bestaan niet meer, mijn belangstelling voor de ander valt weg. Dat voelt als bedreigend. Het leven heeft voor mij geen van buitenaf gegeven zin, dus moet ik die zelf bedenken. Dan kom ik uit op mijn talent ontwikkelen en uitdrukken, waardoor ik aan anderen de ongrijpbare schoonheid van muziek kan doorgeven tijdens lessen en concerten. Maar me verbinden met anderen lukt me in een depressie niet meer. Ik kan nog wel een concert spelen, maar kan daarvan niet meer nagenieten. De angst voor het volgende concert bouwt zich dan alweer op.'

Hoe kijkt u aan tegen uw dood?

'Ik heb altijd haast, dat heeft voor mij onmiskenbaar met de dood te maken. Ik vind het zonde tijd te vermorsen. Iedere dag moet iets opbrengen: ik wil iets hebben geleerd, iets hebben ervaren dat me verrijkt, beter Bach begrijpen bijvoorbeeld. Ik ken mensen die na een dag hard werken een avond zappen, dat lukt mij niet. Ik heb een ambivalent gevoel over die haast. Er zit een obsessieve kant aan, een onvermogen te ontspannen, waar ik wel van af zou willen. Maar het is ook wat me voortdrijft, energie geeft. Dat vind ik belangrijk.

Ik wil ook iets achterlaten. Ik weet dat ik maar één van miljarden mensen ben, maar toch wil ik iets bijzonders bijdragen. Al maak ik me geen enkele illusie over de omvang daarvan. Mijn volgende project is een cd met muziek van vervolgde, meestal vermoorde Joodse componisten. Hun lot is dubbel wreed, want hun muziek werd na de oorlog niet meer gespeeld, dat werd als te pijnlijk beschouwd. Binnenkort krijg ik geld van de NS, omdat mijn moeder op de trein naar Westerbork is gezet. Dat is van oorsprong Joods geld, want Duitsland heeft dat destijds geroofd en daarmee de NS betaald. Door dat ten goede te laten komen aan de muziek van Joodse componisten, vind ik dat ik mijn leven zin geef. Tegelijk is er een stemmetje dat zegt: "Die cd kent een oplage van vijfhonderd, daarmee zet je die componisten heus niet op de kaart, het stelt niks voor." Maar een andere stem zegt: "Wie één mens redt, redt de mensheid." Ik zit vol met dat soort twijfels. Ik zou het niet anders willen – onzekerheid is de basis van alle creativiteit. Als je zeker bent van je zaak, is er geen reden meer iets te doen. "Twijfel is een mensenrecht," zei de Keniaanse Nobelprijswinnaar Ngugi. Dat vind ik een mooie gedachte.'

BOEKTIP

In dépôt van **Philip Mechanicus**

'Deze Joodse journalist (1889-1944) schreef een ooggetuigenverslag van zijn verblijf in Westerbork. 'Alsof ik als officieel reporter een schipbreuk versla', zo omschreef hij zijn dagboek over het leven in het kamp – gedurende negen maanden, tot februari 1944, hield hij het bij, hij stierf enkele maanden later in Auschwitz. Mechanicus laat zien hoe je ook onder de meest deprimerende en bedreigende omstandigheden toch iets zinvols kunt doen. Door nieuwsgierig te blijven en jezelf doelen te blijven stellen. Dat spreekt me enorm aan.'

Brigitte van de Koevering, pedagoog

Als tienermeisje in de jaren tachtig piekert ze over wereldproblemen. Het Midden-Oostenconflict, de honger in de wereld, het lot van zeehondjes, het liefst zou ze alles zelf oplossen: 'Ik ben altijd een naïeve wereldverbeteraar geweest.' In dat licht is het niet vreemd dat Brigitte van de Koevering uit Helmond als twintiger als verpleegkundige in Afrika terechtkomt. Passend is ook dat ze eind jaren negentig met haar man Udo twee kinderen uit Colombia adopteert: 'Als je maar genoeg van die kinderen houdt, komt het altijd goed, dacht ik.'

Dat blijkt niet zo te zijn. Haar dochter Andrea stapt als zeventienjarige uit het leven. Dat doet ze een halfjaar na haar havo-eindexamen, wanneer ze aan een opleiding is begonnen en haar verliefdheid op een studiegenoot wordt beantwoord. 'Dat laatste weet ik sinds kort. Dan denk ik: "Hoe is het mogelijk, Andrea?" Alles had ze kunnen hebben, toch was het niet genoeg.'

Brigitte stopt direct met haar baan waarin ze ouders met opvoedproblemen helpt: 'Dat was voor mij volkomen duidelijk. Als ik in zo'n gesprek met ouders zou denken: "Mijn verdriet is groter dan dat van jou", zou ik geen goede hulpverlener zijn.' Ook stelt ze na Andrea's dood haar man voor: geen alcohol, op tijd naar bed, gezond eten en veel buitenlucht. Een wijs besluit, meent ze, 'want als we waren gaan drinken, waren we niet meer gestopt. Dan waren we onze zoon Fabio ook kwijt geweest. Die wilde uit alle macht weg van het verdriet.'

De eerste negen maanden sluit ze zich af en schrijft alleen maar. Dat leidt uiteindelijk tot de knap geschreven vertelling *Het jaar van de vlinder* – het levensverhaal van Andrea, beschreven vanuit het perspectief van het meisje zelf. De vlinder is een zwarte dagpauwoog, die tijdens de uitvaartdienst boven het veldboeket op de kist fladdert. '"Daar is ze," zei ik tegen Udo. Mogelijk houd ik mezelf daarmee voor de gek. Maar hoe erg is dat? Ik geloof dat er een parallelle wereld bestaat, vanwaaruit zij die ons ontvallen zijn via energie met ons communiceren. Hoe wreed zou het zijn die pogingen achteloos te negeren? Stel je voor dat de dood niet het einde betekent, maar het begin van iets anders?'

Wat is voor u een zinvol leven?
'Mijn prioriteit is dat het leven voor mijn man en voor Fabio de moeite waard moet zijn, dat betekent dat we een warm thuis moeten zijn. Als dat het voor hen is, wordt mijn leven ook zinvol. Ik voel me mens in verbinding met de ander. Daardoor word je pas mens.'

Cijfert u uzelf zo niet te veel weg?
'Nee, dat vind ik niet. Een goede vriendin zei na het overlijden van Andrea: "Nu moet je goed voor jezelf zorgen." Dat was een goed advies, maar aanvankelijk kon ik het niet opvolgen. In het eerste jaar heb ik hier alleen maar in een flodderbroek en een grijze trui rondgelopen, totdat Fabio tegen me

zei: "Mam, je lijkt wel een soort reuzenhamster". Toen ben ik ook weer eens een leuke jurk gaan aantrekken. Uiteindelijk heb ik dat advies dus wel ter harte genomen. Ik besef dat je er pas echt voor een ander kunt zijn, als je goed voor jezelf zorgt. Fabio moet zich als student in Amsterdam geen zorgen hoeven maken over wegkwijnende ouders in Helmond. Het grootste plezier dat ik hem kan doen is te laten zien: ik ben er weer.'

Is uw leven verdeeld in de periode voor en na haar dood?

'Zo spreken we er wel over: "Was dat voor of na Andrea?" Alles wordt bepaald door de dag van haar dood. Met het boek heb ik geprobeerd zin aan haar leven te geven – het is een manier om haar onsterfelijk te maken, te laten zien hoe bijzonder ze was. We hebben ongelofelijk veel liefde van vrienden en familie ervaren, maar er waren ook mensen die haar verwijten maakten. Dat vond ik niet te harden. Op enkele maanden na is ze altijd ontzettend lief geweest.

Ik voelde me enorm mislukt na haar overlijden, zowel als moeder als in mijn rol van pedagoog. Ik dacht: "Je had één ding goed moeten doen in je leven, dat was je moederschap. Alles mocht mislukken, maar dit niet." Ik had last van schuldgevoel. Voor mijn werk kwam ik in de meest heftige gezinnen en dan zei ik altijd tegen ouders: "Volg je intuïtie, jij kent je kind het beste." Maar dat is me zelf niet gelukt.'

Waarom denkt u dat?

'Intuïtief schreeuwde alles in mijn lijf: "Het gaat niet goed!" In de laatste anderhalf jaar van haar leven had ik enorme last van mijn huid – mijn gezicht zat zo erg onder de uitslag dat ik de assistenten bij dermatologie zag schrikken. Maar de buitenwereld suste: het is maar pubergedrag. Aan het einde van

4 havo zei een therapeut: "Ik zie een meisje dat worstelt, maar ze heeft zo'n sterk vangnet, die redt het wel." In haar laatste jaar liep ik bij wijze van spreken de hele dag met een theepot om haar heen met de vraag: "Kan ik iets voor je doen?" Haar reactie was: "Sodemieter op, laat me met rust, ik wil het zelf doen."

Ik had het idee dat ze los wilde – niet zoals een puber, maar echt los. Mensen op mijn werk zeiden: het hoort bij haar leeftijd. Een collega beweerde zelfs: "Jij ontleent je identiteit eraan", alsof ik het probleem cultiveerde. Dan twijfelde ik daarover. Enkele weken voor haar dood zijn we bij een huisarts geweest. Ik had haar somberte gezien en vreesde voor een depressie, maar ook hij stelde me gerust. Ik had toen moeten zeggen: "Ik wil per se dat ze door een crisisdienst of een psychiater wordt gezien."'

Worstelt u nog steeds met schuldgevoel?

'Gelukkig niet altijd. Al blijf ik me afvragen of we haar wel hadden moeten adopteren. Het was eind jaren negentig verschrikkelijk in Colombia, maar het gaat nu beter. Misschien was adoptie in eigen land toch beter geweest, was ze in haar eigen omgeving veerkrachtiger geworden. Door te schrijven probeer ik met dit soort gevoelens af te rekenen.

De voornaamste troost die ik heb gevonden, is de gedachte of misschien wel de fantasie dat er op een andere plek over haar dood is besloten: dit zat voor haar in het vat, zeventien jaar en negen maanden, meer niet. We konden het niet voorkomen, er is over haar besloten in een parallel universum. Die vlinder boven haar kist is voor mij een teken dat het zo is. Op mijn goede dagen denk ik: dat was haar manier om te laten zien dat ze nog ergens is en tegen ons te zeggen: "Ik blijf met jullie in verbinding, houd moed, houd vol." Op slechte dagen denk ik dat het toeval was. Udo, tot haar dood een atheïst, gelooft ook dat zij die vlinder was. Hij zegt: "Dat is het enige antwoord dat je ooit zult krijgen. Dus hou op met dat krabben aan die korst." Zonder die verbeelding zou ik het niet te doen vinden. Het idee dat ze nog ergens is, maakt het dragelijk.'

Voert u een strijd tegen de zinloosheid van haar dood?
'Haar bestaan was dat in ieder geval niet. Ik had geen dag met haar willen missen, ik had geen andere dochter gewild. Wat mij ook troost, is het loslaten van de tijd. Ook al word ik honderd jaar, mijn bestaan blijft een stipje op de tijdsbalk van de eeuwigheid. In dat licht is haar stipje van zeventien jaar maar een beetje kleiner. Dat perspectief helpt me. Zeventien jaar is ze belangrijk voor ons geweest.' (Met tranen in haar ogen:) 'Tot het moment waarop ik mijn laatste adem uitblaas, zal ik aan haar denken.

Haar dood heeft ons leven ook verrijkt, want we proberen sindsdien nog meer betekenis te geven aan de dingen die we doen. Udo en ik waren altijd al goed samen, maar nu zijn we nog alerter op de ander – we gaan zorgvuldig en betrokken met elkaar om. Onze liefde is na Andrea alleen maar groter geworden. Door haar dood heeft die zich verdiept.

Toen we Fabio adopteerden, schreven we op het kaartje een regel van (de Colombiaanse schrijver) Gabriel Garcia Márquez: "Ik geloof dat iedereen het volhoudt zolang er liefde is." Dat vonden we toen mooi, maar nu voelen we pas de waarheid ervan – we ervaren die. Dat liefde zó belangrijk is om het vol te houden, voel ik nu pas echt. In die zin heeft haar dood ook zin gehad.

Dit verdriet is allesomvattend, er moet wel een soort betekenis uit voortkomen, anders is het zo zinloos. Misschien is dat het wel, maar dan wil ik mezelf toch liever voor de gek houden door er zin aan toe te kennen. Dat heb ik met mijn boek over haar gedaan, maar probeer ik ook in mijn werk. Ik geef les aan studenten die in de kinderopvang gaan werken, jonge vrouwen in de leeftijd van Andrea. Hun vertel ik wat me is overkomen. Zo laat ik ze zien wat het leven in petto kan hebben, maar wil ik ze vooral tonen: ik sta hier en heb zin in de dag, ik vind het fijn dit werk te doen. Ik hoop dat ik zo een toonbeeld van veerkracht voor ze kan zijn.'

Valt het leven u zwaar?

'Ik vind het af en toe wel een gevecht. De periode tussen haar sterfdatum, eind oktober, en haar verjaardag in januari, kost me veel moeite. Eigenlijk heb ik twee seizoenen, in plaats van vier. Ik ben nu zes jaar verder, maar het is nog steeds actueel. Het gemis is onvoorstelbaar en gaat nooit meer weg. Maar het verdriet wordt wel hanteerbaarder.

Ik heb het gevoel dat het ook met zo'n groot verdriet mogelijk is een waardevol leven te leiden. Sterker nog, het gaat juist goed samen. Het kost veel energie en af en toe heb ik het idee dat ik me er kapot voor werk, maar het kan wel. Dat constante gevecht met je demonen is vermoeiend. Maar ik win het wel.'

BOEKTIP

Honderd jaar eenzaamheid van **Gabriel Garcia Márquez**

'Wat mij zo aanspreekt is de magie die onderdeel uitmaakt van het dagelijks leven. Ik kan soms verlangen naar het mezelf overgeven aan mijn verbeelding. Márquez zegt dat hij realistisch schrijft, omdat de werkelijkheid zijn fantasie niet kan overtreffen. Het is een van de mooiste boeken die ik ooit las, lang voordat we ouders van Colombiaanse kinderen werden. In de maanden voor haar dood lag dit boek op Andrea's nachtkastje.'

Herry Vos, ex-kinder- en jeugdpsychiater

Bij de deur van zijn ouderlijk huis in het Drentse Gieten staat een rugzak met zijn kleren. 'Als je niet doet wat ik wil, zoek je maar andere ouders,' dreigt zijn moeder herhaaldelijk. Eenmaal staat hij daadwerkelijk buiten: 'Ik herinner me dat ik in paniek riep: stuur me alsjeblieft niet weg!' Een opstandig kind is hij niet. Als grootste conflict herinnert hij zich zijn wollen, door haar gebreide onderbroeken – het gekriebel verzacht hij door eerst een katoenen exemplaar aan te trekken: 'Ze kwam erachter en werd woedend.'

Op zijn tiende besluit Herry Vos zich geheel in het gareel van zijn 'zeer strenge' moeder te voegen, in navolging van zijn vader, 'een zachtaardige man'. Die is agent, een beroep waar zijn vrouw, zelf onderwijzeres, op neerkijkt. Voor haar zoon, de oudste van twee kinderen, ziet ze een toekomst als huisarts. Maar al in het eerste jaar van zijn studie geneeskunde in Groningen valt hij voor de jeugdpsychiatrie. Aanleiding is een stage in een kliniek voor emotioneel verwaarloosde jongeren, waar wordt gestoeid en geknuffeld. Vos haalt er zijn hart aan op, na een jeugd waarin fysiek contact met zijn ouders en zus minimaal is geweest: 'Na alles wat ikzelf had meegemaakt, herkende ik me in deze gekwetste kinderen.'

Tijdens zijn carrière ontpopt hij zich als een onconventioneel psychiater. Hij bezoekt verslaafden in kraakpanden, richt een therapeutische gemeenschap op en biedt hun langdurige, inzichtgevende psychotherapie. Volgens veel collega's is dat not done, net zoals het feit dat hij vriendschappelijk contact houdt na de behandeling wenkbrauwen doet fronsen. In 1965 trouwt hij met een verpleegkundige, Jeannette, met wie hij twee zonen krijgt. Een kleine halve eeuw later, in 2013, overlijdt zij aan borstkanker. Na twee jaar ontmoet Vos de vrouw die hij als 'de liefde van mijn leven' omschrijft. Na een jaar begint zij aan hun relatie te twijfelen, voor Vos 'een enorme dreun'. Voor het eerst belandt hij in een 'existentiële crisis'. Hij gaat daarvoor zelf in therapie, iets wat hem tijdens zijn opleiding niet was aangeboden en daarna een paar keer was mislukt. Op zijn zevenenzeventigste doet hij het alsnog: 'Waarom niet? Al heb je er maar een halfjaar wat aan.' Tijdens de gesprekken maakt hij contact met zijn oorspronkelijke ik, 'het nog niet bedorven jongetje'. Dat stelt hem in staat zichzelf anders te zien, 'als iemand met meer humor en creativiteit dan ik dacht.'

Hij komt tot bloei, ook al is het tussen hem en zijn grote liefde niet meer goed gekomen – de inmiddels tachtigjarige Vos heeft zich op fotografie gestort en schreef in de afgelopen drie jaar vier boeken, een vijfde is onderweg. In *Als zwijgen mag* verhaalt hij indringend over een getraumatiseerd meisje dat langdurig in therapie is. Met veel geduld helpt hij haar 'weer zin in haar leven te voelen'.

Wat is voor u een zinvol leven?

'Het is een vraag die de meeste mensen zich doorgaans niet zo stellen – ze leven en dat is genoeg. Pas wanneer je in een crisis komt, voel je de noodzaak het te willen weten. Dan word je even stilgezet en uitgenodigd naar jezelf te kijken. Lang niet iedereen gaat op die uitnodiging in. Mensen kunnen hun leven vooral als zinvol ervaren als ze voor iemand of voor meerdere mensen de moeite waard zijn, als ze iets kunnen betekenen. Dat heb ik momenteel vooral bij mijn werk voor een kenniscentrum dat zich inzet voor mensen die seksueel geweld hebben ervaren, mensen van wie de zin ontnomen is. Zelf ervaar ik de zin vooral als een ander mij liefheeft en er sprake is van wederzijdse verbinding.'

Wat is daarvoor nodig?

'Echte liefde kan alleen bestaan als er wederzijds veiligheid wordt ervaren. Voel je je onveilig dan is er altijd een zekere terughoudendheid ten opzichte van de wereld om je heen. Dan zit er een dreiging in. Meestal voel je die niet bewust, maar op de achtergrond speelt die wel degelijk. Veiligheid is essentieel – ik zie het als een voorwaarde om liefde, en dus zinvolheid, te kunnen ervaren. Zelf heb ik me van jongs af aan niet veilig gevoeld.'

Wat heeft dat voor gevolgen gehad?

'Lang was ik als het ware twee personen: de jeugdpsychiater die mensen hielp om zin in hun leven te vinden en die op dat vlak werd gewaardeerd en daarnaast een ten diepste onzekere man die faalde in zijn rol als echtgenoot en vader, omdat hij er eigenlijk niet was.

Als therapeut was luisteren mijn beste eigenschap. Voortdurend ging het over gevoelens, maar dan vooral die van de cliënt. Daar kon ik me oprecht betrokken bij voelen, maar ik wist ook: we hebben een therapeutische relatie. Ik hoefde mezelf niet over te geven. Privé praatte ik niet of nauwelijks over mijn gevoelens. Ook voor mijn vrienden was ik een teruggetrokken persoon. Ik was bang dat het voor anderen niet mooi zou zijn om te zien wat er was.'

Waarom zegt u dat u heeft gefaald?
'Mijn vrouw Jeannette en ik hadden van huis uit niet meegekregen om over gevoelens te praten. Dat hebben we ook onze kinderen niet kunnen leren. Er bestond tussen ons wel genegenheid, kameraadschap, we hadden dezelfde smaak: de inrichting van het huis, muziek, dat soort zaken. Samen demonstreerden we tegen kernwapens. We hadden raakvlakken, maar het ontbrak aan de diepgang van een echte liefde. Omdat we allebei geen basisveiligheid voelden. Het fundament was daardoor niet stevig. Wat je erbovenop bouwt is dat per definitie ook niet. Toen ze later ziek werd, kon ik veel voor haar betekenen, maar ook op het laatst hebben we niet intensief gepraat. Ik kon niet zeggen wat ik had moeten zeggen. Alleen mijn handen hebben de moed gehad haar aan te raken.'

Hoe kijkt u terug op uw rol als vader?
'Als ik me afvraag wat de zin van mijn leven is geweest, staat dat momenteel centraal. Het spijt me dat ik mijn kinderen niet heb beschermd, toen het drankgebruik van hun moeder een groot probleem werd. Ik zag niet hun strijd, hun pijn, hun angst, hun machteloosheid. Mijn oudste zoon kaartte het aan, maar ik verklaarde het gedrag van mijn vrouw vooral door haar jeugd, die door seksueel misbruik was gekenmerkt. Mijn zoon heeft eronder geleden dat ik niet op haar alcoholisme in ben gegaan, hij voelde zich terecht ontkend. Ik was een kei in het niet-zien. Paradoxaal genoeg kon ik het bij mijn cliënten altijd wel goed zien.

Onlangs had ik een gesprek met mijn zoon, waarin hij me emotioneel liet merken wat het met hem heeft gedaan. Ik was daarna blij. Al riep dat na afloop de vraag op: heb ik wel het recht blij ermee te zijn? Tenslotte heb ík hem dat aangedaan. In therapieën zag ik vaak hoe slachtoffers worstelen met wat er is gebeurd, soms levenslang, terwijl daders vrijuit gaan. Dat is zo onrechtvaardig.'

Is de dader niet ook zelf slachtoffer?
'In zekere zin wel. Een van de dingen die ik in mijn laatste therapie heb geleerd is: ik had niet anders gekund, ik heb gehandeld naar mijn mogelijkheden. Ik heb geprobeerd aan mijn zoon uit te leggen wat ik dacht dat er aan de hand was, alleen sloot dat niet aan op waar hij mee zat. Maar het is niet zo dat ik hem met opzet niet heb beschermd. Ik zag het toen niet. Ik heb me daar erg schuldig over gevoeld en nog steeds wel, maar het drukt niet meer loodzwaar op me.'

Wat is er in uw laatste therapie gebeurd?
'Belangrijk is allereerst wat eraan voorafging, mijn ontmoeting met de vrouw die ik als mijn grote liefde beschouw. Ons eerste telefoongesprek duurde anderhalf uur. Anderhalf uur! Dat had ik nog nooit meegemaakt. Dat gebeurde vanzelf, zonder dat ik het in de gaten had. Toen ik enige tijd met haar om ging, zeiden vrienden tegen me: "Je bent veranderd, je bent opener geworden, je laat veel meer van jezelf zien." Hoe dat kan, Joost mag het weten.'

Probeert u het toch eens te verklaren.
'Het zou ermee te maken kunnen hebben met dat ik me door haar geaccepteerd wist. Aan mijn vrouw heb ik me nooit echt durven overgeven, maar bij mijn vriendin voelde ik me gezien en gewaardeerd om wie ik was. Dat gaf zin aan mijn bestaan, het stelde me in staat iets van mijn oorspronkelijke

wezen aan te raken. Dat heb ik weten vast te houden, ook al verliet ze me. Dat is mede aan die therapie te danken geweest.

Mijn vroegere baas, een zeer kundig psychoanalyticus, was mijn therapeut. Hij was destijds zevenentachtig jaar, maar nog heel vitaal. Hij deed het zoals je een therapie hoort te doen: dichtbij, betrokken. Toen ik op een bepaald moment dicht bij mijn verdriet zat, zei hij: "Kom maar bij me zitten." Hij zat op een bank, ik ging met mijn rug naar hem toe op zijn schoot zitten: "Voel maar dat er een basis is," zei hij. Want dat is een van de angsten die vaak terugkeert: dat er geen bodem is, als je het verdriet toelaat. Dat je verdwijnt. Hij hield zijn armen op mijn schouders, heel simpel, zo hebben we gezeten. Dat werkte. Op dat moment ben ik met dat jongetje in contact gekomen, (met verstikte stem) dat jongetje dat door zijn moeder de kop in is gedrukt. Wat me in die therapie vooral duidelijk is geworden, is dat ik de moeite waard ben. Daar heb ik zo lang aan getwijfeld. Ook al doe ik soms stomme dingen, dat maakt nog niet dat ik niet de moeite waard ben.'

Dat u pas op uw zevenenzeventigste uzelf gaat begrijpen en aanvaarden, heeft dat niet iets tragisch?

'Er zit iets tragisch in, zeker. Ik had het liever eerder meegemaakt. Maar het is wat het is, ik moet het ermee doen. In mijn beleving overheerst het tragische toch minder dan het geluk dat ik voel, omdat ik uiteindelijk toch erachter ben gekomen hoe het zit. Dat ik nu wel mezelf kan zijn. Vijf jaar geleden had ik dit gesprek nooit zo kunnen voeren. Dan had ik mezelf buiten schot gelaten en zou het veel oppervlakkiger zijn geworden.'

BOEKTIP

Niemandsland van **Pat Barker**

'Verdwaasde individuen en verkeerde structuren kunnen levens vernietigen, maar dit boek over de Eerste Wereldoorlog laat zien hoe mensen dan toch nog zin aan hun bestaan weten te geven. De hoofdpersonen zijn bestaande Britten geweest: een dichter die twijfelde of hij als officier zijn manschappen wel in de steek kon laten en een psychiater die worstelde met zijn opdracht om zijn cliënten, soldaten, weer terug te sturen naar het front.'

Wing Yan Man, ondernemer

'Vorig jaar vroeg ik mijn moeder: "Klopt het dat jullie nooit iets positiefs tegen me hebben gezegd?" Ze bevestigde dat en zei: "Alleen familieleden zijn eerlijk. Zouden we dan moeten doen als je vrienden? Die liegen tegen je, als ze zeggen dat je er goed uitziet." Daarna zei ze voor het eerst: "Maar ik wil wel dat je weet dat we van je houden." Dat kwam er met pijn en moeite uit. In de Chinese cultuur is het ongebruikelijk dat te zeggen. Ik ben ervan overtuigd dat mijn ouders het beste met me voor hebben gehad, maar ze konden me helaas geen affectie tonen.'

Ondernemer Wing Yan Man groeit op in het Veluwse Beekbergen, waar haar ouders een Chinees-Indisch restaurant draaiend houden, zeven dagen per week. Door die werkdruk ziet ze hen bar weinig: 'Mijn vader ontmoette ik alleen in de weekenden door laat op te blijven. Mijn moeder kookte 's middags voor me en ging dan naar het restaurant. We aten nooit samen.' Vakantie nemen haar ouders niet, omdat de klanten dan weg zouden kunnen blijven: 'Er was veel financiële stress. Ze hadden daardoor vaak een kort lontje.'

In de zomervakantie, wanneer het toeristisch hoogtij is, wordt de kleine Wing naar familie in Hongkong gestuurd: 'Ik mocht niet tot last zijn. Daar deed ik erg mijn best voor.' Dat lukt haar niet altijd – ze is van nature extravert, anders dan haar broers, die acht en zes jaar ouder zijn. In het gezin voelt ze zich 'een buitenbeentje'. Net als in Beekbergen, 'als Chinees meisje in een wit dorp', en in Apeldoorn op het gymnasium, 'waar maar één ander Aziatisch meisje in mijn jaar zat'. Ze haalt goede cijfers, speelt piano en tennist. Maar bij wedstrijden en optredens ontbreken haar ouders altijd: 'Ik begreep wel dat het restaurant voor ging, maar het voelde alsof ik niet de moeite waard was.'

Als student civiele techniek aan de Universiteit Twente is ze een van de vijf vrouwen, naast vijfenzeventig mannen, 'dus ook daar was ik het buitenbeentje. Het was alsof ik constant in de voetbalkleedkamer stond, met veel bier-en-tietenhumor. Als Aziatische vrouw was ik een gemakkelijk doelwit.' Een stage in Japan doet haar zelfvertrouwen goed: 'Ik was wel alleen, maar ook trots dat ik me daar staande hield.' Ze krijgt een goede baan bij informatietechnologiebedrijf IBM. Als consultant komt ze binnen bij Shell, Rijkswaterstaat en universiteiten, waarmee IBM samenwerkt. Het gaat mis in 2015, op haar achtentwintigste: ze krijgt een burn-out. Die leidt tot een drastische carrièreswitch: in 2017 richt ze '3310 School for Millennials' op. Daarmee wil ze generatiegenoten helpen die tegen vergelijkbare problemen aanlopen: 'Ik vond het ronduit teleurstellend, hoe weinig professioneel het er in het bedrijfsleven vaak aan toe gaat; hoe belangrijk ego's en persoonlijke belangen zijn. Ik wil mensen leren hoe ze minder afhankelijk kunnen worden van de goedkeuring van anderen.'

Wat is voor u een zinvol leven?

'Van huis uit heb ik meegekregen dat het leven draait om geld. Dat werd nooit zo expliciet gezegd, maar mijn ouders leefden dat voor. Het ging hun om welvaart, niet welzijn. Ik had bijvoorbeeld niet het plan moeten hebben Frans te studeren, alleen een bètastudie telde. Je moet weten dat ze in hun jeugd erg arm zijn geweest – ze stammen uit Chinese boerenfamilies. Hun jeugd speelde zich af in een compleet andere maatschappij dan waarin ik ben opgegroeid, ze hadden bijvoorbeeld geen speelgoed. Toen ik die baan bij IBM kreeg, had ik het gevoel: nu heb ik bereikt wat zij wilden. Maar inmiddels leef ik niet meer volgens hun waarden. Het gaat me om inspireren en geïnspireerd worden. Voor mij draait het om het helpen van anderen door mezelf te zijn.'

Hoe bent u op dat spoor terecht gekomen?
'Het eerste zaadje werd in Japan geplant, waar ik als eenentwintigjarige stage bij een bedrijf liep. Ik raakte bevriend met een oudere collega, een man van vierendertig. Die wilde een andere baan, maar dacht dat hij daarvoor te oud was. Ik praatte op hem in. Terug in Nederland kreeg ik een mail van hem – hij was zielsblij, omdat hij de overstap had aangedurfd. Dat ontroerde me zeer. Door alleen maar mezelf te zijn, was ik van invloed op zijn leven. Dat gaf me het gevoel dat ik wat aan deze wereld kan bijdragen. De herinnering daaraan kwam terug tijdens mijn burn-out.'

Waardoor liep u vast?
'Waar het ten diepste op neerkwam, was onzekerheid over de vraag: mag ik er wel zijn? Een loopbaancoach liet me een oefening doen om vicieuze cirkels in mijn denken te herkennen. Ik moest alle ideeën over mezelf opschrijven en me afvragen hoe die in mijn gedrag doorwerkten. Dat werd een lange lijst negatieve eigenschappen en geboden als "toon geen emoties", "wees niet tot last" en "wees niet lui". Dat laatste had mijn

moeder eens tegen me gezegd. Omdat ik zo weinig met haar samen was, had dat een grote impact. Wat er ook in hakte, was dat ze me altijd vergeleek met dochters in Chinese families. In vergelijking met hen deed ik het nooit goed.

Dat gevoel van tekortschieten ervoer ik ook bij IBM. Ook al wilden diverse managers mijn mentor zijn, omdat ik zo snel carrière maakte. Mensen die in mijn team zaten en dezelfde manager hadden als ik, voelden zich toch superieur aan mij, vermoedelijk omdat ik jong was én een vrouw. In contacten met klanten merkte ik vaak dat ik niet serieus werd genomen, bijvoorbeeld wanneer ik met decanen en hoogleraren moest overleggen. Van mijn mentor kreeg ik het advies "iemand met grijze haren" mee te nemen, naar hem zou er worden geluisterd. En inderdaad: men luisterde, alsof hij de grootste expert ter wereld was. Terwijl ík de inhoudelijke kennis bezat. Dat soort ervaringen kwam boven op de onzekerheid die ik aan mijn jeugd had overgehouden.'

Hoe bent u daarmee aan de slag gegaan?

'In mijn therapie heb ik de vraag "mag ik hier wel zijn?" leren relativeren. Mijn therapeut hield me voor: "Je bent er, je kunt niet worden uitgewist – niet uit de wereld en niet uit het leven van mensen om je heen." Zo bracht ze me bij: waar wil ik mijn leven aan besteden? De vraag over er mogen zijn, houdt me nog wel bezig, ook al omdat hij gekoppeld is aan: "Doe ik het wel goed genoeg?" Die twijfel zit diep. Maar de gebeurtenissen uit mijn jeugd heb ik een plek weten te geven.

Ik zie die niet als toevalligheden. Gebeurtenissen komen op je pad om er iets van te leren, je kunt kiezen dat wel of niet te doen. Van huis uit ben ik niet religieus opgevoed – ik leerde vooral Chinees bijgeloof, zoals alles met een vier is slecht en alles met een acht is goed. Nog altijd heb ik geen religie, maar ik geloof nu wel dat we met een groter geheel zijn verbonden.'

Wat stelt u zich daarbij voor?
'Ik noem dat het universum, je kunt het ook zien als een kracht, een energie. Het universum helpt me op mijn intuïtie te vertrouwen. Geregeld stel ik mezelf de vraag: "Wat wil het me nu zeggen?" Ook bedank ik het soms voor gebeurtenissen. Niet in een bidhouding hoor, voor mij is dit allemaal nieuw, ik kom van ver.

Soms voelt het alsof ik niet zelf praat, als ik een workshop geef. Alsof ik het niet zelf ben, maar dat ik de spreekbuis van iets anders ben. Dan hoor ik mezelf praten en denk: wow, dat komt er soepel uit. Waar dat precies vandaan komt, weet ik niet.'

Wat wilt u met uw werk bereiken?
'Bij ondernemen gaat het me niet om geld verdienen. Ik wil mensen laten ervaren wat er gebeurt wanneer ze over hun grenzen heen durven gaan. Wat er gebeurt wanneer je je kwetsbaar opstelt. Zelf heb ik gemerkt dat openheid erg wordt gewaardeerd, bijvoorbeeld wanneer ik discriminatie aansnij. Dan hoef je alleen maar te vragen: "Wie heeft zich ook wel eens buitengesloten gevoeld?" Dan komen de verhalen. In mijn workshops heb ik ervaren dat je in korte tijd bijzondere ervaringen kunt delen en elkaar kunt steunen.

De coronacrisis kwam slecht uit voor mijn bedrijf, omdat het geven van workshops lastig werd. Nu gaat het omvallen, dacht ik. Ik vroeg me af: "Wat is de les die ik hieruit zou moeten leren?" Rust nemen, kwam in me op, want de voorgaande jaren was het alleen maar hollen geweest en dat zou het zijn gebleven. In plaats daarvan kon ik nu de tijd nemen een nieuw concept te ontwikkelen.'

Waar bent u op uitgekomen?

'Een variant op het bordspel Levensweg, maar dan levensgroot gespeeld. Oorspronkelijk is dat een hard kapitalistisch spel dat vooral draait om geld verdienen. In mijn variant gaat het om je eigen definitie van succes. In het begin kom je tegen wat je daarover is aangeleerd: door je ouders, vooral materiele zekerheid, maar ook door je generatiegenoten, zoals het aantal volgers op sociale media dat je hebt, mooie reizen, veel feesten. Dan volgt de stap: gooi dat allemaal weg en ga na wat van belang is voor jou, wanneer je niet op anderen let? Dat maakt duidelijk hoe onzinnig vergelijken is. Wat ook aan de orde komt: hoe ga je met je angsten om en kunnen anderen je helpen die te overwinnen?'

Kunt u die vraag voor uzelf beantwoorden?

'Misschien ga ik weer naar een therapeut, ook al voel ik me nu mentaal gezond. Die zou me kunnen helpen met die fundamentele vraag over "er mogen zijn". Die speelt een rol bij iets wat me veel bezighoudt: wil ik een relatie en kinderen? En: wil ik die weg op omdat anderen dat van me verwachten, of luister ik naar mijn intuïtie waardoor ik mijzelf misschien opnieuw in de categorie van buitenbeentje plaats?

Wat het ook wordt, het is goed. Laatst dacht ik over mijn leven: het is een kwestie van uitzingen. Dat bedoel ik niet deprimerend, maar positief: wat er verder ook nog aan minder leuke dingen gaat gebeuren, ik ben blij met wat ik nu doe en heb niet meer zo'n haast om te presteren. Ik heb mezelf gevonden.'

BOEKTIP

Playing Big van **Tara Mohr**

'Door dit boek heb ik geleerd om te gaan met mijn innerlijke, negatieve stem. Ook geeft Tara Mohr aan hoe je kritiek van anderen kunt leren relativeren. Ze geeft oefeningen voor het omgaan met angst en voor het zoeken naar wat voor jouw leven zinvol is, ze noemt het je roeping. Het boek is geschreven voor vrouwen, maar volgens mij hebben mannen er ook veel aan.'

Gert Roos, huisarts-docent

Een avondje, georganiseerd door de gereformeerde kerk in Bloemendaal, begin jaren zeventig – een latere Amsterdamse huisjesmelker verhaalt over zijn reis door India, zijn dia's tonen 'armoede en ellende'. Gert Roos, een zeventienjarige die zijn eindexamen doet, raakt die avond 'erg in verwarring'. Hij heeft tot dan toe geen ander plan dan scheikunde te studeren, 'maar zonder enig enthousiasme'. De ellende in het verre India ontsteekt bij hem 'het vuur van verlangen iets eraan te doen'. Als zoon van een predikant is hij vertrouwd met de figuur van Albert Schweitzer, de arts-filosoof die als arts in Afrika werkte. Tot dan toe heeft hij nooit bedacht in diens voetsporen te kunnen treden: 'Die avond werd het zaadje geplant. Ik kreeg opeens het visioen dat ikzelf zoiets zou kunnen doen.'

Het is niet louter idealisme dat het beroep van tropenarts aantrekkelijk maakt. De zesenzestigjarige Roos schetst zijn puberteit als een 'zware, donkere tijd'. Het domineesgezin met vier kinderen waartoe hij behoort, functioneert goed in de eerste twaalf jaar van zijn leven, maar daarna blijkt er 'veel psychische nood' onder het harmonieuze oppervlak schuil te gaan. Details geeft hij liever niet, het is genoeg te weten ‘dat het gezin uiteindelijk uit elkaar viel’. Ook daarom spreekt tropenarts hem aan: ‘Ik zat thuis in de misère, opeens zag ik een vluchtroute.’

Tien jaar na het Bloemendaalse avondje bevindt Roos zich in de bush van Kenia, met zijn vrouw Sara en hun dochtertje. In een van de armste regio’s van het land in een klein ziekenhuis – de kindersterfte is er enorm, op een gemiddelde werkdag laten vijf van de tachtig kinderen het leven. Na vier jaar houden Roos en zijn vrouw het voor gezien, omdat er geen passende school in de buurt is. Het is midden jaren tachtig wanneer hij in Nederland terugkeert. Een tijdlang voelt hij zich ontredderd: ‘De tropen was wat ik had gewild, ik had geen idee hoe het verder moest.’ Weinig gemotiveerd geeft hij zich op voor de opleiding tot huisarts, een flinke overgang: ‘In Afrika opereerde ik, nu moest ik leren een oor uit te spoelen.’ Toch gaat hij het ambacht van huisarts waarderen: ‘Ik kwam patiënten tegen van wie ik merkte dat ze ook angstig en onzeker waren, mensen die in verwarring waren over wat hen overkwam. Zonder dat ik mijn eigen misère breed ging etaleren, zag ik dat als een uitnodiging hen te ondersteunen. Omdat ik herkende waar ze waren. Dat maakt het vak van huisarts zo mooi: de verbinding met mensen, luisteren naar hun verhalen, omgaan met hun lijden.’

Eind 2016 neemt hij afscheid van zijn huisartsenpraktijk in het Gooise Laren, na bijna dertig jaar. Een klein jaar later vindt hij zichzelf terug in een ziekenhuisbed. De ogenschijnlijk kerngezonde Roos blijkt een dichtgeslibde kransslagader te hebben en moet onmiddellijk onder het mes. Hij neemt afscheid van zijn vrouw en drie kinderen, maar overleeft de operatie. Tegenwoordig is hij docent aan de huisartsenopleiding van de Vrije Universiteit en coach. Luisteren heeft zijn grootste interesse: ‘Het inzicht in het belang van luisteren is de belangrijkste les die ik in dertig jaar praktijk heb geleerd.'

Wat is voor u een zinvol leven?

'Ik wil vooral mijn talenten inzetten om anderen zinvol te laten zijn. Om iets van wat ik van het leven heb geleerd aan anderen over te brengen. Ik wil ze laten zien hoe rijk ze zijn, hoeveel talenten ze in zich herbergen. Het is zo vreugdevol als iemand daar zicht op krijgt. Dat kan door iets van het stof van iemand af te blazen, iets van de angsten en onzekerheden. Dat lukt niet altijd, maar ik kan wel een beetje helpen blazen.'

Zag u uw rol als huisarts ook zo?

'Nee, vooral in het begin vond ik het maar eenzaam, alleen met een patiënt in je spreekkamer. Ik twijfelde enorm of ik het goed deed. Het ging wel aardig, maar ik vroeg me af: "Zit er wel veel idee achter wat ik doe?" Laten we wel zijn: een huisarts heeft in de helft van de gevallen geen idee wat er medisch aan de hand is. Dat is de realiteit. Hij heeft geen diagnose en als hij die wel heeft, bestaat er vaak geen medische oplossing. Dus als je wel denkt die te moeten bieden, voel je je in minstens de helft van de gevallen doodongelukkig. Dat speelde bij mij sterk. Ik had de indruk dat mensen meer van me verwachtten dan ik kon geven. Dat maakte het zwaar.'

Werd dat gaandeweg minder?

'Wat voor mij een grote verandering teweegbracht, was mijn contact met een Amerikaanse psychiater, Michael Murphy. Hij benadrukt dat het in de menselijke aard ligt verhalen te vertellen. Die komen pas tot hun recht wanneer iemand daar goed naar luistert. Dat klinkt simpel, maar die gedachte was voor mij een doorbraak, het heeft mijn manier van werken totaal veranderd. Als er een bezorgde moeder kwam met de klacht: "Mijn kind heeft de hele nacht gehoest, dokter, hoe moet dat nu?" Dan schoot ik tot dan toe in de reflex: hoe moet ik dat oplossen? Terwijl je weet dat je niet zoveel aan hoestende kinderen kunt doen, dus leidde dat tot een gevoel van machteloosheid. Maar nu zei ik: "Vertel eens wat meer, hoe heb je dat beleefd, waar was je bang voor?" Een compleet andere manier van werken. Die is fijn voor de patiënten, want die vinden een luisterende dokter heerlijk, maar ook voor die dokter zelf. Want het geeft erg veel rust als je je realiseert dat luisteren genoeg kan zijn.

Wanneer je mensen uitnodigt hun verhaal te vertellen – dus niet alleen de feiten, maar ook de emoties die erbij horen, eigenlijk alsof ze het mooi op mogen schrijven – dan is het probleem wonderlijk genoeg ook vaak opgelost. Mensen hebben meestal wel een idee wat ze van de dokter willen, maar pas als hun verhaal echt ruimte krijgt wordt dat goed duidelijk, zowel voor henzelf als voor de dokter. In de dialoog kan iemand er bijvoorbeeld achter komen dat hij veel aan het piekeren is. Als je die zorgen vervolgens verwoordt, zegt iemand vaak: "Goh, er valt een last van mijn schouders af." Dan heb je die stethoscoop nog niet uit je zak gehaald. De mens is sterk geneigd weg te lopen van zijn angsten, maar als je die de ruimte geeft, valt het vaak mee.'

Het klinkt alsof mensen onnodig lijden.

'Lijden is onlosmakelijk verbonden met mens-zijn. Er is godzijdank meer in het leven, je hebt ook de plezierige kanten ervan, maar het lichamelijk en geestelijk lijden hoort erbij, dat kunnen we niet uit de weg gaan. Openheid daarover, uitspreken waar je onder lijdt, kan leiden tot diep menselijk, troostend contact. Een bijzondere herinnering die ik heb is aan een wat oudere, eenvoudige patiënt van in de zeventig, een man met een kreukelig colbertje. Zoals gebruikelijk begon hij over zijn rugklachten, maar daarna bleef ik stil, ik voelde aan dat zijn verhaal ditmaal nog niet af was. Toen begon hij over de oorlog: hoe hij gedwongen was geweest in een Duitse fabriek te werken en hoe mensen hem bij terugkeer aanzagen voor een overloper. Op een dag scholden jongens hem uit en sloegen hem in elkaar. Ze schopten hem in zijn rug, terwijl hij op de grond lag. Aan het eind van dat verhaal stond hij op en bedankte me. Als vanzelf zei ik ook: "Bedankt voor je verhaal." Ik was er vol van dat zo weinig zoveel kon betekenen. We zijn er niet meer op teruggekomen, maar onze relatie was ingrijpend veranderd. We hadden een diep contact.'

Zijn veel mensen zo eenzaam?

'Dat staat voor mij wel vast, ja. Eenzaamheid is misschien wel het meest kenmerkende van de mens: dat is wat ons allemaal verbindt en het verdragen daarvan is wat ons te doen staat. Verzoening ermee is een opdracht. Hoe beter je dat kan, des te meer je je talent voor geluk kunt ontwikkelen. Als je eenzaamheid te veel uit de weg gaat, ga je van de mensen om je heen te veel verwachten. Dan wil je dat zij verhullen dat het leven ook eenzaam, pijnlijk en vervelend kan zijn. Die verwachtingen kunnen de verhoudingen verstoren. Uiteindelijk moet je jezelf overeind houden en ben je verantwoordelijk voor je eigen geluk. Hoe fijn het ook is dat je vrienden, kinderen en een partner hebt, zij zijn daarvoor niet verantwoordelijk.

Het lukt me zeker niet altijd dat te beseffen. Sara en ik delen die kijk op het bestaan, maar tuinen soms toch in de valkuil het eigen welbevinden te veel bij de ander te willen zoeken. Je moet dan weer de tijd nemen om ruimte te laten ontstaan.'

Heft luisteren de existentiële eenzaamheid op?
'Ik zie het vooral als een manier om mensen ermee te verzoenen. Als je als arts tegen een patiënt op een rustige manier kunt zeggen: "Ik snap dat je bang bent en dat je 's nachts wakker ligt", dan help je die eenzaamheid onder ogen te zien. Dat doe je ook door niet een kalmerend pilletje aan hem te geven, maar te zeggen: "Ja, zo zit het leven nu eenmaal in elkaar."'

Hoe kijkt u aan tegen uw sterfelijkheid?
'In de nacht voor mijn hartoperatie was ik als de dood dat ik zou overlijden. Sara en de kinderen hebben dat misschien niet zo gemerkt, maar ik vroeg me af: hebben we nu onze laatste omhelzing gehad? Die nacht heb ik geprobeerd me te vermannen, het beest in de bek te kijken. Toen ik weer uit de operatie bijkwam, ervoer ik een bad van diepe dankbaarheid. Dat heeft weken, misschien wel maanden geduurd. Voor de artsen die me hadden gered, voor mijn familie en vrienden, maar vooral ook voor het leven zelf. Ik hoop dat ik naar dat gevoel van dankbaarheid terug kan, wanneer het moment zich aandient.

Het idee dat het mijn tijd nog niet was, vind ik een troostende gedachte: dat er iets is geweest, waardoor ik door mocht leven. Dat vind ik prettiger dan: puur toeval, voor hetzelfde geld was je dood geweest. Dat is mij te klinisch. Maar wat dat iets dan is, ik heb geen idee.'

BOEKTIP
Apeirogon van **Colum McCann**

'Een Palestijn en een Israeliër verliezen allebei een jonge dochter: Abir sterft door een Israelische kogel, Smadar door een Palestijnse bomgordel. Hun vaders sluiten een onwaarschijnlijke vriendschap. Hun werk wordt het delen van hun verhaal met de wereld. Alleen zo kunnen tegenstellingen verdwijnen en empathie ontstaan. Een prachtige vertelling in duizend-en-een korte en langere verhalen – een symfonie van verhaallijnen die het belang onderstrepen van betekenis geven door verhalen te delen.'

Geeske Hovingh, Wereldhuis-coördinator

‘Op school had ik een klasgenootje, Rik, met wie ik weddenschappen afsloot, we verkenden onze grenzen. Op een dag stond ik in een speeltuin op een enkele meters hoge toren. “Als ik ervan afspring, moet jij een cadeautje voor me kopen,” riep ik. Hij ging akkoord, ik sprong. Rik vond dat hij voor mijn cadeau naar Dronten moest, negen kilometer van Biddinghuizen, ons dorp. Op die fietstocht is hij onder een vrachtwagen gekomen.’

Die ervaring op haar tiende laat zijn sporen na bij Geeske Hovingh, veertig jaar inmiddels: ‘Er is een Geeske voor dat moment en een Geeske erna. Ik had het gevoel dat zijn dood mijn schuld was. Een moeder van een klasgenootje zei me dat ook met zoveel woorden: “Als jij niet om dat cadeautje had gevraagd, was hij er nog geweest.”’

Haar ouders mogen dan nog zo hun best doen hun dochter uit te leggen dat haar geen blaam treft, in het hoofd van de domineesdochter gaat de tegengestelde boodschap overheersen. ‘Tot die tijd had ik zelfvertrouwen. Daarna ging ik anders naar mezelf kijken, werd ik onzeker, ernstig. Toen niet veel later zich opnieuw een sterfgeval in mijn omgeving voordeed, vroeg ik me direct af wat mijn aandeel daarin was geweest.’

Haar puberteit wordt 'niet de meest vrolijke periode', wat ze niet los van de dood van Rik kan zien. Als ze achttien is gaat ze naar een dorp in Ghana om er acht maanden op een school te werken: 'Onbewust had ik het gevoel dat ik iets goed te maken had. Ik wilde goed doen voor de wereld om me goed over mezelf te voelen.'

Haar Ghanese tijd plaatst haar schuldgevoel meer op de achtergrond. Daarna volgt een studie culturele antropologie in Amsterdam: 'Ik had zoveel geleerd van die andere cultuur, waarin 'wij' belangrijker is dan 'ik'. In Ghana voelde ik me enorm thuis. Ik kwam er bij een essentie van het bestaan: een leven op de vierkante meter, zonder grote vergezichten. Het leven gaat over hier en nu, over jou en mij, samen.'

De wetenschappelijke manier van kijken van antropologen bevalt haar maar ten dele. Met name de houding tegenover religie, klinisch beschouwd als een manier om op existentiële vragen antwoord te krijgen, gaat voor haar te zeer voorbij aan de spirituele dimensie. Daarmee krijgt ze weer contact op bijeenkomsten van de Ekklesia Amsterdam, geleid door theoloog Huub Oosterhuis – zijn liederen en teksten klonken al in haar ouderlijk huis. Aan deze oecumenische gemeenschap raakt ze 'verknocht'. In de twaalf jaar daarop is Oosterhuis haar leermeester en werkt ze als voorganger en programmamaker van de Ekklesia. Ze krijgt een Ghanese vriend, met wie ze inmiddels twee kinderen van zeven en twee jaar oud heeft. In 2017 stapt ze over naar het Wereldhuis, een initiatief van de Protestantse Diaconie dat als doel heeft 'ongedocumenteerde migranten' een plek te geven om op adem te komen. Hovingh helpt ze met het oplossen van alledaagse problemen en biedt een luisterend oor: 'Eigenlijk vertel ik liever hun verhaal dan dat ik uiteenzet hoe ikzelf over de dingen denk. Je kunt dat zien als calvinistisch, jezelf enigszins wegcijferen, maar zo voel ik dat niet.'

Wat is voor u een zinvol leven?

'Een leven waarin ik met anderen verbonden ben en waarin ik me inzet voor mensen die minder geluk hebben dan ik. Ik wil ze vooral helpen bij het versterken van hun gevoel van waardigheid. Daar schuilt het gevaar in dat je jezelf boven de ander plaatst, als een soort redder – jij in de *spotlights*, met je zogenaamd nobele werk. Ik probeer daarom altijd terug te gaan naar de basisvraag: gaat het om mij of om die ander? Als het om mij gaat, is het vaak niet helemaal zuiver.

Ik heb lang geworsteld met het idee dat je een ander pas kunt helpen wanneer je jezelf eerst hebt geholpen. Eerlijk gezegd geloof ik dat niet. Mijn beweging naar de ander is in ieder geval niet het gevolg van diepe zelfreflectie, maar komt simpelweg voort uit de aandrang om die stap te zetten. Gaandeweg ben ik me gaan realiseren dat die zin geeft aan mijn bestaan. Wel moet je oppassen dat je daar niet te ver in gaat – ik ken mensen die hun gezondheid of sociale leven eraan opofferen. Dat kan en wil ik niet. Je moet soms offers brengen, maar ik bewaak mijn grenzen.'

Hoe gaat u om met die vraag of uzelf of de ander vooropstaat?

'Die discussie heb ik veel gevoerd in mijn tijd bij de Ekklesia. Ze hadden daar een broertje dood aan spirituele navelstaarders; het beeld van die groep was dat ze pas als ze zelf op orde zijn, de stap naar de wereld kunnen zetten. Terwijl binnen de Ekklesia de omgekeerde overtuiging leefde, zoals de Franse filosoof Levinas die had verwoord: "Ik word ik in het aangezicht van de ander." Dus het is de ander die jou tot ik maakt. Zelf bevond ik me tussen die beide opvattingen: ik wil geen navelstaarderij, maar ook geen ander-staarderij. Dus manoeuvreer ik tussen die twee polen, maar als ik naar mijn huidige leven kijk, komt het contact met de ander wel op de eerste plaats. Ik probeer die te helpen, maar daarmee helpt hij mij ook. Want ik heb dat contact echt nodig. In mij zit geen kluizenaar die zich met zijn kalligrafieboek in zijn cel terugtrekt.'

Hoe kijkt u aan tegen de populariteit van boeddhisme en yoga?
'Wat ik daarbij mis, is dat je wel met zijn allen in een ruimte zit, maar iedereen op zichzelf is gericht. Er is geen samen. Nog niet zo lang geleden deed ik een cursus mindfulness, waarin iemand het presteerde een kwartier lang over een gevoel in zijn linker grote teen te praten. Dat vond ik een goed voorbeeld van doorgeslagen op jezelf gericht zijn. Wat mooi aan een kerkbijeenkomst is: je zingt samen, je bidt samen, je komt elkaar daarna bij de koffie tegen, kijkt elkaar in de ogen en vraagt hoe het is. Die combinatie maakt het zinvol. Als je een vorm van yoga of mindfulness kunt verzinnen die maakt dat je na afloop ook zo naar elkaar kijkt, krijgt het voor mij betekenis.'

Is het leven primair lijden, zoals boeddhisten menen?
'Dat is mij te fatalistisch. Het doet me ook te veel denken aan het zware calvinisme: pas na dit leven wordt het goed en "niet klagen, maar dragen". Daar heb ik niet zoveel mee. Ik begrijp het idee wel en in deze coronatijden zou je zeker een bevestiging van "het leven is lijden" kunnen zien, maar ik ben daarvoor te optimistisch en zet liever lichtere zaken voorop – de schoonheid van het leven, plezier, humor. Die zijn nodig om het met elkaar vol te kunnen houden.

Humor kan loodzware dingen een licht randje geven. De mensen in het Wereldhuis zijn er meesters in om zo naar het leven te kijken. Laatst stond een Afrikaan met een zware koffer vanuit het azc opeens voor onze neus, waarna een ander riep: "Wat is er met die koffer aan de hand? Heb je daarin soms je moeder verstopt?" Op zo'n tragisch moment lachen, collectief, dat maakt het leven even lichter. Het is al loodzwaar genoeg voor deze mensen.

Ze kijken anders tegen de dood aan dan wij. Voor hen is die niet iets wat ze kunnen negeren, maar een deel van hun leven. "Als het je tijd is, is het je tijd," zeggen ze. Dat is door God vastgelegd, daarmee is het voor hen te verteren dat het leven vaak bikkelhard voor ze is.'

Hoe kijkt u daar zelf tegenaan: is er iets vastgelegd of regeert het toeval?

'Cynici als Midas Dekkers zullen zeggen dat het onzin is, maar ik ken verhalen van rond het sterfbed die te wonderbaarlijk zijn om als toeval af te doen. Een voorbeeld? Enkele jaren geleden verloor ik een ernstig zieke vriend. Hij had als bijnaam de kat met negen levens, omdat hij telkens overleefde. Tijdens de begrafenis is het snikheet, de kerk is vol, de deuren staan open en er loopt een kat naar binnen. Hij gaat onder de kist zitten en loopt de kerk weer uit. Dat heeft zoveel mensen troost en een lach op het gezicht gegeven. Het was een godsgeschenk, meer hoef ik dan niet te weten. Het gegeven is wonderschoon.

Ik koester ruimte voor zaken die niet gemakkelijk in woorden te vatten zijn. Een lied of een tekst, vaak van Huub Oosterhuis, kan een ontroering teweegbrengen die ik niet goed in woorden kan aanduiden, die niet in wetenschappelijke theorieën onder te brengen is, maar die ik wel essentieel vind om zin aan het bestaan te kunnen geven.

Drie jaar geleden was ik voor het eerst bij het graf van mijn klasgenootje. Er werd een reservoir aan herinneringen aangesproken, zoals een geur van vroeger dat kan doen. Fysiek kwam ik in aanraking met mijn herinnering aan de dag van zijn begrafenis. Daardoor gebeurde er iets magisch: ter plekke kon ik met een beter zelfgevoel naar mezelf als tienjarige kijken. Alsof ik even een arm om de schouder van de kleine Geeske kon leggen en kon zeggen: "Het is goed." Dat klinkt misschien pathetisch, maar het was troostend. Ik kon iets afsluiten.

Er werden op dat moment andere zintuigen aangesproken, waardoor ik werd overvallen. Ik zoek naar woorden, merk ik, want ik heb hier nooit zo uitgebreid over gesproken. Maar ik denk dat dat het was. Dat heb ik vaker. Dat ik ineens een woord of een klank hoor, waardoor ik word getroost of geïnspireerd om door te gaan. Dat werkt voor mij als benzine voor de motor waarmee ik dit werk doe. Voor het onverwachte, de ontroering, wil ik open blijven staan. Dat lukt je minder goed als je een wetenschappelijke benadering hebt. Het kan oncomfortabel zijn, maar geeft wel betekenis aan waarmee je bezig bent. En dat doe je door met mensen iets samen te doen, daar kom ik toch weer de hele tijd bij terug. Een echte domineesdochter, haha. Maar voor mij komt daarin ook iets terug van het Afrikaanse gevoel waarin het wij voorop staat, niet het ik.'

BOEKTIP

De gifhouten bijbel van **Barbara Kingsolver**

'Over een godsdienstwaanzinnige dominee die met vrouw en vier dochters vanuit de VS naar de bush in Congo reist om er "het Woord onder de heidenen te verspreiden". Dat gaat natuurlijk mis. Ik las het na mijn eerste reis naar Ghana. Het bracht Afrika terug in al zijn verschijningsvormen, maar ik ontdekte ook pijnlijk leerzame inzichten in de omgang met culturele misverstanden.'

Akwasi, rapper en schrijver

Op zijn veertiende, aan het begin van deze eeuw, begeeft Akwasi Owusu Ansah zich op een internetforum in een discussie over de stelling 'negerzoenen moeten blijven'. Zijn afkeer van die term komt hem te staan op reacties als 'tief op naar je eigen land', 'zwartjoekel' en 'kankerneger'. De boosheid die dat bij hem opwekt, zet hem aan tot schrijven, wat uiteindelijk leidt tot een theatervoorstelling, *Negerzoenen, blanke vla, jodenkoeken.*

Het besluit om zijn woede in woorden om te zetten, ziet hij als een beslissende wending in zijn leven. Tot die tijd wandelt de jonge Amsterdammer met Ghanese ouders dicht bij en soms op het verkeerde pad: 'Ik had vrienden die voor het snelle geld gingen door middel van drugs of roof. Fraude met bankpasjes was op dat moment hot. Ik heb ook weleens hasj zitten verpakken en een extra telefoon gehad. Maar ik kreeg door dat ik wat te verliezen had, omdat ik mooie dingen kon maken.'

Zijn theatervoorstelling, waarin nogal wat negerzoenen, blanke vla en jodenkoeken onder de kracht van zijn poetryslam sneuvelen, draait om 'alle negatieve connotaties bij zwart: zwartrijden, zwart geld, noem maar op, terwijl blank juist rein en schoon betekent.' Door zijn tournee leert hij Nederland kennen: 'Heel tof, van Tiel tot Maastricht en van Sittard tot Apeldoorn.' Zo overwint hij eerdere tegenslagen uit zijn jeugd, zoals een advies 'vmbo basisberoepsgericht', ondanks een Cito-score op havo/vwo-niveau: 'Ik had te maken met docenten die me graag in het verkeerde hokje wilden plaatsen. Ik zou ze nu graag mijn boek geven.'

Dat boek, *Laten we het er maar niet over hebben,* verschijnt in 2018, wanneer de inmiddels eenendertigjarige Akwasi, na het doorlopen van de toneelschool in Maastricht, faam heeft verworven als veelzijdig talent: rapper, schrijver, acteur, presentator. Hij is ook vader. Dit jaar wordt hij lid van de Raad voor Cultuur. Hoe hij zichzelf ziet? 'Ik ben gewoon Akwasi. Je kunt me van alles noemen, maar als je één ding kiest, doe je me een beetje tekort. Ik vind het fijn dat mensen het moeilijk vinden me in te delen. Dan kan ik lekker onvoorspelbaar blijven.'

Zijn voornaamste leermeesters ziet hij in Marcus Garvey, 'een Jamaicaanse voorloper van Martin Luther King', en in Bram Vermeulen, de zanger-cabaretier die met Freek de Jonge het duo Neerlands Hoop vormde. 'Een vraag die ik vaak krijg is: hoe kun jij, een zwarte jongen uit de Bijlmer, zo'n oudere, witte man zo goed vinden? Een rare vraag. Ik vind het normaal: Shakespeare vind ik ook tof, of Ibsen. Maar ook Tupac. Waarom kan dat niet tegelijk?'

Wat is voor u een zinvol leven?

'Een zinvol leven is een gelukkig leven. Geluk kan in allerlei vormen komen. Wat ik vooral geloof, is dat je je vrij moet kunnen voelen. Geestelijk vrij. Dat geldt ook voor je omgeving – de mensen om je heen moeten met jou geestelijk vrij kunnen zijn, kunnen ademen. Dat is de voorwaarde om een zinvol, gelukkig leven te leiden. Dat begint dus bij jezelf. Je moet in vrede met jezelf zijn, alleen dan kun je je beste jij laten zien.'

Dus u zet niet de ander voorop?
'Voor mij zit het zo: op het moment dat ik goed gestemd ben, kan die ander zich ook goed gaan voelen. Het is als bij een noodsituatie in een vliegtuig: je moet eerst het masker bij jezelf opdoen, dan pas bij je kind. Dat is voor mij een metafoor voor het leven: help eerst jezelf, zorg dat je goed, vrij kunt ademen. Hoe ga je een ander een beter leven bieden, als je dat niet aan jezelf kunt geven? Dat klinkt toch niet logisch? Ik geef anderen wel aandacht, dat is voor mij een essentieel deel van het leven. Weten wat een ander interesseert en intrigeert, verbreedt mijn referentiekader.'

U heeft veel te maken gekregen met opmerkingen over uw huidskleur – hoe heeft dat u gevormd?
'Als kind kijk je nog niet naar kleur, dan wil je weten: met wie kan ik spelen? Maar ik ben erachter gekomen dat ik voor anderen wel zwart ben. Mijn vader hield me voor: als zwart iemand loop je per definitie achter. Want als je iets goed doet, doe je het goed, maar als je iets slecht doet, doe je het extra slecht. Je ligt dus altijd onder een vergrootglas. Dat heb ik in mijn leven vaak meegemaakt. Dat soort denken leidt ertoe dat witte kinderen een hoger schooladvies krijgen dan kinderen zoals ik, met een andere achtergrond. In zekere zin werkt dat als een apartheidssysteem.

Ik had ontzettend verbitterd kunnen raken, iemand die ageert tegen alles wat niet zwart is. Maar ik ben me gaan verzetten door middel van de pen. En door te lezen. De Jamaicaanse activist voor gelijke burgerrechten, Marcus Garvey, raadt dat aan in een van zijn boeken, *The Course of African Philosophy* – hij heeft het over je wapenen met kennis. Een enkele passage in een boek kan je leven veranderen en je voor altijd inspireren, zegt hij. Dat is waar. Ik kocht een keer een boek waarin stond: "Succes is de beste wraak". Op dat moment was ik omringd door docenten die niet in me geloofden. Dat idee heeft me toen enorm geholpen. Zo kon ik van mijn *poison* mijn *medicine* maken, van mijn gif mijn gift.'

Hoe ging dat in zijn werk?

'Door tegen de stroom in te gaan, daar heb ik altijd van gehouden. *Only dead fish go with the flow.* Door mijn verzet kreeg ik veel over me heen, maar ook veel sympathie. Met mijn optredens zorgde ik voor bekijks. Racisme of gediscrimineerd worden is een katalysator voor me geworden, het is goed voor mij gebleken omdat ik er iets positiefs van heb kunnen maken.'

Is uw identiteit minder belangrijk aan het worden? U schrijft in een column bijvoorbeeld over de mensheid als "één grote familie".

'Ik ben nu met een nieuw album bezig, waarin identiteit wel een thema is, maar waarin ik het ook heb over de zoektocht naar geluk en de liefde. Dat voelt precair, ik verlaat daarmee mijn comfortzone. Het is niet wat mensen van me verwachten. Het gaat over hoe ingewikkeld de liefde kan zijn. Dat geldt voor iedereen, inderdaad. Maar ik zou mezelf tekortdoen, wanneer ik zou zeggen dat identiteit minder belangrijk wordt.

Als ik in Ghana zou wonen, zou ik me niet als een zwart iemand zien, omdat het merendeel van de mensen het is. Maar hier is dat anders. Ik kan overal dezelfde Akwasi zijn, ik hoef nergens een masker op te zetten, maar ik blijf wel een *black*

Dutchman. Ik word wel anders bekeken. Als ik vroeger ergens liep, of het nu in Amsterdam of Maastricht was, dan drukten mensen hun tassen dichter tegen zich aan. Nu zie ik mensen hun tas openen om hun telefoon te pakken en een selfie met me te maken. Ik ben voor sommigen een vertrouweling geworden. Ik heb nu wat ze in Amerika *a seat at the table* noemen. Maar ik wil nooit vergeten waar ik vandaan kom. Dat ik Ghanese roots heb en dat ik de Bijlmer en Osdorp door en door ken. Die wijken hebben mij gevormd.

Ik vind dat besef wel belangrijk om te behouden, met wie ik ook aan tafel zit. In die zin blijf ik mezelf meenemen. Ik heb best veel gezien en ik geloof dat ik een oude ziel ben. Gelukkig zijn er mensen die me ook zo zien en niet als zwarte man. Maar er is nog altijd sprake van systematische onderdrukking van zwarte mensen, het blijft voor mij nodig daarop te wijzen. We zijn allemaal hetzelfde, laten we dat als uitgangspunt nemen, maar we worden zeker niet gelijk behandeld. Laten we ervoor zorgen dat iedereen, man of vrouw, wit of zwart, op een goede, gelijke manier wordt behandeld, of op zijn minst wordt gehoord.'

Wat bedoelt u met een oude ziel?
'Dat hoor ik al sinds ik een jongetje was, omdat ik altijd vragen stelde. Die werden me soms niet in dank afgenomen, dan kreeg ik klappen. Een oude ziel is iemand die al vanaf zijn geboorte een bepaalde wijsheid in pacht heeft. Voor sommigen is dat confronterend. Je weet net iets meer en dan kun je op anderen heftig overkomen. Omdat je weet hoe bepaalde dingen zullen gaan. Veel mensen doen maar wat – ze komen in allerlei situaties waar ze niet voor hebben geleerd. Dan moeten ze opeens handelen en gaat het vaak mis. Voor mij zitten daar levenslessen in, ik leer van de fouten van anderen.'

Wat ziet u als de essentie van uw leven?
'Ik wil inspireren, prikkelen, ik wil je anders laten denken en doen. Ik raad je af je in een te homogene groep te bewegen, ook al voelt dat veilig en vertrouwd. Omring je met mensen uit verschillende werelddelen, dan word je meer een mens van de wereld. Daar wil ik mensen toe aanzetten. Als ik een boek uitbreng, wil ik dat verschillende handen het aanraken. Ik hoop dat ik mensen kan samenbrengen, waardoor ze anderen leren kennen.'

In die zin wilt u identiteit overstijgen?
'Zo heb ik het nog niet gezien, maar inderdaad, als je mensen samenbrengt, doe je dat. Het klinkt wel als een onmogelijke taak, identiteit overstijgen. Natuurlijk, we zijn mensen met dezelfde behoeftes en verschillen in essentie niet van elkaar. Maar zonder wrijving geen glans, toch? Je moet het niet te utopisch zien. Wanneer ik door middel van mijn kunst mensen kan verbinden, vind ik dat mooi genoeg. Dat is voor mij de essentie.'

Hoe ziet u uw sterfelijkheid?
'Voor mij is er sowieso leven na de dood, want je nabestaanden blijven leven. Bovendien gebeurt er wat met je nalatenschap: dat is toch ook leven na de dood? Dan hebben we het nog niet eens over de ziel. Ik geloof dat die je karakter vormt. Als die je lichaam verlaat, leeft die voort. Die van Bram Vermeulen is misschien wel ergens bij mij in de buurt, ik weet het niet. In ieder geval heeft hij door middel van zijn muziek, zijn boeken en zijn stukken veel aan me doorgegeven, ik voel me een Bramoloog. Ik vind het heel jammer dat ik hem nooit heb ontmoet, want dan zou ik hem kunnen bedanken. Zijn leven is zeker zinvol geweest.'

BOEKTIP

Het boek van vreugde van **Desmond Tutu en de Dalai Lama**

'Gesprekken tussen de Dalai Lama en de Zuid-Afrikaanse bisschop Tutu. De vijf dagen dat de heren met elkaar praten, zijn soms wel een beetje zoet, maar het voelt vertrouwd. Vlak voordat de hele bromance begint, vraagt de Dalai Lama aan Tutu: "What is the purpose of life?" En daar gaan we. Het antwoord gaf mijn leven zin. Must-have. Het boek zit vol wijsheden, mijn hoofd werd er leeg van en bracht mij nieuwe perspectieven.'

Manuela Kalsky, theoloog en Nieuw Wij-oprichter

Wanneer het 's nachts onweert, moet ze zich aankleden en met een koffertje klaarzitten om te vluchten voor het geval er brand in huis uitbreekt: 'Als kind vond ik dat normaal, pas later begreep ik dat het met het oorlogstrauma van mijn moeder te maken had.' Haar moeder overleeft in de Tweede Wereldoorlog de bombardementen op Hannover, terwijl haar vader als soldaat in Italië dient. Later belandt hij in krijgsgevangenschap nabij Gross-Elbe, een dorp tegen de grens met Oost-Duitsland. Daar ontmoeten haar ouders elkaar, decennialang zullen ze een kruidenierszaak in Gross-Elbe draaiend houden.

In 1961 krijgen de Kalsky's tien jaar na hun eerste een tweede dochter, Manuela. Als nakomer geniet ze veel vrijheid: 'Ik moest me aan het einde van de schooldag even melden, verder kon ik mijn gang gaan.' Haar opvoeding komt deels op het conto van twee gepensioneerde tantes. Die brengen haar niet alleen in aanraking met muziek en theater, maar kleuren ook haar spirituele leven: 'Dankzij hen was God geen man op een wolk, maar liefde. De dragende kracht waaruit je kunt putten, waardoor je goed kunt doen, de wind onder mijn vleugels.' Tegenover die goede God staat nazi-Duitsland als 'symbool voor wat mensen elkaar kunnen aandoen. Het verschil tussen goed en kwaad leerde ik in dat licht.'

Haar juf op de lagere school overtuigt haar ouders ervan hun dochter naar het gymnasium te sturen: 'Ze twijfelden, want het was duurder en een meisje zou toch snel trouwen en kinderen krijgen, maar uiteindelijk stemden ze toe. Toen ik veel later promoveerde heb ik mijn juf een grote bos bloemen gebracht.'

Een jonge, energieke dominee die samen met zijn vrouw in Gross-Elbe terechtkomt, wordt 'de eerste intellectueel in mijn leven'. Met dit echtpaar en drie leeftijdgenoten voert ze wekelijks 'inspirerende discussies over grote levensvragen. We zijn alle vier theologie gaan studeren.' Ze begint op de universiteit van Marburg, waarna een uitwisselingsjaar haar naar Amsterdam brengt. Ze zal er niet meer weggaan. Aan de Universiteit van Amsterdam verdiept ze zich in feministische theologie en bevrijdingstheologie. Ook gaat ze in de leer bij rabbijn Yehuda Ashkenazy, een Auschwitz-overlevende. Hij geeft onderwijs aan Duitse studenten om herhaling van de Holocaust te voorkomen. Met hem voert ze heftige debatten: 'Hij kon uit zijn vel springen, maar ik ook. We voerden een harde strijd, maar hadden ook een diepe band.'

Haar loopbaan 'in de mannenwereld van de theologie' brengt haar het directeurschap van het studiecentrum van de orde der dominicanen, in 2012 volgt een hoogleraarschap aan de VU. Daarnaast is de negenenvijftigjarige Kalsky, die met haar man in Amsterdam woont, bestuursvoorzitter van nieuwwij.nl, een 'dialoogplatform' dat door haar is opgericht. Haar overtuiging is dat in een 'superdiverse' samenleving met verschillende culturele achtergronden het besef hoort door te dringen dat 'kennisnemen van andere perspectieven en contact met elkaar maken helpt om in vrede samen te leven'.

Wat is voor u een zinvol leven?

'Voor mij draait het erom de wereld een beetje beter te maken. Ik ben altijd gefascineerd geweest door het idee van een wereld waarin gerechtigheid heerst, het land van melk en honing waarin de wolf naast het lam ligt – het goede leven voor allen, het Koninkrijk Gods. Dat vind ik een vergezicht. In de dagelijkse praktijk betekent het dat ik op wil komen voor mensen die het minder goed hebben. Dat heeft mijn vader me voorgeleefd. Van hem mocht ik als kind met Kerstmis pakketjes samenstellen met spullen uit onze winkel en daarna naar arme mensen brengen. Ik herinner me het geluksgevoel dat door mij stroomde bij het zien van de blijdschap van de persoon in de deuropening. Ik leerde dat een ander iets geven ook jezelf gelukkig maakt.'

Hoe verhoudt dat 'voor anderen er willen zijn' zich tot uw aandrang tot zelfontplooiing?

'Daar ben ik een groot voorstander van, ik had mijn huidige positie nooit kunnen bereiken zonder die verworvenheid. Mijn zelfontplooiing heb ik te danken aan de feministische beweging. Ik vind wel dat die zelfontplooiing altijd ten goede moet komen aan je omgeving – het is je individualiteit ontwikkelen, niet je individualisme, zoals we nu al te vaak zien. Het zou moeten gaan om dat goede leven voor allen.'

Wat houdt dat in?

'Wat mij daarin aanspreekt is het idee van een wereld zonder onderdrukking – niet van andere culturen of rassen, niet van vrouwen. Mijn lievelingsprofeet, Amos, keerde zich al in de achtste eeuw voor Christus tegen de verwaarlozing van gerechtigheid en riep op tot gedragsverandering. Gerechtigheid zou als 'een altijd voortvloeiende beek' moeten gaan stromen, vond hij. Dat is nog altijd actueel, want onderdrukking is aan de orde van de dag.'

Waarom resoneert Amos bij u zo sterk?

'Omdat hij aansluit bij wat ik thuis had geleerd: opkomen voor mensen in verdrukking. Dat deed ik als kind in de klas al. Ik was geliefd en niet bang, ik had iets jongensachtigs, vermoedelijk omdat mijn vader liever een zoon dan weer een dochter had gewild. Toen ik acht was, kwam er een mooi, fragiel Turks meisje in mijn klas. Ik heb me over haar ontfermd. Het was het eerste Turkse gezin in ons dorp, mijn eerste ervaring met diversiteit. Mijn kindertijd is zeer vormend geweest voor alles wat ik later ben gaan doen.

In mijn proefschrift ben ik ingegaan op de onderdrukkende aspecten van religie – de christelijke theologie met zijn vrouwonvriendelijke, eurocentrische en racistische kanten. Yehuda Ashkenazy heeft me laten zien hoe die theologie zich in de nazitijd gekeerd heeft tegen zijn eigen wortels, het jodendom. Niet de Romeinen, maar de Joden werden voor het vermoorden van Jezus verantwoordelijk gehouden. De vraag die ik stelde was: hoe moet je de christelijke theologie zo veranderen dat het anti-judaïsme niet weer de overhand krijgt? Ook stelde ik de vrouwenonderdrukking aan de kaak. "Jij wilt de Bijbel herschrijven," verweet Ashkenazy me dan lachend.'

Was dat niet zo?

'Mij gaat het erom dat we niet de onderdrukkende aspecten in de Bijbel moeten blijven reproduceren. Ashkenazy en ik hebben daar veel discussie over gevoerd, als man vond hij mijn feminisme ongemakkelijk. Hij voelde zich vermoedelijk persoonlijk aangevallen, terwijl ik kritiek had op een patriarchaal systeem dat ons allen heeft gevormd. In alle religies zie je vrouwen het onderspit delven, ook in het joodse geloof, de islam en het boeddhisme.'

Heeft u die onderdrukking ook zelf ervaren?
'Van huis uit heb ik geleerd me als een jongetje te gedragen, dus ging ik in discussies er vaak met een gestrekt been in. Ik dacht altijd dat ik gelijkwaardig kon zijn, een kerel onder de kerels. Maar als je dat doet, wordt dat als onaangenaam ervaren. Dan word je subtiel op je plek gezet. Op een neerbuigende toon krijg je te horen: "Meisje, denk er nog maar eens over na, of je dat echt wel zo wilt zeggen." Daar ben ik vaker tegenaan gelopen. Eerlijk gezegd zie ik op dit vlak weinig verbetering, eerder een backlash. Ik signaleer nu conferenties waarvoor alleen mannelijke sprekers worden uitgenodigd. En er is het voorstel God in de nieuwe Bijbelvertaling weer als 'Hij' aan te duiden. Dat is achteruitgang. Onder het mom dat er al zoveel is bereikt, wordt de klok teruggedraaid.'

Welke les trekt u daaruit?
'Dat je een soort slimheid moet ontwikkelen. Vroeger dacht ik dat je er met alleen eerlijkheid en argumenten komt. Dat je zo ook in de wereld hoort te staan: met een rechte rug opkomen voor je overtuigingen. Dat is mijn Duitse kant, waardoor ik me meer verwant voel met de domineesdochter Merkel dan met de pragmaticus Rutte. Tegelijk heb ik geleerd dat ik mijn doelen in Nederland beter kan bereiken met enig pragmatisme. Dus verwoord ik mijn standpunten zachter, wat vrouwelijker. Of ik het leuk vind of niet, tussen een witte man en mij zit een machtsverschil, net als tussen hem en anderen die geen macht hebben.'

Ziet u het belang van diversiteit ook in dat licht?
'Van de dominicaanse theoloog André Lascaris leerde ik dat eenheid een gewelddadig concept kan zijn: als een enkele groep domineert, dreigen degenen die daar niet toe behoren te worden onderdrukt of zelfs te worden vervolgd, zoals ketters door de kerk en Joden in nazi-Duitsland. Ik verzet me daarom tegen monolithisch denken dat mensen tot een enkel aspect van hun bestaan reduceert. Ik ben Nederlands én Duits, dominicaans én luthers én seculier. De nieuwe campagne van Nieuw Wij heeft als slogan: 'Ik ben én/én'. Ons motto luidt: 'Verbind de verschillen'. We hoeven niet hetzelfde te willen worden, onze verschillende facetten verrijken ons. Omdat ik Duits ben kan ik jou iets tonen over Nederlander zijn, en omgekeerd.

Zwarte theologen hebben mij duidelijk gemaakt hoe gekleurd mijn woorden zijn, omdat alles wat donker en zwart is in onze taal met het negatieve wordt geassocieerd. In mijn eentje was ik daar niet achter gekomen. Alleen in de ontmoeting met de ander word je je bewust van je vooroordelen en kun je je angsten bezweren. Niet voor niets is de angst voor buitenlanders het grootst in gemeenschappen waarvan zij geen deel uitmaken.'

Komt u meer op voor anderen dan voor uzelf?
'Die neiging heb ik wel. Daar kwam ik achter nadat ik in 2018 van een trap was gevallen. Ik hield daar een pijnsyndroom aan over, sindsdien moet ik oppassen dat mijn lichaam niet overprikkeld raakt. Voor die val lette ik onvoldoende op mijn ontspanning. Ik maakte mezelf wijs dat ik mezelf niet uitputte door al mijn activiteiten en leefde naar het voorbeeld van mijn ouders: hard werken, niet zeuren, je moet er zijn voor je klanten.

Met meditatie en coaching ben ik mezelf nu gaan oefenen in zelfcompassie en zoek ik de balans: niet alleen anderen omarmen, maar ook mezelf. Ik ben deel gaan uitmaken van een groep mensen die ook balans zoeken. Die fluiten me terug wanneer ik in mijn oude patroon terugval. Het illustreert hoezeer ik met anderen ben. De conclusie in mijn proefschrift is dat het niet de bedoeling is *in* Jezus te geloven, maar *met* hem, in dat rijk van God, dat goede leven voor allen. Als ik zeg: 'Ik ben er voor anderen', speel ikzelf daarin een rol, ik cijfer mezelf niet weg. Ik voel me thuis in met anderen zijn.'

BOEKTIP
Compassie van **Karen Armstrong**

'Compassie maakt deel uit van alle wijsheidstradities en het is een vermogen dat ieder mens kan ontwikkelen. In dit inspirerende boek laat de Britse religie-expert Karen Armstrong zien hoe je dat in twaalf stappen kunt doen, waardoor je bijdraagt aan meer medemenselijkheid. "Wat jij niet wilt dat jou geschiedt, doe dat ook een ander niet", stelt zij voor als Gulden Regel voor onze omgang met elkaar.'

Lucas van der Rhee, filmmaker

Als puber brengt hij oudjaar steevast huilend door, alleen op zijn zolderkamer: 'Ik zei dan tegen mezelf: ik moet het voor middernacht vertellen, want anders ga ik weer een jaar in waarin ik niet mezelf kan zijn.' Op zijn achttiende komt in een brief aan zijn ouders het hoge woord eruit – hij is homo. 'Ik gaf die brief en ging naar boven. Het duurde een uur voordat ze bij me kwamen, het langste uur van mijn leven.'

Lucas van der Rhee groeit op in Alblasserdam, in een 'warm, christelijk mannenhuishouden' met zes oudere broers en twee zussen. Zijn vader heeft in het dorp nabij Rotterdam een schildersbedrijf, zijn moeder is er voor het gezin. De sfeer in huis wordt overheerst 'door een leger van mannen, christelijke Daltons'. Ze noemen hem stokstaartje, 'omdat ik niet stil kon zitten.'

Al vroeg trekt hij naar zijn moeder en zussen – hij heeft niets met voetballen, zoals zijn broers, wel met meisjespopgroep K3. Zijn droom is de kunstacademie, maar uitspreken durft hij die niet. Want dan zouden anderen kunnen vermoeden dat hij homo is. Bovenal is hij bang voor de dood van zijn moeder. Die mag het huis van hem nauwelijks verlaten: 'Alleen achterblijven met mijn vader en mijn broers, dat leek me verschrikkelijk.' Zijn angst voor haar gezondheid komt ook door haar beide broers, die jong aan een hartstilstand overleden: 'Hun dood is er bij mij in geslepen, mijn moeder sprak vaak over oom Bas en oom Theo. Bij mij leidde dat tot de overtuiging: ooit ga ik een hartstilstand krijgen. Helemaal toen op mijn zeventiende mijn neef Bas, op zijn zevenentwintigste, ook eraan overleed.'

De kerk maakt zijn leven niet eenvoudiger: 'Er werd nooit over homo's gesproken. Op catechisatie werd een keer gezegd: het mag, maar alleen celibatair. Ik schrok enorm, want ik kom uit een knuffelfamilie, dus hoe zou ik het zonder intimiteit moeten volhouden?' Tijdens een bijbelclub geeft hij af op homo's: 'Ik zei dat het vies was en niet van God mocht. Ik was zo tegen mezelf aan het strijden.' In zijn hoofd spookt wat zijn ouders over een partner zeggen: 'Het maakt niet uit met wie je thuiskomt, als ze maar christelijk is. Ik dacht: "Als mijn ouders dood zijn, kan ik uit de kast komen. Dan rekende ik uit: een mens wordt gemiddeld tachtig, dus vanaf mijn vijftigste kan ik nog dertig jaar als homo leven.'

De brief aan zijn ouders werkt bevrijdend – ze nemen het lang niet zo zwaar op als hij vreest. 'God is liefde, wie je ook bent,' zegt zijn moeder. Wat blijft, is zijn angst voor de dood. In de zomer van 2017 krijgt hij, tweeëntwintig jaar oud, daadwerkelijk een hartstilstand. Hij woont dan samen met zijn vriend David en heeft net zijn draai in de Amsterdamse filmwereld gevonden. De hartstilstand gebeurt thuis. David, die hij 'de man van mijn leven' noemt, reanimeert hem op de vloer van hun woonkamer. Dat blijkt levensreddend, want die handmatige reanimatie maakt dat daarna de elektrische schokken van een AED-kastje van de politie effect kunnen hebben. 'Twee weken later werd ik uit het ziekenhuis ontslagen en stond ik tussen feestende mensen op de Gay Pride. Ik realiseerde me: die zouden er ook staan, als ik nu was begraven. Ons leven is nietig. Dat we onszelf belangrijk vinden, is een grote grap.'

Wat is voor u een zinvol leven?
'Voor mij draait het om: worden wie je bent, of in ieder geval ernaar streven, ook al kom je er nooit echt achter. Ik zie het als een grote zoektocht, waarin je niet dé waarheid gaat vinden, maar voor mij is het zoeken zelf interessant genoeg. Durf je daarin je hart te volgen, dan kun je je met mensen verbinden en iets voor ze betekenen.'

Worden wie je bent was al vroeg een opgave.
'Ik wist al jong: er is iets met mij. Maar ik had lang geen idee wat. Mijn broers hadden het soms over 'wijven', als jongetje ging ik daartegen in. Ik keek juist op naar vrouwen, voelde meer aansluiting bij ze. Voor mijn gevoel vormen ze ook een minderheid, omdat alles om heteromannen draait: die hebben het hoogste woord, passen het best in het systeem. Vrouwen moeten uit hun traditionele patroon losbreken. Zelf moest ik ook loskomen.'

Is dat gelukt, nu u in de Amsterdamse filmwereld bent beland?
'Uit de kast komen was de grootste bevrijding, de stad hoorde daarbij. Daar kon ik me vrijer voelen, in Amsterdam gooide ik mezelf in het diepe. Na mijn hartstilstand ben ik geregeld in een tunnel van angst terechtgekomen, maar aan het einde daarvan was er toch altijd weer hoop. Ik werk nu aan mijn eerste langere documentaire en doe wat ik wil doen. Ik ben ervan overtuigd dat je iedere dag kunt worden wie je ten diepste bent. Dat is mijn credo.

Mijn moeder zou eraan toevoegen: dat mag je van God. Zo zie ik dat niet. Ik vind het mooi te zien hoeveel steun het geloof mijn moeder geeft. Ze heeft een sterke evangelisatiedrang. Toen ik haar over dit interview vertelde, was haar reactie: "Verspreid het woord van God, vertel dat Hij je heeft gered." Voor haar staat het vast dat ik mijn hartstilstand heb overleefd dankzij alle mensen die hebben gebeden.'

Hoe ziet u dat zelf?

'Ik kan David als mijn engel zien, maar niet als een engel van God, zoals mijn moeder. Dat is wel een mooie gedachte, maar dan vraag ik me af: waar waren die engelen toen mijn ooms en neef een hartstilstand kregen? Ik kan moeilijk accepteren dat God mij wel wilde redden, maar hen niet.

Met mijn hartstilstand ben ik veel bezig. Laatst vroeg ik me af: wanneer denk ik er eigenlijk niet aan? Dat wekt misschien de indruk van een zwaar bestaan, maar ik zie het als iets waardevols. Je sterfelijkheid beseffen scherpt je besef: dit is het leven. De dood zet alles op scherp: leef ik wel zoals ik het echt wil? Ja dus, ik doe nu wat ik het liefst wil doen. Vakanties heb ik niet zo nodig, in de stad ervaar ik dagelijks genoeg geluksmomenten. Ik heb gemerkt hoe waardevol het vangnet is dat ik om me heen heb.

Mijn angst voor de dood is wel toegenomen, de angst dat het nogmaals gebeurt zit diep. Ik ben ervoor naar een psycholoog gegaan. Ik wilde ook voorkomen dat ik bij jongeren op terrassen in de stad zou blijven denken: wacht maar, jullie weten niks. Ik wilde niet een boos mannetje worden die een hartstilstand heeft overleefd en opeens denkt te weten hoe het leven in elkaar zit. Ik wilde me weer over de afwas druk kunnen maken of van een fietstochtje kunnen genieten. Dat is gelukt.'

Hoe staat u nu tegenover het geloof?

'Sinds mijn hartstilstand ben ik daarvoor meer open gaan staan. Jarenlang dacht ik afstand te hebben genomen van God, de kerk en het geloof. Nu denk ik vooral: wie ben ik om met stelligheid te zeggen dat God niet bestaat? In een man op een wolk geloof ik zeker niet meer, maar ik denk wel dat we ergens met een groter geheel zijn verbonden. Of dat met een God is, weet ik nog niet. Het kan ook zijn dat hij alleen in de hoofden van mensen bestaat. Bij God denk ik nu vooral aan een persoonlijke overtuiging. We kunnen in het leven niet zonder.'

'Tegelijk ben ik nog altijd bang voor een teken van God dat mijn tijd is gekomen. Dat heeft te maken met het verhaal over mijn oom Bas. De avond voor hij stierf, heeft hij tegen zijn vrouw gezegd: "Het zit goed tussen God en mij." Die uitspraak haalt mijn moeder vaak aan, voor haar is dat de kern van het geloof: haar broer voelde de liefde van God en kon naar de hemel. Mij heeft die uitspraak altijd beangstigd. Daardoor denk ik altijd aan de dood, zodra ik me gelukkig voel met David en de mensen om me heen. Dan vrees ik dat dat geluk een teken is.'

Denkt u dat echt?

'Ik kan het ook anders zien. Laatst zei een dominee me dat God niet zulke signalen geeft. Hij noemde dat een God van 'eigen huis en tuin', die je kunt bedanken en verwijten maken, wanneer hij je wensen niet vervult. Dat beeld biedt mensen houvast, maar als er al een God bestaat, moet hij toch groter zijn dan dat. Het valt ook niet te rijmen met alle ellende in de wereld. Die kan hij onmogelijk hebben gewild.'

Uw documentaire gaat over uw hartstilstand en uw familie. Wat wilt u ermee vertellen?
'Mijn hartstilstand heeft grote gevolgen voor ze gehad. Want de oorzaak bleek genetisch – zes van de negen broers en zussen hebben hetzelfde defect en hebben een icd-kastje geïmplanteerd gekregen. Dat kan met een elektrische schok het normale hartritme herstellen. Voor hen is ook gebleken hoe kwetsbaar het leven is. Hen filmen was een middel om in gesprek te komen. Ik ben ze beter gaan begrijpen, ook mijn broer die denkt dat het een plan van God is. Die wil niet naar een psycholoog, zoals ik heb gedaan, of op een yogamatje liggen, zoals ik stiekem hoopte. Hij is een doener en heeft daar helemaal geen zin in. Voor hem is mijn leven helemaal niet de manier waarop hij wil leven en andersom. Dat begrijp ik door de film beter. Wie ben ik om te zeggen dat mijn leven dé manier is?

Het is een verhaal geworden over de omgang met de dood, hoe wij dat als familie doen en de rol die het geloof daarbij speelt. Net zoals mijn moeder heb ik ook een evangelisatiedrang. Het geloof wilde ik eigenlijk geen grote rol geven, maar toch blijkt mijn film er grotendeels over te gaan. Ongelovige mensen die hem zagen, hadden als reactie: "Moet ik me niet meer in het geloof verdiepen, als ik zie hoeveel troost het je moeder geeft?" Dat vond ik een compliment. Mijn moeder vond dat prachtig. Maar ik verkondig mijn woord, niet dat van God. Voor mij draait het vooral om geloof in het leven.'

BOEKTIP
Rouwwerk van **Julia Samuel**

'Dit boek kocht ik vlak na mijn hartstilstand. Het bevat verhalen van mensen die een groot verlies leden en daarmee leerden leven. Ze tonen dat verdriet zijn eigen moment kiest, dat maakt Samuel duidelijk. Rouwwerk bestaat uit het vinden van manieren om dat verdriet te uiten. Door er open over te praten kunnen we elkaar helpen. Vermijden we dat dan maken we de dood alleen maar angstaanjagender.'

Joyce Hes, activist en jurist

Eind jaren zestig brengt ze als rechtenstudent met haar geliefde, Hans, een bezoek aan haar vader – een Haagse advocaat, 'een klassieke liberaal' en een 'originele, maar ook onmogelijke man'. Hij drukt een zwaar stempel op het vijfkoppige gezin, veelzeggend is de leuze op zijn asbak: 'Drie dochters en mama, vier plagen voor papa'. Zijn gedrag is dominant, soms zelfs agressief: 'Je zat bij hem altijd op het puntje van je stoel, je moest alert zijn en was altijd bang om door de mand te vallen. Mijn vader stond bekend om: de eerste klap is een daalder waard.'

Tegen haar vriend Hans oreert hij twintig minuten lang, dan wordt hij onderbroken: 'Meneer, nu wil ik wel even aan het woord zijn.' Waarop haar vader reageert met: 'Daar is het gat van de deur.' Hans staat op en vertrekt. 'In een flits besloot ik met hem mee te gaan. Sindsdien heeft mijn vader me geen cent meer gegeven. Ik ben Hans nog altijd dankbaar, hij bood me de kans afstand van mijn vader te nemen.'

Het is de vierenzeventigjarige Joyce Hes, die zichzelf als 'dichter, denker, jurist en moeder van drie kinderen' omschrijft, in de loop van haar leven duidelijk geworden dat die distantie haar heeft geholpen in het bestaan: 'Mijn jeugd heeft me niet goed op het leven voorbereid. Het mensbeeld dat ik daaraan overhield, staat haaks op wat ik later als een goede levenshouding ben gaan zien. Voor dat inzicht heb ik hard moeten werken.'

Bij haar geboorte in 1946 vertegenwoordigt ze 'de hoop, het nieuwe leven', na een oorlog die het gezin had gespleten. Haar Joodse moeder en twee oudere zussen overleefden het concentratiekamp Theresienstadt, haar Joodse vader ontsnapte uit een kamp en werkte als juridisch adviseur onder een andere identiteit in Amsterdam. Na de oorlog kiezen haar beide ouders voor de advocatuur: 'Qua sociale klasse mag ik tevreden zijn, want het was een liberaal, bourgeois milieu waarin ik niet in de mal van een of ander geloof ben geperst.'

Maar de oorlog wordt thuis met andere middelen voortgezet – haar ouders ruziën voortdurend, ook al wordt tegenover de Haagse buitenwereld de schone schijn opgehouden ('met ons was nooit iets aan de hand'). De jonge Joyce, die graag gedichten schrijft, voelt zich onveilig, ook al proberen haar ouders haar te beschermen door nooit te spreken over de ellende van de oorlog of hun Joodse identiteit: 'Maar als kind krijg je toch mee waar je vandaan komt, ook als er niet wordt gepraat. Het overheersende idee bij ons thuis was dat je niet te gevoelig moest zijn. Andere mensen diende je te wantrouwen.'

Al jong trouwt ze met Hans, 'vooral om mijn vader te pesten', maar dat huwelijk houdt niet lang stand. Ze wordt verliefd op een jurist, een latere rechter, met wie ze drie kinderen krijgt. Na dertig jaar besluiten ze te scheiden. Inmiddels woont ze alleen in een ruim appartement, met een hondje. Haar zes kleinkinderen vindt ze 'erg belangrijk'.

Haar maatschappelijk leven kenmerkt zich door links activisme, ver verwijderd van de belevingswereld van haar

VVD-vader – emancipatie en strafrecht vormen haar strijdpunten. Ze is aan vier universiteiten verbonden geweest, zat in de Leidse gemeenteraad en de Emancipatieraad. Ook was ze de eerste vrouwelijke voorzitter van de Coornhert-Liga, een club van kritische juristen die een liberaal strafrecht wilde. Eind jaren tachtig staat dat haaks op de tijdgeest: 'We hebben die strijd verloren, maar ik zou hem weer aangaan. Ik heb in mijn leven vaak tegen de bierkaai gevochten.'

Wat is voor u een zinvol leven?
'Of wat ik doe zinvol is geweest, vertellen mensen achteraf op mijn uitvaart. Dus wanneer die beoordeling komt, ben ik er niet meer bij. De vraag die ik mezelf stel, is: wat is voor mij vervullend? Dat is niet het leven volstoppen met activiteiten. Wat vervullend is, geeft me energie. Dan denk ik aan mijn maatschappelijke betrokkenheid, maar ook aan mijn rol als buurtdichter. Ik ben altijd betrokken bij maatschappelijke problemen, zoals nu weer bij problemen van vluchtelingen. Omdat ik niet tegen onrecht kan en omdat ik me onderdeel van de wereld wil voelen.'

Vechten tegen de bierkaai, dat is een hopeloze strijd.
'Dat is een oordeel van buitenaf. Daar kom ik niet aan toe, want ik zit er telkens middenin. Neem het Platform Bescherming Burgerrechten (Hes is een van de oprichters). Dat leverde veel strijd op, want privacybeschermers zijn onafhankelijke denkers die wantrouwig tegenover de wereld staan. Vaak kreeg ik het met ze aan de stok. Is die strijd het waard geweest? Dat platform heeft onlangs wel een belangrijke slag gewonnen, het SyRi-proces over discriminatie door de overheid. Ik ben er weg, maar denk dan toch: "Daar heb ik ook een steentje aan bijgedragen." Bij anderen komt vaak de vraag

op: heeft het wel zin wat je doet, levert het voldoende op? En tegenwoordig ook: zou je het niet rustiger aan doen? Mijn kinderen verklaren me vermoedelijk geregeld voor gek. Maar mij geeft het energie.'

Waarom maakt u zich zo druk om onrecht?

'De filosoof Kant sprak over "de morele wet in mij", daar draait het om. Dat kun je in mijn geval verbinden met de Ed van Thijn-gedachte: "Dit nooit meer." Dat maakt dat ik in actie kom, zodra dingen in mijn ogen de verkeerde kant op dreigen te gaan. Daarbij ging ik er nogal eens met gestrekt been in, ik heb veel conflicten meegemaakt. Een psychiater zei eens dat ik het alleen had over inhoud, maar niet bezig was met hoe die over te brengen. Dat klopte. Je moet ook registreren wanneer iemand moeizaam gaat kijken. Dat deed ik niet. Ik vond mensen moeilijk doen, omdat de inhoud waar ik voor stond zo goed was. Eigenlijk was ik dan het contact kwijt. Dat heeft te maken met de hang naar controle die ik van huis uit heb meegekregen. Wat je nodig hebt is een open houding die ruimte voor jezelf laat, maar ook voor anderen. Je moet niet naïef zijn, maar wel uitstralen dat je de ander vertrouwt. Dan kun je verbinding krijgen. Als je gesloten bent, heeft die ander weinig kans.'

Hoe bent u tot dat inzicht gekomen?

'Anderen hebben me geholpen, ik heb veel therapieën gedaan. Toen ik begin dertig was, twijfelde ik enorm over kinderen krijgen. Ik kwam bij het Itip (Instituut voor toegepaste integrale psychologie) terecht, waar mij werd geleerd anderen meer te vertrouwen. Dan deed je zo'n oefening waarbij je met ogen dicht van de ene naar de andere kant van de zaal werd geleid. Die overgave, ervan uitgaan dat de ander geen gekkigheid uithaalt, stond haaks op mijn gevoel dat je er alleen voor staat.

Ik was ook altijd sterk op het hoofd gericht. De focus daarop is iets Joods: mensen kunnen al je bezit afnemen, maar niet je kennis. Ik was lang een hoofd op stokjes, erg gericht op controle. Langzaam heb ik geleerd dat los te laten, ook dankzij alternatieve therapieën die op lichamelijkheid waren gericht. Mindfulness helpt me ook, zeker tijdens de lockdown. Ik heb hard aan mezelf gewerkt.'

Wat heeft dat u precies opgeleverd?

'Wanneer ik nu aan een actie deelneem, bijvoorbeeld voor minderjarige vluchtelingen, en iemand stelt een andere aanpak voor, dan kan ik zeggen: "Heel goed." Humor is belangrijker geworden. Ik zie meer de beperking in van wat ik doe en het absurde van ons bestaan. Ook heb ik geleerd de onvoorspelbaarheid van de ander meer te accepteren. Mensen komen en gaan, er is geen peil op hun handelingen te trekken. Dat stemt onzeker, maar als je goed in jezelf zit, kun je daarmee omgaan en kan het ook positief blijken. Het onverwachte kan goed uitpakken.

Omgekeerd zijn verwachtingen vaak dodelijk voor je plezier in het bestaan. Ik heb veel in mijn leven gedaan, maar de waardering die ik heb gekregen is beperkt gebleven. Dat zou je dus als een tegenvaller kunnen zien, maar dat is een beoordeling gebaseerd op verwachtingen. Dat moet je dus niet doen. Net zoals je niet moet denken: die kinderen mogen wel eens vaker bellen. Zulk soort denken is een bron van teleurstellingen, dan dreig je wrokkig te worden.'

Bent u uw achterdocht kwijtgeraakt?

'Wanneer (historicus en schrijver) Rutger Bregman stelt dat

“de meeste mensen deugen”, vind ik dat schattig, maar zo sta ik er niet in. Bepalend is de context waarin mensen leven. Die moet veiligheid bieden, maar vooral ook het gevoel dat ze worden gezien. Daar draait het altijd om: bij zwarten, Joden, homo’s, maar ook bij de rechtse jongeren van Forum voor Democratie – iedereen wil worden gezien. Als we ons daarvoor niet hard maken, krijg je geen gezellige wereld.

Ieder mens heeft vervelende, zwarte kanten. Neem de coronatijd: ik bleek ook gevoelig voor een sfeer waarin je van het ene op het andere moment de ander als een risico gaat zien. Zo snel kan het gaan. Mensen zijn heel beïnvloedbaar, zo heeft de geschiedenis ons geleerd. Om te voorkomen dat het met mensen de verkeerde kant opgaat, moeten we onze verantwoordelijkheid nemen en betrokken blijven. In die zin ben ik een humanist: wij maken zelf onze wereld.

Wat ik jammer vind is dat mensen gauw vergeten – de continuïteit van de geschiedenis hapert in zekere zin, dat is doodzonde. Neem de discussie over de identificatieplicht, daarover is in het verleden veel denkwerk verricht, maar daar wordt in het huidige racismedebat helemaal geen gebruik van gemaakt. Dat zegt wel iets over onze cultuur, die enorm op het nieuwe en de toekomst is gericht.’

Hoe kijkt u aan tegen uw sterfelijkheid?

‘De dood zie ik in zekere zin als een verlossing. Niet dat ik in de hemel denk te komen, maar ik heb vaker ervaren dat iets waar je bang voor bent juist positief kan uitpakken. Zoals die keer dat ik achter mijn geliefde Hans aanrende en daarmee afstand van mijn vader nam. Dingen gaan vaak anders dan we denken. Ik vermoed dat de dood ook rust kan brengen. Misschien dat je je op zo’n moment één kunt voelen met alles, dat je samenvalt met alles wat om je heen is. Dan is het een verlossing van de strijd die je op aarde hebt moeten leveren.'

BOEKTIP
De zin van het bestaan van **Viktor Frankl**

'Deze Joodse psychiater van Oostenrijkse komaf had zich voor de Tweede Wereldoorlog toegelegd op het voorkomen van zelfmoorden. In de oorlog overleefde hij Auschwitz. Dit boek schreef hij erna, hij heeft er zijn kampervaringen in verwerkt. Voor hem draait het in het leven niet om prestaties, maar om de houding die je tegenover gebeurtenissen inneemt, juist ook wanneer die verschrikkelijk blijken.'

Philipp Blom, historicus en schrijver

Als student beleeft hij begin jaren negentig in Wenen 'een groot liefdesverhaal' met het joodse geloof – hij denkt er zelfs over om joods te worden. Zijn held in die jaren is violist Yehudi Menuhin, 'een nobele figuur die veel voor de mensheid deed' – zelf heeft hij dan al jaren achter de rug van vijf uur vioolspel per dag ('gelukkig ben ik geen violist geworden'). Naast filosofie kiest hij voor Joodse studies: 'Ik voelde een instinctieve sympathie. Dat had te maken met een gevoel van buitenstaander zijn. Mijn Nederlandse moeder en ik ervoeren dat tijdens mijn jeugd in Duitsland – zij was opgegroeid in Nederland en vond Duitsland maar burgerlijk en humorloos. We behoorden tot een kleine gemeenschap van bevriende kunstenaars en zagen de buitenwereld als enigszins vijandig.' Zijn liefde voor de joodse religie bekoelt, wanneer hij na enkele jaren Wenen verhuist naar Oxford, waar hij zich tot 'seculier humanist' ontwikkelt. Het gevoel van buitenstaander is gebleven.

De inmiddels vijftigjarige Philipp Blom, internationaal gerenommeerd historicus en romanschrijver, brengt de helft van de eerste twee jaar van zijn leven in het ziekenhuis door vanwege een complexe aandoening: 'Dat heeft me een gevoel van existentiële onzekerheid meegegeven dat ik nog altijd niet kwijt ben. Ik ontbeerde in die tijd liefde en aandacht, werd zelfs enige tijd vastgebonden aan mijn bed. Het is de leeftijd waarop je de relatie met je eigen lichaam opbouwt – ik vertrouw het nog altijd niet.'

Zijn moeder omschrijft hij als 'een prachtige vrouw voor een klein kind, warm en fantasievol', maar ook als 'zeer dominant'. Wanneer ze hertrouwt, is de achtjarige Philipp diep beledigd, 'omdat de trouwring niet voor mij was'. In zijn puberteit voelt hij 'de instinctieve noodzaak' zich van haar los te maken: 'Van een vrolijk, extravert jongetje werd ik een eenzame puber die historische en filosofische boeken las. Van die onderwerpen had zij geen verstand, dus kon ik er mijn soevereiniteit over uitoefenen.' Zijn liefde voor de joodse religie ziet hij als een antwoord op haar christelijk geloof: 'Het was mijn vorm van rebellie. Ik probeerde haar te raken waar het de grootste pijn deed.'

Al vele jaren is Blom gelukkig getrouwd met schrijfster Veronica Buckley, dertien jaar ouder dan hij. Ook zij is, als Nieuw-Zeelandse in Europa, een buitenstaander: 'We hebben onze eigen familie gebouwd. Die bestaat uit vrienden. Zij geven mij kracht.' Enthousiast vertelt hij over zijn vijftigste verjaardag in zijn woonplaats Wenen, die hij vierde 'met honderdzestig vrienden uit vele landen'. Eerder woonde hij in de Verenigde Staten, Frankrijk, Duitsland en Engeland. Hun huwelijk is kinderloos gebleven: 'Ik zou graag vader zijn geweest. Je kiest je leven niet uit een catalogus, je bent overgeleverd aan wat je overkomt.' Zonder vaderschap heeft hij wel meer boeken kunnen schrijven, vermoedt hij: 'Als ik economisch verantwoordelijk voor een kind was geweest, had ik een baan moeten nemen.' Faam als historicus verwierf hij onder meer met *De duizelingwekkende jaren* (over Europa tussen 1900 en

1914). In de voorbije jaren waarschuwt hij stelselmatig tegen klimaatverandering, met name in zijn essay *Wat er op het spel staat* en recent in *Het grote wereldtoneel*. De rol van zelfstandig schrijver en essayist ligt hem, een 'institutionele carrière' niet: 'Mijn positie als buitenstaander is voor mij net zo'n gegeven als mijn sterfelijkheid. Ik heb die niet gekozen, maar omhelsd. Buitenstaander zijn betekent voor mij dat niets vanzelfsprekend is. Alles kan altijd anders.'

Wat is voor u een zinvol leven?
'De kosmische realiteit is dat over enkele miljarden jaren de zon dooft, wat op de schaal van het universum niets bijzonders is, niemand zal de aarde of de mens missen. Maar die zinloosheid telt voor ons niet. Wat ertoe doet is onze emotionele ervaring. Het is een prachtige evolutionaire truc dat wij sterven met de overtuiging dat ons leven betekenis heeft gehad. Als diersoort zijn we even zinvol als een kakkerlak, maar anders dan dat dier kunnen wij aan ons leven zin geven. Daaraan hebben we dringend behoefte, we zijn de aapjes die zin zoeken.'

Dat klinkt alsof het gek is dat te doen.
'Ja, dat is het ook. Het leidt ertoe dat mensen bereid zijn de grootste absurditeiten te geloven. Neem het christendom. Eerst schept God de mens en dan doet die iets wat God niet goed vindt. Waarna God de mens wil vergeven, maar daartoe moet hij eerst zijn eigen zoon worden en zich vervolgens laten doodmartelen door zijn eigen schepselen. Hoe verzin je het? Dat mensen bereid zijn zoiets te geloven, komt door de erkenning die het geeft, want met het geloof behoren ze tot een gemeenschap. Erkenning is net zo'n sterke behoefte van de mens als zoeken naar zin. Samen met seks en angst

behoort het tot de voornaamste drijfveren in ons leven. Het staat voor: worden gezien, erbij mogen horen. Dat verloopt via zin en die verschaft de mens zich traditioneel via het geloof.'

Maar hoe werkt dat voor een ongelovige als u?

'Voor mij is het moeilijker. Een Oostenrijkse vriend zei me eens: 'Glück ist ein Nebenprodukt sinnvollen Tuns.' Dus zinvolle activiteit staat op de eerste plaats, geluk is daarvan een afgeleide. Daar kan ik me wel in vinden – zin en geluk liggen voor mij dicht bij elkaar. Als ik andere mensen gelukkig maak door iets wat ik zinvol vind, zoals schrijven of muziek maken, dan betekent dat veel voor me. Maar zin is wel iets wat je zelf moet creëren, het wordt je niet gegeven. Je moet het veroveren en dat vereist discipline, aandacht en oefening. Ik vind mijn zin sterk in kunst.'

Hoe geeft dat zin?

'Kunst maakt je minder eenzaam. Wanneer je met mensen naar een concert gaat, beleeft ieder dat op zijn eigen manier, maar er is ook een gemeenschappelijke ervaring. Op dat moment voel ik me minder een buitenstaander. Dat lukt ook als ik in een flow terechtkom: wanneer ik volledig opga in wat ik doe en de tijd vergeet, als een kind dat speelt. Op dat moment is er geen binnen of buiten, dus ook geen buitenstaander. Dat is ook wat ik bij goede seks ervaar. Het is ook wat mensen met meditatie proberen te bereiken.

Om een rijker en dieper leven te kunnen leiden, heb je creatieve discipline nodig. Ik zie alles wat je onderneemt als het leren van een taal – pas als je het vocabulaire en de grammatica beheerst, kun je goed communiceren. Dat kun je toepassen op musiceren, schrijven, koken en al het andere waarin je jezelf wilt bekwamen. Vrijheid komt pas, als je controle hebt. Pas als mijn vingers gedisciplineerd doen wat ze moeten, kan ik vrij muziek maken. Als je die discipline opbrengt, cultiveer je jezelf en kun je een rijker leven leiden. Dat zie ik als een vorm van hedonisme. Ik ben een redelijk hedonistisch mens. Hedonisme kan ook ascetisch zijn – het is de cultivering van plezier in het bestaan.'

Wordt uw plezier niet vergald door jarenlang waarschuwen tegen klimaatverandering?
'Het is inderdaad vrij deprimerend om je iedere dag op basis van onderzoeken te realiseren: het gaat de foute kant op. Voor mij is het een kwestie van intellectuele eerlijkheid dit te blijven doen. We moeten de laatste kans grijpen om weg te komen uit die ongelofelijk domme en kortzichtige maatschappij waarin we nu leven, als we voor toekomstige generaties iets beters willen. Wel voel ik de laatste jaren steeds sterker de behoefte om me tegen deprimerende gevoelens te beschermen. Dan ga ik een boek schrijven over de zeventiende eeuw of over mijn viool. *Wein, Weib und Gesang* helpen alle abstracte constructies opzij te zetten en je dierlijk, lichamelijk leven te beleven.'

Dat lichaam heeft u danig in de steek gelaten.
'Inderdaad, op mijn zevenendertigste overleefde ik ternauwernood een longembolie. Enkele jaren daarna volgde nog een confrontatie met mijn sterfelijkheid toen artsen huidkanker vaststelden en me nog twee jaar gaven. Tien dagen later bleek dat vals alarm. Die confrontatie maakte op een haast gewelddadige manier duidelijk: er is geen zin. Daar kun je alleen tegen ingaan door jezelf verhalen over je eigen betekenis te vertellen.'

Helpen die verhalen echt?

'Tot op zekere hoogte. Ik stort me erin, maar neem er later ook weer afstand van. Dat is voor mij het verschil met een religieus iemand die zijn verhaal tot de waarheid verheft. Als filosoof probeer ik te bedenken: wat vertel ik mezelf, hoe zit dat in elkaar en wat betekent het voor mijn relatie tot de wereld? Wat ik bovenal belangrijk vind, is speels met verhalen omgaan door er ook weer uit te stappen.

Maar ze zijn soms hardnekkig en diepgeworteld. Zo worstel ik met de sporen van mijn christelijke jeugd. Als het mij goed gaat, denk ik vaak: is mij dit wel vergund? Zonder enig idee wie of wat het me zou moeten gunnen. Het helpt dan te bedenken: het universum staat er totaal onverschillig tegenover, dan mag het me ook goed gaan. Maar toch blijft het me hinderen. Gaat het me te goed of heb ik te veel plezier dan volgt onvermijdelijk een terugslag.'

Hoe nodig zijn verhalen?

'Je ziet de behoefte al bij kleine kinderen. Die hunkeren naar verhalen, omdat ze onderdeel van een groter geheel willen zijn. Die willen honderd keer hetzelfde horen, omdat ze instinctief begrijpen: de mechanismes van een verhaal heb ik nodig om te kunnen leven.

Zonder verhalen zouden we de wereld als chaotisch ervaren. Daar kunnen we niet mee omgaan, dat is te demotiverend. Daarom vertellen we onszelf bijvoorbeeld het verhaal: als we iets zinvols doen, heeft dat een zinnig gevolg en als je iets goeds doet, leidt dat tot iets goeds. Dat motiveert en geeft structuur. Bij voorkeur bedenken we ook een spanningsboog, ook al zit die niet in het leven zelf. Alles om de chaos te bedwingen.'

Hoe ziet u in dat licht het belang van ons levensverhaal?

'Het doel daarvan is onze plaats in het grotere geheel te bepalen: weten wie we zijn, waartoe we behoren. Dat verhaal veranderen we voortdurend, ons geheugen is enorm creatief daarin, zo blijkt uit recent onderzoek. Het geheugen heeft als functie zin aan gebeurtenissen te geven. Die kleuren we in zoals het ons uitkomt. Zo groot is onze behoefte aan zin.'

BOEKTIP

Brieven aan Sophie van **Denis Diderot**

'Ik voel me verwant aan deze Franse filosoof, omdat hij kan spelen met de verhalen die hij vertelt. Diderot is in staat er even uit te stappen om zich er dan weer volledig in te storten. Die filosofische gave spreekt mij zeer aan. In deze prachtige brieven zie je hem als hartstochtelijke materialist én humanist, als roddelaar en minnaar, als een mens met fouten.'

Hans Alma, hoogleraar geestelijke zorg

Pogingen om een mensenleven in een afgerond verhaal te vatten, kunnen op haar wantrouwen rekenen: 'Misschien dringt de chaos iets te vaak in mijn eigen leven door om daarin te kunnen geloven. De werkelijkheid is veel brokkeliger dan zo'n verhaal suggereert. Bovendien krijgt het leven er iets statisch door, terwijl juist beweging kenmerkend ervoor is. Je moet het leven niet in een mal willen gieten.'

Hans Alma, hoogleraar geestelijke zorg aan de VU, kiest voor haar laatste boek een titel die beweging suggereert: *Het verlangen naar zin*, 'daar zit het reiken in.' In haar boek legt de zevenenvijftigjarige wetenschapper en coach uit waarom zinvol leven 'maatschappelijk urgent' is: 'Er is een fundamenteel andere kijk op onze plaats in de wereld nodig, willen we de ecologische catastrofe afwenden.' Ze keert zich tegen de wijze waarop de mens almaar poogt 'de aarde naar zijn hand te zetten'. Die controledwang, in combinatie met een economisch systeem dat de aarde uitput, brengt ons in grote problemen. 'We moeten het krampachtige loslaten' is haar advies, niet in de laatste plaats aan zichzelf.

Haar boektitel valt ook hoogstpersoonlijk uit te leggen, want al decennia worstelt ze met 'depressieve dips'. Tijdens haar jeugd in Apeldoorn, doorgebracht in een 'gedegen, luthers gezin uit de middenklasse', rebelleert ze niet. Ze probeert de 'brave dochter' te zijn, als kind van een introverte vader 'die bang was te leven' en een moeder met sterk wisselende stemmingen: 'Wat het ene moment goed was, kon het volgende moment verkeerd zijn. Dat heeft een grote impact op mijn leven gehad.' Wat wel altijd werd gewaardeerd waren hoge cijfers, 'dus die kwamen er volop. Maar mijn eindexamentijd was wel een hel, want nooit had ik het idee genoeg te hebben geleerd.'

Als twintiger komt ze terecht in een 'grote crisis', wanneer ze op de kunstacademie in Kampen zit: 'Wie ben ik en wat wil ik? Ik was volkomen ontregeld en zag alleen maar de zinloosheid van het bestaan.' Dankzij psychotherapie en de steun van haar ouders krabbelt ze op, maar 'de zuigkracht van het negatieve' blijft haar vergezellen. Daartegenover plaatst ze de 'trekkracht van de vitaliteit', die blijkt uit haar niet-aflatende strijdlust: 'Ik beschik over een enorme veerkracht. Dat moet wel, dat kan niet anders,' zegt ze, met enige verbazing in haar stem. Aanvankelijk poogde ze haar demonen te verslaan 'door te ontsnappen in mijn hoofd. Nu ben ik bij mijn zoeken naar zin juist erop gericht te ontsnappen aan dat hoofd.' Dus legt ze nu de nadruk op het belang van creativiteit en aandacht om 'alledaagse ervaringen te intensiveren'. Dat kan helpen bij die noodzakelijke 'andere kijk op onze plaats in de wereld', meent Alma.

Wat is voor u een zinvol leven?

'Het is een fundamenteel verlangen van mensen om zin te ervaren. Dat heeft te maken met vroege ervaringen van de wereld als een goede plek om te zijn: als een kind te eten krijgt, het behaaglijk warm heeft, liefde ontvangt, dan legt dat de basis om het leven als zinvol te kunnen ervaren. Het begin is dus lichamelijk. Later komen daar nieuwe ervaringen bij waardoor het goede soms achter de horizon verdwijnt. Maar altijd blijft de mens ernaar verlangen, ik zie het leven als een zoekend bewegen naar zin. Je kunt het als zinvol ervaren wanneer je je verbonden voelt met een groter geheel dat je uitnodigt tot deelname aan de wereld, op welke manier dan ook. Dat grotere geheel kan de natuur zijn, of kunst, maar het kan ook gaan over de omgang met anderen.'

Op welk moment wordt die omgang met anderen dan zinvol?
'Dat is moeilijk in woorden uit te leggen, maar dat is als er iets gebeurt tussen mensen, als er iets resoneert. Het is wanneer je met een ander ervaart: ja, het is goed dat we samen zijn. Op dat moment doorbreek je de zelfbeslotenheid waarin we doorgaans vastzitten, alleen in onze gedachtes, waardoor we niet openstaan voor de wereld om ons heen. In mijn sombere buien heb ik daar last van: ik kan dan naar iets kijken waarvan ik weet dat het mooi is, maar kan er geen contact mee maken. Ik ervaar het als grote rijkdom als het lukt me open te stellen.'

Kunt u een concreet voorbeeld geven?
'Ik zal iets alledaags noemen, daar zit het juist in. Als mijn vriend met veel zorg een mooie fles wijn uitkiest die bij het eten past, dan kan ik me, als ik me goed voel, openstellen voor de liefde die daaruit spreekt. In een vriendschap kan ook zo'n resonantie ontstaan, iets dat de grenzen ervan overstijgt en leidt naar het intense gevoel dat het goed is te bestaan. Dat lukt zeker niet altijd. Hoe vaak voer je niet gesprekken waar je met je aandacht niet echt bij bent, ook met je partner?'

Kunt u ook een voorbeeld uit uw werksfeer geven?
'Als je samenwerkt, heb je vaak dat iedereen routinematig zijn taak doet. Maar soms zijn er momenten waarop er iets ontstáát, iets waaraan je allemaal bijdraagt – een idee borrelt op, een plan waar iedereen blij van wordt, met als gevolg een flow waarin de creatieve ideeën vloeien. Net als dat glas wijn met mijn vriend noem ik zo'n moment een transcendente ervaring.'

Dat klinkt bovennatuurlijk.
'Zo bedoel ik het niet. Ik heb het over een ervaring die inbreekt op je routines, die een einde maakt aan het aandachtsloze en daarmee de mogelijkheid opent grenzen te verleggen. Daardoor kun je anders gaan zien, zoals een kunstenaar dat kan. Ik gebruik graag het voorbeeld van Picasso, die van een fietsstuur en een zadel een stierenkop maakte. Dat vermogen anders te kijken zit volgens mij in iedereen. Het is zeker geen alledaagse ervaring, maar als het zich voordoet word ik uit de begrenzingen van mijn zelfbeslotenheid getild en ervaar ik het leven als zinvol.'

Kunnen we het simpele feit dat we bestaan niet als zinvol zien?
'Dat vind ik wel een mooie gedachte: ik heb bestaansrecht en mag er zijn. Dat is op zich een belangrijk aspect van leven, want ik vind dat we onszelf die rust moeten gunnen. Dat lukt tegenwoordig lang niet iedereen, als je kijkt naar het aantal mensen dat met een burn-out of met psychische problemen kampt. Maar ik vind het toch niet genoeg, bij leven hoort ook een streven: als mens draag je de verantwoordelijkheid bij te dragen aan het leven van anderen.'

In uw boek stelt u dat zinvol leven zelfs 'maatschappelijk urgent' is.

'We leven in een cultuur die gericht is op controle, waarmee we proberen ieder risico uit te sluiten en zo de chaos van het bestaan te bedwingen. En we leven in een economie die zo op efficiëntie is gericht dat we anderen vaak zien als instrumenten voor ons eigen doel. Het is ook een tijd die het ons gemakkelijk maakt aan de ander voorbij te leven – we duiken in onze telefoon en kijken weg. Natuurlijk kun je niet alle ellende van de wereld voortdurend tot je laten doordringen, maar nu besteden we er vaak geen aandacht aan.

Onze versnippering van aandacht door de mobieltjes is een probleem, maar vooral de dominantie van de opvatting: waar geld mee wordt verdiend, is goed en nuttig. Dat denken is doorgedrongen tot de zorg, het onderwijs, de universiteiten – onze aandacht wordt door het marktdenken gericht. De discussie die ik daartegenover wil stellen is: hoe komen we met elkaar in gesprek over goed samenleven? En: kunnen we de chaos van het bestaan niet ook omarmen in plaats van bestrijden? Die is ook een bron van creativiteit, juist in het onverwachte kan iets nieuws ontstaan.

Hoe komen we erachter wat de ander belangrijk vindt, als het om goed samenleven gaat? We menen zo tolerant te zijn, maar dat grenst aan onverschilligheid: doe maar wat je wilt, zolang je mij er niet mee lastig valt. Maar wanneer ga ik de ander vragen wat hij belangrijk vindt? Dat gesprek vindt zo weinig plaats. We zouden juist dat soort aandacht voorop moeten stellen. Dan gebruik je de ander niet, maar ga je zijn potentie zien.'

Tegenwoordig gaat het gesprek vaak over identiteit, wat al snel tot het bestrijden of uitsluiten van anderen leidt.

'Ja, dat is het tweesnijdend zwaard in het denken over identiteit: het geeft houvast en biedt de mogelijkheid te verbinden, maar het is ook altijd afzetten tegen anderen. Waar je op stuit, is het probleem van de empathie – kan die zich ook uitstrekken buiten de eigen groep? Het zit diep in onze natuur om ons tot de eigen groep te richten. Maar dat kunnen we ook doorbreken, het Bijbelverhaal van de naastenliefde blijft een mooie oproep. We zijn in staat verder te kijken.

Dat is ook noodzakelijk, nu de ecologische urgentie onze gedeelde zorg is – we zijn bezig de wereld naar de knoppen te helpen! Dat gedeelde belang kan ons ertoe brengen voorbij die mechanismes van uitsluiting te komen. Willen we de ondergang voorkomen dan zit dat niet in een windmolenpark meer of minder, maar moeten we fundamenteel kijken naar hoe we ons tot de wereld verhouden. Daar moeten we nu mee beginnen, dat is de maatschappelijke urgentie van mijn boek.'

Hoe kijkt u naar uw sterfelijkheid?

'Al vanaf mijn jeugd heb ik een sterk besef van eindigheid. Ik heb nooit gehad, wat veel vrienden me vertellen: dat ze tot hun veertigste leefden alsof ze het eeuwige leven hadden. Ik ben altijd doordrongen geweest van de kwetsbaarheid van het bestaan. Tegenover mijn eigen dood sta ik ambivalent. Soms denk ik dat het maar beter zou zijn. Niet dat ik suïcidaal ben, helemaal niet, maar op sombere momenten kan ik ernaar verlangen. De dood zie ik dan niet als afschrikwekkend, omdat ik hem verbind met de rust die ik in mijn leven vaak moeilijk te ervaren vind. Maar doorgaans voel ik een grote drang om vooral zinvol te leven. Mijn besef van eindigheid is dan verbonden met het verlangen iets toe te voegen, het is dus verbonden met de creatieve kracht. Ik zie ook wel dat ik verder kom in het leven, dankzij inzichten die ik vroeger niet had. Maar het leven kan me toch nog behoorlijk vaak overspoelen.'

BOEKTIP

Heilige onrust van **Frits de Lange**

'In de "heilige onrust" die De Lange beschrijft, herken ik wat ikzelf het verlangen naar zin noem. Hij wil de theologie weer laten beginnen bij iets dat je onvoorwaardelijk aanspreekt, want dat zet in beweging. Dat verbindt deze hoogleraar met een spiritualiteit die geaard is in ons lichamelijke bestaan. Hij weet aansprekend te schrijven over wat hij de fragiele kern van zijn geloof noemt.'

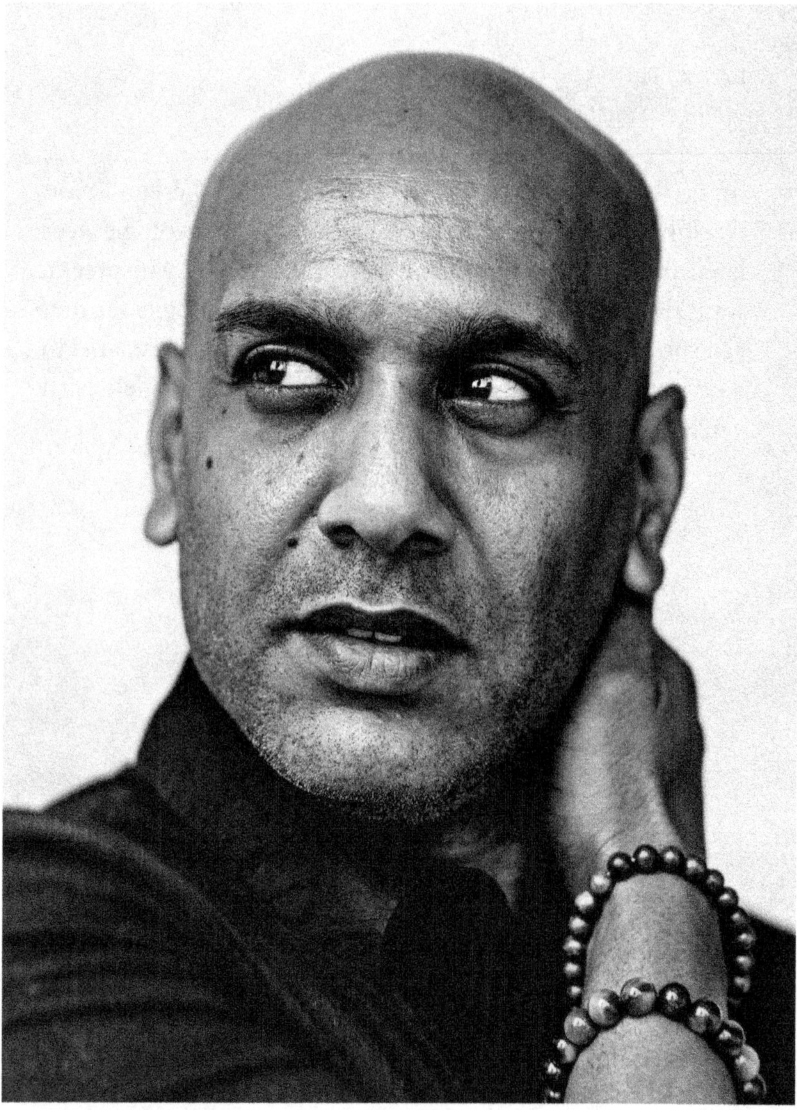

Mason Ramdhan, ex-crimineel

Fietsendiefstal, creditcardfraude, bankchequefraude, witwassen van drugsgeld en het opzetten van een drugstransport – op zijn kerfstok heeft hij genoeg voor vele jaren 'binnen', zoals hij de gevangenis aanduidt. Maar zijn criminele carrière van ruim een kwarteeuw heeft slechts tot drie korte veroordelingen geleid: drie maanden in 2001, drie maanden in 2011 en vijf maanden in 2019. Die laatste ervaring in een Franse cel brengt een ommekeer bij hem teweeg. Voortaan wil hij er zijn voor zijn twee tienerdochters. Ook wil hij als coach bij de stichting Draaistop jongeren uit de criminaliteit halen: 'Ik leg ze uit: justitie is je beste vriend, die wil je op het rechte pad hebben.'

De drieënveertigjarige Mason Ramdhan, geboren in Winschoten en zoon van twee Surinaams-Hindoestaanse ouders, schreef in zijn Franse cel zijn levensverhaal op. 'Ik vroeg me af: "Wie is Mase, waar is het misgegaan?" Ik begon met mijn vroegste jeugdherinnering: mijn vader, terwijl hij mijn moeder tot bloedens toe met een whiskyfles sloeg.' Er komen ook warmere herinneringen boven aan de tijd dat het gezin, verder bestaand uit een oudere broer en twee jongere zusjes, in Amsterdam-Zuidoost woont. Vaak is het thuis een zoete inval, met jongens uit de buurt die blijven eten en familieleden die in het weekend aanschuiven. Maar dominant is de 'zwarte bladzijde' van huiselijk geweld, gepleegd door zijn alcoholistische vader, honderdtwintig kilo zwaar: 'Als we 's middags uit school thuiskwamen en er stond een whiskyfles op tafel, wisten we wat er ging gebeuren. Dan hadden we buikpijn van de angst.' Wanneer de klappen vallen, staan de moeder en de zonen elkaar bij: 'We vormden een front tegen hem. Als mijn moeder klappen kreeg, sprong mijn broer en als mijn broer klappen kreeg, sprong ik. Dan ging hij weg.'

Op zijn elfde krijgt zijn moeder te horen dat ze nog maar een jaar te leven heeft door levercirrose als gevolg van een verkeerde bloedtransfusie: 'Mijn wereld brak. Ik was zeer hecht met haar, ze heeft ons altijd alle liefde gegeven.' Ze blijft nog bijna dertig jaar leven. Ondanks haar ziekte verandert het gedrag van zijn vader niet. Tijdens de hele jeugd van Mason blijft hij haar slaan, zijn geld stuurt hij vooral naar zijn familie in Suriname: 'Die vond hij belangrijker dan zijn eigen gezin.' Zijn moeder komt daardoor in geldnood, waardoor Mason besluit het criminele pad op te gaan. Met succes, want frauderen levert hem veel op – op zijn drieëntwintigste bezit hij meer dan een miljoen: 'Ik kocht leuke spullen voor mezelf en verder gaf ik geld aan mijn moeder en aan mensen in de buurt. Niemand heeft dat ooit geweigerd, ook al wisten ze hoe ik eraan kwam.'

Bij twee vrouwen krijgt hij twee dochters, in 2003 en 2009: 'Ik was te onrustig om een normaal gezinsleven te leiden. Dus ik ben er lange tijd niet voor mijn dochters geweest.' Het overlijden van zijn moeder in 2016 raakt hem hard, met haar verliest hij zijn 'beschermengel'. Twee jaar later organiseert hij zijn eerste drugstransport, vijfhonderd kilo cocaïne vanuit Colombia. Als hij terugvliegt om vanuit Nederland groen licht te geven, wordt hij in Frankrijk gearresteerd. Hij blijkt voor een internationale witwaszaak uit 2011 de cel in te moeten: 'Ik ben Frankrijk dankbaar. Want als ik voor dat coketransport was gepakt, had ik veel langer gezeten. Dan had ik mijn dochters jaren niet meer gezien.'

Wat is voor u een zinvol leven?
'We leven in een tijd waarin iedereen op zichzelf en vaak egoïstisch is. Ik vind dat je mensen moet helpen. Dat is zinvol. Laatst heb ik een jongere geholpen, waardoor die niet meer naar binnen hoeft. Dat heb ik op mijn ervaring gedaan, met mijn mond. Dat is mijn kracht, iemand zo bereiken. Dat geeft meer voldoening dan de manier waarop ik vroeger mensen hielp. Dat was de gemakkelijkste manier, alleen met geld. Dat geeft maar een beetje voldoening, niet de voldoening die ik wil eren.'

Hoe kijkt u erop terug dat u in de criminaliteit bent beland? Er was armoede thuis, maar u heeft zelf ervoor gekozen.
'Als ik het opnieuw mocht doen, zou ik het anders doen, zeker. Mijn broer en mijn zusjes hebben hun opleidingen afgemaakt, ik heb alleen mavo. Daarna ben ik wel begonnen aan een handelsschool, maar die heb ik niet afgemaakt. Ik heb die keuze gemaakt omdat ik me zorgen maakte om mijn moeder, mijn broer en mijn zusjes. Dat zorgzame had ik vanaf mijn elfde, toen mijn moeder ziek werd – strijken, dweilen, koken, ik nam dat van haar over. Later nam ik het financiële plaatje op me.'

Waren er mensen in uw omgeving die het u hebben afgeraden?
'Mijn beste vriend zei altijd: "Mase, stop nou." Mijn moeder

was er ook niet blij mee. Ze zei: "Onthou één ding: wat je doet heeft ook een keerzijde, je gaat ooit de bak in." Toen ik voor het eerst vastzat, kwam ze op bezoek en zei: "Dit heb ik je gezegd." Maar ik luisterde niet naar haar waarschuwingen, ik ging toch door. Tot vorig jaar heb ik nooit aan stoppen gedacht.

Vier jaar geleden is ze overleden. Kort voor haar dood zei ze: "Ik wil niet dat je de drugswereld ingaat." Toch deed ik dat daarna wel. Later heb ik me afgevraagd: waarom? Toen ze overleed had ik niemand meer om op terug te vallen. Ik vertelde haar altijd alles en ze beschermde me. Mijn gedachtegang met die drugshandel was dat ik wilde bewijzen dat ik het kon. Een stomme gedachte, want ik hoef niemand wat te bewijzen, ook niet mezelf. Maar ik zag hoe mijn contacten die handel deden en dacht: dat doen ze best wel stom. Ik dacht slimmer te zijn, voelde de adrenaline in me. Als dat cocaïnetransport was gelukt, had ik gelachen. Maar toen ik in Parijs op de luchthaven aankwam, werd ik gearresteerd, terwijl mijn dochters me op Schiphol stonden op te wachten.'

Waarom besloot u toen een ander leven te gaan leiden?
'De eerste dag, toen ik op de luchthaven vastzat, was echt een hel. Ik zat in een stinkende cel zonder matras in de kou, terwijl ik nog mijn zomerkleding van Zuid-Amerika droeg. Pas 's nachts kreeg ik iets smerigs te eten. Ik vroeg me af: ben ik nog wel in West-Europa? Ze probeerden me mentaal kapot te maken. Daarna kwam ik in een gewone gevangenis, waar ik tweeëntwintig uur per dag zat opgesloten. Alleen. Dan moet je oppassen dat je niet gek wordt. Toen kwam het hindoeïsme naar voren. Elke ochtend ging ik mediteren en bidden, met mijn gezicht naar de zon. Tien jaar eerder had ik ook zo'n periode gehad, maar dat was weer weggezakt. In een droom

in die gevangenis kwam mijn moeder voor. Ze zei tegen me: "Het is goed dat je vastzit." Toen wist ik: ik moet dit niet meer willen. Op dat moment kreeg ik als doel een ander leven te beginnen.

In die cel ging ik ook schrijven en vroeg ik me af: wie hebben er onder mij geleden? Veel fraude wordt door verzekeraars vergoed, dus daar heb ik niet zo'n probleem mee, maar er zijn ook gewone mensen in de problemen gekomen. Daar voelde ik me schuldig over. Maar vooral voelde ik me schuldig tegenover mijn dochters. Die hebben er zwaar onder geleden.'

Hoe hebben ze gereageerd?

'Mijn oudste van zeventien wist alleen dat ik vastzat, mijn jongste van elf niet. Ik heb tegen ze gezegd dat het me spijt. In de gevangenis ben ik mijn oudste dochter gaan schrijven en heb ik haar uitgelegd hoe het in mijn leven zo is gelopen. Ik heb gezegd dat ik haar alles wil geven, maar dat het geld voortaan wel op een normale manier moet komen. Dat begrijpt ze. Ze schreef me ook terug, daardoor heeft onze band zich verdiept.

Ik heb haar verlaten in een periode dat ze puberde. Op school moest ze over me liegen, ze vertelde dat ik personal trainer op een sportschool was. Ik had haar niet met die leugens moeten belasten. Mijn jongste heeft vooral geleden onder mijn tweede tijd in de gevangenis – voor haar was ik huisman en opeens was ik weg. Toen ik daarna terugkwam, vertrouwde ze het niet meer. Zodra ik even het huis verliet, moest ze janken. Pas in Frankrijk realiseerde ik me dat ze een trauma had opgelopen. Ook dat hielp bij het stoppen.'

Vreest u niet voor een terugval?

'Nee. In het afgelopen jaar ben ik vaak benaderd, maar ik verkoop iedereen "nee". Want ik vraag mijn oude contacten: "Waar waren jullie toen ik vastzat?" Ik stond er helemaal alleen voor. Ik besef nu: voor mij tien anderen, ik ben niks meer dan een pionnetje. Daardoor hebben ze me verloren. Het respect dat ik vroeger voor ze had, ben ik kwijt.

Ik ben een tevreden mens, ook al leef ik van een uitkering. Geld komt, maar het gaat ook snel. Ik heb er veel van gezien. Nu kan ik mijn kinderen wat geven, zelf heb ik niet veel nodig. Mensen zeggen me: "Je bent een laatbloeier." Dat klopt, hoop ik. Ik word nu begeleid door Exodus (dat ex-gedetineerden helpt terug te keren in de maatschappij), ik woon in een van hun huizen. Daarnaast werk ik bij Draaistop om jongeren uit de criminaliteit te houden.

Dingen rollen de goede kant op. Ik geloof niet in een opperwezen, maar wel dat alles met het universum is verbonden. Dat geeft me houvast en kracht. Ik heb nu meer rust dan vroeger, maar ik worstel nog met de dood van mijn moeder, ook al is dat vier jaar geleden. Ik mis haar, ik mis het houvast dat ze me bood.'

Hoe ziet u uw toekomst?

'Ik ben nog nooit getrouwd geweest, dat is een droom van me. Ik zou graag een normaal gezinsleven hebben – ik ben een familiemens, dat heb ik van vroeger meegekregen. De warmte van toen zou ik willen doorgeven. Mensen kunnen dan gewoon aanbellen, binnenkomen en mee-eten. Ik zou verder graag een boot willen hebben. Ik hou van water, dat geeft me rust. Maar het belangrijkste voor mij is nu dat ik mijn kinderen kan zien opgroeien en dat er een toekomst voor ze is.'

BOEKTIP

The Secret van **Rhonda Byrne**

'Dit boek heeft me geholpen open te staan voor het universum. Dat geeft signalen, maar dan moet je ze wel ontvangen, dus "wakker" zijn. Dan kun je veel, bijvoorbeeld tegenslag overwinnen of iemand helpen. Als iemand tegen je zegt dat het goed met hem gaat, kun je zien of dat wel echt zo is. Dit boek heeft me een extra duw in die richting gegeven.'

Oek de Jong, schrijver

'Om tien uur 's ochtends begin ik met schrijven, rond een uur of drie in de middag stop ik. Belangrijk is dat in diepe concentratie de wereld er niet meer is. Het is een goede dag wanneer er in die vijf uur iets op papier komt wat ik totaal niet had kunnen voorspellen.'

Op achtenzestigjarige leeftijd pakt Oek de Jong zijn schrijverschap bepaald anders aan dan vroeger, toen hij *Opwaaiende zomerjurken* (1979), zijn succesvolle debuutroman, en *Cirkel in het gras* (1985) schreef: 'In die jaren bedreef ik jarenlang topsport door veertien dagen onafgebroken te werken, levend op espresso's en sigaretten. Na zo'n periode liep ik een dag wezenloos door de stad, waarna ik weer doorging. Schrijven was de weg die ik insloeg als antwoord op wat ik als een problematische jeugd zag. Maar over die tijd voel ik nu geen spanningen meer.'

In zijn kinderjaren bevindt hij zich, 'zoals zoveel schrijvers', in de positie van buitenstaander: 'Tot mijn vijftiende ervoer ik eenzaamheid en isolement, ook in ons gezin.' Zijn opvoeding is gereformeerd, 'maar gelukkig niet in de benauwende zin van Wolkers en 't Hart'. Zijn vader zet hem op het spoor van literatuur en muziek – een 'zachtaardige man', rector op Oeks

Zeeuwse middelbare school en later staatssecretaris voor Onderwijs: 'Hij was een man die altijd werkte, dat is zeker een voorbeeld voor mij geweest.' Terwijl zijn vader afwezig is, komt zijn moeder met haar 'dominante karakter' juist nabij: 'De invloed die een moeder vanaf de eerste dag woordloos op haar kinderen heeft, is haast beangstigend. De mijne heeft haar mensenschuwheid op mij overgedragen. Dat is lang een probleem geweest – eerst het onderkennen ervan, vervolgens het ervan afkomen.'

Zijn jeugd verwerkt hij in de jaren tachtig, na de publicatie van *Cirkel in het gras*. Aan zijn monomane schrijven houdt hij een burn-out over, uitmondend in een jarenlange 'odyssee' vol depressie. Daar wil hij op eigen kracht uit komen, zonder gebruikmaking van antidepressiva: 'Ik wilde het begrijpen, het labyrint in. Het werd een tocht waar geen einde aan scheen te komen, met periodes van grote wanhoop, die uiteindelijk toch ook zinvol en vruchtbaar is gebleken.'

Met twee novellen, gebundeld in *De inktvis* (1993), maakt hij zijn comeback. Literaire critici zijn genadeloos over de mystieke inhoud, maar zijn lezers laten hem niet in de steek. De romans die volgen, worden stuk voor stuk bestsellers: *Hokwerda's kind* (2002), *Pier en oceaan* (2012) en *Zwarte schuur* (2019). Voor grote literaire prijzen ontvangt hij wel nominaties, maar pas in 2020 valt hem een hoofdprijs ten deel: met *Zwarte schuur* wint hij de Boekenbon Literatuurprijs (voorheen AKO Literatuurprijs). Vrijwel gelijktijdig verschijnt *Het glanzend zwart van mosselen*, een bundeling van essays die hij in de voorbije veertig jaar schreef: 'Die zijn door allerlei toevalligheden ontstaan, maar er zit veel consistentie in – het bevat mijn denkwereld, mijn constructie van de werkelijkheid. Zo maakt iedereen zijn eigen verhaal, zijn eigen biografie, hoe beperkt ook. Een mens heeft dat absoluut nodig.'

Wat is voor u een zinvol leven?

'Voor mij gaat het niet om zinvol of zinloos, maar om de vraag: sta je wel of niet in het leven? Sta je in de levensstroom of erbuiten? Maak je daar geen deel van uit, dan ben je afgesneden. Zit je erin en voel je wel verbinding, dan maak je deel uit van de wereld en is de zin gegeven. De vraag naar de zin vind ik overigens niet onbelangrijk, want hij kan helpen je ervan bewust te zijn hoe je het beste kunt leven. Er zijn enkele grote gebieden waar ik de zin in zoek. Dat begint bij het schrijven, maar er is ook mijn huwelijk met Jeanne dat ik als een groot avontuur ervaar. Zij is ongelofelijk vitaal, elke ochtend wordt ze blij wakker, het is haast niet te geloven. Zij heeft me uit mijn zwarte periode geleid. Dus de liefde geeft zin, maar ook vriendschappen vormen een stabiliserende factor. Net als de natuur, ik ben een buitenmens en werk graag met mijn handen. Het lichamelijke is voor mij de basis. Iedereen weet dat je vanuit het lichaam de geest beïnvloedt.'

Schrijft u voor uzelf of met het oog op anderen?

'In het begin stond het mezelf exploreren voorop. Het schrijven was iets waar ik na mijn jeugd een sterke noodzaak toe voelde. Het was een weg die ik haast instinctmatig insloeg om die jeugd te boven te komen, als een paard dat weet dat het bepaalde kruiden moet eten om zichzelf te genezen. Ik moest contact maken met wat er in me leefde en daar uitdrukking aan geven. Dat is toen mijn redding geweest.

Tegelijk had ik de naïeve hoop dat een roman zou helpen mijn isolement te doorbreken, omdat anderen mij er beter door zouden begrijpen – *Opwaaiende zomerjurken* was een gecodeerde boodschap aan de buitenwereld. Pas later besefte ik dat mensen zo niet lezen. Maar het ging me er destijds dus ook om om me te verbinden met anderen. Dat is in de loop der jaren steeds belangrijker geworden. Inmiddels zie ik mijn schrijven als een bescheiden gift aan de samenleving. Vanaf een zeker moment wil je dat het niet alleen maar om jou draait, maar dat het ook bijdraagt aan het geheel.'

Waar bestaat die gift uit?
'Alleen de literatuur kan zo diep in de menselijke geest afdalen – ik laat mijn camera in een personage zakken en registreer wat zich daar afspeelt. Met mededogen, maar ook met de klinische blik van een arts. Ik maak zichtbaar hoe onze geest werkt en probeer een scherpe, realistische kijk op de mens te geven: wie hij is, wat hij doet. Alles zien, niets uit de weg gaan, dat vind ik extreem belangrijk.

Als schrijver daal je af in je onderbewuste. Bij mijn eerste romans heb ik dat volkomen intuïtief gedaan. De grote ontdekking na de verschijning van *Opwaaiende zomerjurken* was dat het materiaal dat ik uit mijn onderbewuste naar boven had gebracht zoveel mensen bleek aan te spreken. Wat ik aan driften en verwarring had aangetroffen, bleek te worden herkend. Dat was een eyeopener voor me. Ik dacht dat het ging om zeer private gevoelens, maar kwam erachter dat iedereen daarmee rondloopt. Dat gaf me een andere, diepere blik op mensen. Dat niet-weten wat zich in ons onderbewuste afspeelt is kenmerkend voor de menselijke conditie. Dankzij het creatieve proces valt de inhoud ervan te openbaren.

Een schrijver komt pas in een interessant gebied als hij niet weet wat hem overkomt. Dat is waarin mijn schrijven zich onderscheidt van het commerciële schrijven. De schrijver daarvan weet wat hij doet: hij is bezig met cliffhangers, het achterhouden van informatie, met doelbewuste strategieën. Maar als literair auteur ga ik op expeditie in een gebied dat ik nog niet ken; in de grote black box van het onderbewuste, waarvan we nog altijd zo weinig weten hoe het werkt. Mijn schrijven is op dat niet-weten gefundeerd.

Het is een subtiele gift. Met mijn romans hoop ik een empathische, genuanceerde kijk op anderen te bevorderen. Niet dat ik met dit idee schrijf, zeker niet, maar daar kom ik op uit als je vraagt welk effect mijn werk kan hebben. Als het goed is, schept een roman samenhang in de wereld, biedt het een groot verhaal en bevat het impliciet een waardensysteem over alle grote thema's: wat is liefde, mededogen, schuld? Filosofen zeggen daarover interessante dingen, historici laten de grote processen zien – romanschrijvers nemen individuele lotgevallen om inzicht in de menselijke conditie te geven.'

Hoe pakt u dat precies aan?

'Een belangrijke voorwaarde is: niet oordelen. Dat is gemakkelijk gezegd, maar in de praktijk lastig, omdat een oordeel zo snel is geveld. In *Zwarte schuur* zit een aan heroïne verslaafde vrouw. Het is gemakkelijk haar weg te zetten, maar ik kijk naar haar met empathie. Zodra je oordeelt, snij je de verbinding met de ander door. Terwijl een samenleving niets anders is dan die verbindingen met anderen. Door te oordelen zet je jezelf klem, sluit je jezelf af, koker je de werkelijkheid. Het belang van niet oordelen tref je aan in allerlei wijsgerige tradities als een middel voor innerlijke scholing. Ik ken het vooral van het taoïsme. Oordelen is vaak een verdedigingsmechanisme tegen mensen of dingen die je als bedreigend ervaart. Naarmate je daar minder last van hebt, ga je minder oordelen – mijn vermogen daartoe ontwikkelt zich nog altijd. De kunst is het leven onbevooroordeeld aan te gaan – een houding van niet-weten die je in het dagelijks leven in de praktijk kunt brengen. Dan kun je alles zien.'

Heeft u dat 'alles willen zien' ook op uzelf toegepast?
'Zeker, dat kan niet anders. Wat je in jezelf niet kunt zien of herkennen, kun je ook bij anderen niet opmerken. Als je het kwaad in jezelf niet hebt doorgrond, kun je dat bij een ander hooguit oppervlakkig waarnemen. Wil je weten waarom het kwaad in de wereld bestaat, waarom mensen zijn zoals ze zijn, dan kom je daar alleen achter als je ook bij jezelf naar binnen hebt gekeken.'

Wat zijn uw bevindingen?
'De mens lijdt aan permanente zelfoverschatting, zoals Montaigne al in de zestiende eeuw uiteenzette – zie zijn beschouwingen over ons beoordelingsvermogen. We lopen in het donker met alleen de lichtbundel van een zaklamp voor ons uit. Bij alles wat je doet is het zinvol dat te beseffen. Montaigne is een van de levensfilosofen die ik nog altijd graag lees – in mijn donkere periode heb ik veel over levensfilosofie gelezen, nu wil ik het vooral praktiseren.

Wat ik zo prachtig bij hem vind is dat hij destijds al over de intelligentie en gevoeligheid van dieren schreef om te laten zien hoe beperkt de mens is. Vooruitgang is voor mij een relatief begrip. Op basis van vijfentwintighonderd jaar literatuur heb ik het inzicht verworven dat we als mensheid blijven ronddraaien in het rad van goed en kwaad. Dat is voor mij de kern, al boeken we enige vooruitgang. Alleen bewustwording kan ons helpen, filosofen bepleiten dat al eeuwen. Praktisch vertaald betekent dat: onderwijs, onderwijs, onderwijs. Leren inzien wie je bent en hoe je met anderen omgaat. Eerlijkheid ten opzichte van jezelf, daar gaat het om.'

BOEKTIP

De essays van **Montaigne**

'De essays zitten boordevol inzicht, enkele zinnen kunnen mij al inspireren. Ik heb vertrouwen in Montaignes woorden, omdat hij schrijft op basis van een schat aan levenservaring: hij was wijnboer en kasteelheer; hij was burgemeester van Bordeaux en leefde aan het hof, maar zat ook gevangen en zag zijn kinderen sterven. Niettemin bleef zijn geest altijd sterk en helder. Met Montaigne raak je bevriend.'

Slotessay

Zoektocht boven het bos
Over de mens en zijn verhaal

Terwijl ik in 2020 de voorgaande gesprekken voerde, raakte ik in toenemende mate gefascineerd door die in je hoofd zwevende losse flarden, waar je soms iets over vertelt, afhankelijk van gehoor en omstandigheden: je levensverhaal. Mijn fascinatie werd gestimuleerd door mijn wekelijkse onderdompeling in zo'n verhaal, waarin ik samen met de betrokkene naar levenswijsheid zocht. Daarnaast maakten twee schrijvers indruk op me toen zij het belang van het levensverhaal onderstreepten. 'Het is in alles essentieel,' zei de Rotterdamse auteur Shantie Singh, die zich voor een roman langdurig in haar eigen achtergrond had verdiept: 'Het helpt de chaos van het bestaan te bedwingen en zin in de chaos te vinden. Het is ook essentieel voor onze onderlinge verhoudingen, want als je verhaal niet wordt gehoord, besta je in zekere zin niet.' In een later gesprek gebruikte de Duitse historicus Philipp Blom niet minder grote woorden: 'Het doel van het levensverhaal is onze plaats in het grotere geheel te bepalen: weten wie we zijn, waartoe we behoren.'

Die uitspraken en de wekelijkse verdieping in een levensverhaal maakten dat ik vragen ging stellen over betekenis en functie ervan: hoeveel houvast biedt het ons eigenlijk, nu de ankers van religie en ideologie op de achtergrond zijn geraakt? Helpt het verwoorden ervan, omdat dat je meer zicht biedt op de hoofdlijnen van je leven? Of vormt het eerder ballast die je vastnagelt aan het verleden en aan een verouderd zelfbeeld, dat toekomstdromen in de weg zit? Kun je het maar beter niet te veel aandacht geven, omdat het leidt tot navelstaarderij die meer kwaad dan goed doet – of verdient het juist meer aandacht, nu het toch altijd in je hoofd ronddwarrelt?

Ook begon ik me af te vragen hoe ik zelf mijn eigen levensverhaal zou vertellen, indachtig de woorden van de Hongaarse schrijver György Konrád: 'Op de vraag naar de zin van het leven, antwoordt eenieder met zijn levensloop.' Mooi gezegd, maar wat zou ik dan vertellen en vooral: wat zou ik weglaten?

Zwarte bladzijden, almaar herhaalde fouten – ze zouden helpen mezelf beter te begrijpen, en wellicht daarmee ook inzicht in de menselijke conditie geven, in ieder geval aanzienlijk meer dan de opgepoetste versie die op mijn cv prijkt. Maar die laatste voelt wel veiliger, de aandrang pijnlijke episodes te verbloemen is sterk. Het is lang niet iedereen gegeven, mij in ieder geval niet, te leven volgens het adagium van schrijver Oek de Jong. Toen ik hem vroeg naar zijn eigen levensverhaal, fundament onder zijn oeuvre, luidde zijn antwoord: 'Ik wil alles zien, niets uit de weg gaan.' Volgens hem is het voor de mens zelfs noodzakelijk zich erin te verdiepen: 'Iedereen maakt zijn eigen verhaal, zijn eigen biografie, hoe beperkt ook. Een mens heeft dat absoluut nodig.' Zijn stelligheid vormde het laatste zetje om het levensverhaal tot voorwerp van onderzoek te maken.

'Waar stond uw wieg en wie keken erin?' waren mijn beginvragen bij deze interviews, waarna ik de 'vormende ervaringen' in de jeugd en het volwassen bestaan van de ander ter sprake bracht. Wanneer iemand dan bereid bleek daadwerkelijk open kaart te spelen, leidde dat geregeld tot het delen van levenswijsheid. Neem Gerrit Lammers, de Overijsselse boer die getraumatiseerd raakte toen hij aan moest zien hoe een hooimachine zijn zoon bijna dood perste. De beelden bleven hem achtervolgen, in zijn eentje probeerde hij ermee in het reine te komen: 'Ik praatte er niet over, dat is een beetje boerachtig: je praat niet over je gevoelens.' Pas toen hij zichzelf met suïcidale gedachten langs het spoor terugvond, kaartte hij zijn nood aan. Psychologische hulp trok hem daarna uit het dal. 'Je kunt je wel alleen voelen, maar je bent het niet,' luidt zijn levensles.

Zulke wijsheid, niet voorgelezen van een tegeltje maar op het leven zelf veroverd, maakte indruk op me. In de gesprekken zocht ik telkens dat gebied op waar levenservaring overgaat in levenswijsheid. Bij sommigen bleek die verscholen te liggen, anderen formuleerden hem terloops of zagen plots iets in. Een enkele keer kwam voor een gesprekspartner, al verhalend over een wirwar aan gebeurtenissen, de grote lijn van zijn leven tevoorschijn. Toen ex-crimineel Mason Ramdhan zijn verhaal teruglas, was het 'alsof er iets loskwam' en kon hij 'dingen een plek geven'. Bovendien leidde zijn openhartigheid tot meer begrip van familieleden: 'Ze snapten beter waarom mijn leven zo is gegaan.' Dat toegenomen begrip heeft hem 'een duw in de goede richting gegeven', vertelde hij me later.

Meer zelfinzicht drijft ook Adriaan van Dis. Eerst tijdens zijn psychoanalyse en later als schrijver heeft hij zich uitvoerig met zijn levensverhaal beziggehouden. Dat ziet hij 'als een rijnsteentje in je hand waar je door het wat te kantelen een andere lichtstraal op kunt laten vallen. Dan zie je iets wat je daarvoor niet zag of jezelf niet toestond te zien.' Wat je waarneemt, hangt af van de fase waarin je leven verkeert: 'De tijd laat je op een andere manier kijken.' Het belang van de verwoording is voor hem eminent: 'Je kiest voor een verhaal dat het leven dragelijk maakt.'

De Britse psychiater Oliver Sacks maakte het belang ervan nog groter door te stellen: 'We zijn ons levensverhaal.' In deze opvatting valt het samen met onze identiteit – een gedachte die ook de wetenschappelijke godfather van het levensverhaal, de Amerikaanse psycholoog Dan McAdams, huldigt: 'Als jij me wilt kennen, moet je mijn verhaal kennen, want dat bepaalt wie ik ben. Als ik mezelf wil kennen, als ik inzicht in de betekenis van mijn leven wil krijgen, moet ik ook mijn eigen verhaal te weten komen.' Het levensverhaal dient in zijn ogen ertoe 'betekenis en zin aan je leven toe te kunnen kennen'. *Nothing less.*

Grote woorden, maar hoe verhouden die zich tot de dagelijkse werkelijkheid? Zou ik aan de inhoud van mijn eigen levensverhaal kunnen toetsen of dit klopt? Ik besloot dat te onderzoeken, maar eerst wilde ik het onderwerp aftasten in gesprekken met experts op dit vlak, zoals filosofen, psychologen en schrijvers. Die omzichtige benadering werd doorkruist door predikant Claartje Kruijff. Ik had haar geïnterviewd voor mijn serie over 'de zin van het leven', nu waren de rollen omgekeerd en vroeg ze mij voor haar podcast. Voorafgaand stelde ze me per mail een vraag die ik als confronterend ervoer: 'Hoe kijk je tegen je eigen ontwikkeling aan, de langere lijnen in je leven: hoe verhoudt je serie zich tot wie je was voor je hartstilstand, als puber en als student?'

In eerste instantie kwam er geen begin van een antwoord bij me op, ik voelde me betrapt. Snel legde ik wat plausibele verbanden om haar te kunnen antwoorden. Was ik niet als puber en student ook al een behoorlijk serieus type, met een hang naar eenvoud en ascese, maatschappelijk geëngageerd, zoekend naar de waarheid en daarnaast diep verlangend naar zoiets wezenlijks als een grote liefde? Een goede advocaat zou zo de 'langere lijn' kunnen trekken naar mij als vijftiger die zich met existentiële vragen bezighoudt. Maar vond ik dat overtuigend? Niet echt. Want in mij zat ook een officier van justitie die aardig wat bewijzen voor een ander verhaal wist op te diepen – eentje van te veel drank en vrouwen, van een man met een hang naar het goede leven, bovenal gesteld op zijn vaste inkomen en meedeinend op dagelijkse golven, minder diepzinnig en geëngageerd dan hij misschien had willen zijn.

De vraag die zich opdrong: welke zienswijze vertegenwoordigde het meest mijn 'ware zelf'? Geen onbelangrijke kwestie, want je kunt betogen dat het daar in het leven juist om draait: erachter zien te komen wat je ten diepste drijft. Het antwoord op die vraag naar mijn ware zelf zou bijgevolg ook consequenties voor mijn zelfbeeld hebben.

Peinzend over mijn 'ware zelf' kwam ik terecht bij een episode in het voorjaar van 2007, toen ik aan het einde was gekomen van een periode van vijf jaar correspondentschap in Frankrijk. Maandenlang zat ik op mijn zolderkamer op het Franse platteland te piekeren over mijn volgende stap bij de krant. Uiteindelijk schreef ik een brief aan mijn hoofdredacteur waarin ik mij opwierp als toekomstig redacteur zingeving. De krant had zijn lezers op dit vlak in de voorgaande jaren lelijk in de steek gelaten, betoogde ik. Wel altijd aandacht schenken aan de politieke en economische waan van de dag, maar nooit aan de grote levensvragen die onze ouder wordende lezers toch zeker ook bezighielden, zo schreef ik hem. Ik stelde de interviewserie 'Sterveling' voor, waarvoor ik mensen zou spreken die in hun laatste levensfase verkeerden: wat was er goed gegaan, wat verkeerd en wat had hij of zij van het leven geleerd? Een mooi idee, reageerde mijn hoofdredacteur, maar het leek hem toch beter dat ik chef van de economieredactie werd. Na een weekend bedenktijd zei ik ja op dat voorstel; in plaats van een leven van bezinning kwam ik terecht in het slijk der aarde. Kort daarop brak de kredietcrisis uit en raakte mijn existentiële belangstelling onder economische opwinding bedolven.

Wat leert deze episode me: volgde ik mijn ware aard door mee te gaan met de wens van mijn hoofdredacteur, omdat ik bovenal braaf en een tikje statusgevoelig ben? Of verloochende ik op dat moment mezelf door het onderwerp te laten vallen waar ik na maanden broeden op was uitgekomen?

Met de kennis van nu zou ik voor het laatste, de verloochening, kiezen. Zingeving zou pas tien jaar later weer aan bod komen, na die nacht in 2017 waarin mijn hart stilstond, uitmondend in de daaropvolgende zoektocht naar 'de zin van het leven'. Maar zou ik dat zonder hartstilstand nu ook hebben gezegd? Eerlijk gezegd weet ik het niet. Is het wellicht mogelijk dat je de ene 'ware zelf' in de ene fase bent, waarna zich in een volgende fase een ander zelf aandient? Hoeveel continuïteit is er eigenlijk in dat zelf?

Dat is een vraag waar het levensverhaal een antwoord op kan bieden. Mijn behoefte coherentie en continuïteit in mijn leven aan te brengen komt onmiddellijk boven wanneer ik over het onderwerp nadenk. Als zovelen probeer ik via vaste rituelen orde in de chaos van het bestaan aan te brengen. Hoe diep die behoefte aan continuïteit is, ervoer ik rond mijn hartstilstand. Mijn allereerste zin toen ik uit mijn coma kwam, luidde: 'Breng jij de kinderen naar school?' Zodra ik bij bewustzijn kwam verlangde ik naar doorgaan op het ingeslagen pad, in een poging weer grip op het bestaan te krijgen.

Die gehechtheid aan continuïteit voelde ik ook sterk bij

boekoptredens, wanneer me de vraag werd gesteld naar mijn kijk op 'de Fokke van voor zijn hartstilstand'. Bij die regelmatig aangesneden kwestie voelde ik bij vragenstellers telkens behoefte aan een catharsis: eerst een oppervlakkige, door het nieuws gedreven journalist, maar daarna, door wat hem is overkomen, een man die zich met diepzinnige kwesties bezighoudt – eindelijk heeft hij het licht gezien en begrepen waar het in het leven om draait. Maar op de uitnodiging om afstand van mijn eerdere leven te nemen, ging ik nimmer in. 'Ik heb een slecht ontwikkeld gevoel voor spijt,' zei ik meestal. Pertinent weigerde ik mijn vroegere leven te diskwalificeren.

Maar ook hier is de werkelijkheid vermoedelijk meer gelaagd dan mijn antwoord suggereert. 'De Fokke van voor zijn hartstilstand' was niet zo oppervlakkig, maar had al belangstelling voor existentiële vragen. Onmiskenbaar is dat mijn leven op een ander spoor terecht is gekomen. Niet alleen ben ik werk gaan doen dat me dieper raakt en dat ik als betekenisvoller ervaar dan de economische en politieke kwesties die me tot dan toe in beslag namen. Maar ik heb ook de indruk, en mijn omgeving bevestigt dat, dat ik zelf ben veranderd: ik hou de wereld minder op afstand, omdat ik minder druk ben alle bordjes in de lucht te houden; ben meer in het hier en nu en durf eerder aan te geven dat ik dingen niet weet of dat ik me gestrest voel. Ook heb ik ervaren hoe waardevol het tonen van kwetsbaarheid kan zijn – het nodigt anderen uit dat te doen, wat een betekenisvoller contact mogelijk maakt.

Alleen moet ik bij deze mooie woorden ook meteen denken aan alle keren dat me dit niet lukt: dat ik wederom alle bordjes in de lucht wil houden, me onkwetsbaar opstel of doe alsof ik heus geen last van stress heb. De vraag is dus: hoe wezenlijk zijn die veranderingen, lijkt de nieuwe niet verdacht veel op de oude Fokke?

Die gedachte zie ik als de valkuil van de continuïteit. Ook al ervaar ik de veranderingen als positief, een deel van mij neigt naar het zelfbeeld van een man uit één stuk – niet eentje die na een cesuur een ander mens blijkt te zijn, maar die onder alle omstandigheden zichzelf blijft. Wat dat dan ook mag betekenen. Aan mijn levensverhaal wil ik wel een nieuw hoofdstuk toevoegen, graag zelfs, maar liever niet als dat het herschrijven van de voorgaande hoofdstukken met zich meebrengt. De behoefte aan coherentie en continuïteit, aan een min of meer sluitend of in ieder geval logisch overkomend verhaal, is sterk, mogelijk biologisch gemotiveerd. Mijn verlangen is dat dat levensverhaal enigszins solide aanvoelt, omdat dat de illusie van controle over het bestaan geeft.

Hoe nu daarmee om te gaan bij het bepalen van de inhoud van mijn levensverhaal? Ben ik volledig vrij het zo te verwoorden en te interpreteren als mij goeddunkt? Mag ik zo maar accenten anders leggen om op een geheel ander verhaal uit te komen; lange lijnen aanbrengen door de puntjes tussen losse episodes naar believen in te vullen; verbanden suggereren die er misschien niet zijn, maar me wel goed uitkomen; aan zelfcensuur doen door onwelgevallige passages weg te laten en mijn verhaal af te stemmen op het publiek van het moment? De mogelijkheden tot manipulatie lijken me dan eindeloos, waarbij ik alle vervormingen van het verhaal door het geheugen nog buiten beschouwing laat.

Het roept de vraag op wat de waarde is van zo'n verhaal, geschoeid op manipulatie en opportunisme, om maar te zwijgen van zelfbedrog – een verhaal met een dun, mogelijk zelfs gebroken lijntje tot de waarheid? Is het dan niet beter dat maar zo veel mogelijk te negeren en me toe te leggen op het ervaren zelf, het leven in al zijn rijkdom en verscheidenheid, in het hier en nu?

Steun voor die sceptische houding vind ik bij Hans Alma, de humanistisch hoogleraar die in ons gesprek aangaf wantrouwend te staan tegenover pogingen een mensenleven in een afgerond verhaal te vatten. 'Misschien dringt de chaos iets te vaak in mijn eigen leven door om daarin te kunnen geloven' zei ze. 'De werkelijkheid is veel brokkeliger dan zo'n verhaal suggereert. Bovendien krijgt het leven er iets statisch door, terwijl beweging kenmerkend is. Je moet het leven niet in een mal willen gieten.'

Dat gevaar signaleerde ook schrijver Maartje Wortel, die vreest voor een al te vastomlijnd idee over jezelf: 'Dan is er geen beweging meer mogelijk en verstar je. Het gevaar is dan dat je een standbeeld wordt: onveranderlijk, dus de dood. Als je denkt te weten wie je bent, hoef je niets meer te onderzoeken. Mij gaat het juist om het vraagteken, dat zet in beweging. Dat is voor mij de zin van het leven.'

Nu is een zelfbeeld iets anders dan een levensverhaal, maar de twee zijn wel met elkaar verbonden: wat ons gedurende ons leven overkomt, beïnvloedt ons zelfbeeld, terwijl we omgekeerd voor ons verhaal gebeurtenissen kiezen die bij ons zelfbeeld aansluiten. Wie zichzelf ziet als 'een overlever' of 'een slachtoffer', vindt in zijn levensloop altijd wel bijbehorende munitie. Wortel waarschuwt ertegen: 'Dat zelfbeeld staat nooit vast, omdat we vol paradoxen blijven. Ik denk dat we ons erbij neer moeten leggen dat er veel versies van onszelf bestaan.' Die worden niet alleen gevormd doordat we zelf naar binnen kijken, maar ook door opmerkingen van anderen: 'Al die blikken op mij en mijn blik op mezelf, dat tezamen ben ik, maar je kunt dat niet in een zelfbeeld vastpinnen.'

De Vlaamse dichteres Maud Vanhauwaert gelooft evenmin in zo'n zelfbeeld: mensen zijn voor haar 'fluïde', we zijn 'voortdurend veranderende, onzekere wezens'. Sommigen overschreeuwen die onzekerheid, maar 'als je wat langer met ze praat, stuit je er altijd op.' Onze zelfkennis is per definitie beperkt, de mode van trots zijn op je identiteit is haar dan ook vreemd: 'Goed, dan ben je vandaag jezelf, maar hoe zit het morgen? Dan ben je alweer iemand anders.'

Dat laatste wordt mij wat al te fluïde, maar het onvermogen jezelf te kennen spreekt me wel aan, met mijn gepieker over mijn 'ware zelf'. Als er meerdere perspectieven op mezelf mogen bestaan, hoef ik over die ware aard niet zo in te zitten, een opluchting.

Ook historicus James Kennedy helpt me op dat vlak met zijn relativerende kijk op ons vermogen tot zelfkennis. Het niet-weten kenmerkt in zijn ogen de menselijke conditie, wat hij aan de hand van zijn vakgebied toelicht. Als historicus ziet hij de geschiedenis als 'een mysterie': hoe meer hij weet over zijn specialisme, de jaren zestig, des te sterker beseft hij hoeveel hij niet weet – een ervaring die hij deelt met vele specialisten. Gegeven ons algemene niet-weten is het geen wonder dat het ook met onze zelfkennis pover is gesteld. 'De mens is vaak een raadsel voor zichzelf – hij kan zichzelf niet kennen,' stelt Kennedy zelfs, nogal absoluut. Instemmend citeert hij zijn gereformeerde geestverwant Abraham Kuyper (1837-1920), staatsman en predikant: "Pas na je dood kun je zien wie je eigenlijk bent". Bij leven lukt dat volgens Kennedy niet: 'Ik weet dat ik voor mezelf een mysterie ben. Van sommige dingen kan ik niet verklaren wat mijn beweegredenen zijn.'

Die relativering geeft mij lucht bij het terugdenken aan keuzes in mijn leven. Ook Adriaan van Dis verschaft me die door het begrip identiteit op de hak te nemen: 'Ik ben man, vrouw, Indisch, Europees, goed, slecht, schoft, engel, alles tegelijk. Dat maakt ons tot mens. Ik geloof niet in één identiteit

– ik heb er wel zeventien. Soms ben ik er eentje kwijt en moet ik weer vreselijk zoeken.'

Nu is identiteit niet precies hetzelfde als zelfbeeld, maar de overlap tussen beide begrippen is aanzienlijk. In beide gevallen draait het om de vraag: wie ben ik? Voortdurend is je identiteit of je zelfbeeld in gesprek met je levensverhaal. De vraag blijft of dat tot veel zelfinzicht kan leiden. William James, grondlegger van de psychologie in de Verenigde Staten, vergeleek het leven ruim een eeuw geleden met een snelstromende rivier. Als je daar een emmer water uit schept, kun je dan met de inhoud ervan iets zeggen over de rivier?

De scepsis van James en Kennedy valt op te vatten als een ondergraving van het belang van het levensverhaal. Want hoe kan dat in vredesnaam helpen 'betekenis en zin aan ons leven' te geven, als we toch niet scherp kunnen krijgen wie we zelf zijn? Enig soelaas biedt me filosoof Fleur Jongepier, verbonden aan de Nijmeegse Radboud Universiteit. Vier jaar lang schreef ze aan haar proefschrift over ons vermogen tot zelfkennis. Tegenover zelfkennispessimisten staat ze even kritisch als tegenover optimisten. Volgens haar moet je onderscheid maken naar soorten kennis: onze eigen morele principes kennen we wel degelijk ('niemand kan je corrigeren wanneer je zegt dat je je meer kunt vinden in de principes van Bij1 dan in die van de VVD'). Maar gaat het om ons eigen gedrag dan is onze waarneming vaak belabberd, zie de enquêtes waarin iedereen meent bovengemiddeld te kunnen autorijden. Een lastige kenniscategorie, vooral voor het levensverhaal relevant, vormt het inzicht in je karaktereigenschappen: 'Of je bijvoorbeeld moedig bent of niet, daarover kun je de plank flink misslaan.'

Ook zij waarschuwt tegen al te veel waarde toekennen aan je levensverhaal. Instemmend haalt ze de Britse filosoof Galen Strawson aan, die in zijn essay *Against narrativity* tegen *believers* als McAdams ingaat. Het leven valt ook prima zonder verhaal te ervaren en het verwoorden ervan helpt niet een goed leven te leiden, stelt de Brit. Het is een kritische houding die Jongepier aanspreekt: 'Iedereen heeft wel een levensverhaal, maar de vraag is: in hoeverre identificeer je je met dat poppetje op die tijdlijn?' Als voorbeeld noemt ze de man die in zijn jeugd hooligan was, maar zich later niet meer in dat gedrag herkent. Haar standpunt ligt dicht bij dat van Wortel en Vanhauwaert: ons leven bestaat uit diverse, parallel aan elkaar lopende verhalen waarin we allerlei rollen spelen. Dat brengt haar niet tot 'weg met het levensverhaal', maar ze plaatst bij het gebruik ervan wel een kritische kanttekening: 'Het kan je ook enorm in de weg zitten. Het levensverhaal brengt je per definitie in het verleden terug en schetst een specifieke toekomst die met dat verhaal coherent is. Het kan bevrijdend zijn je af te vragen wat je in het hier en nu voelt en wilt. Dan kun je jezelf toestaan antwoorden te geven die van je levensverhaal afwijken.'

De scherpste critici kwam ik tegen in de boeddhistische hoek, waar het levensverhaal als 'een behoefte van je ego' wordt afgedaan. 'Ik ben Jan, zesenzeventig jaar, mijn ouders waren die en die – we weten niet beter,' zo omschreef spiritueel leraar Jan Geurtz me de gangbare kijk van de mens op zijn eigen verhaal en identiteit in mijn eerste interview over de zin van het leven. Identiteit is iets dat je ego bovenal nodig heeft, zo legde hij uit, maar zegt niets over wie of wat je in essentie bent. Door aan die identiteit vast te klampen verliezen we uit het oog wat we volgens hem met elkaar delen: ons bewustzijn. In zijn optiek vormt vasthouden aan je levensverhaal een hinderpaal – een sta in de weg voor inzien dat bewustzijn je essentie is.

Toch blijf ik geneigd waarde aan het levensverhaal toe te kennen, in weerwil van alle waarschuwingen en relativeringen. Allereerst vanwege mijn positieve ervaringen met het optekenen ervan en de waarde die dat bleek te hebben – niet alleen voor de betrokkene, maar ook voor anderen. Natuurlijk, een mens is altijd complexer dan zijn verhaal en je moet ervoor waken te verstarren door jezelf als 'afgerond' te zien. Maar daar staat tegenover dat het wel degelijk houvast kan bieden – verhaallijnen kunnen je een fundament bieden waarop je kunt terugvallen of voortbouwen. Het boeddhistische pad, de relativering van ons verhaal en onze identiteit, is op zich wel helder, maar het staat, levend in het heden met een verleden, toch te ver van me af en biedt me te weinig houvast. Zonder een grotere tijdsspanne dan het hier en nu dreigt voor mijn gevoel veel van wat we doen willekeurig te worden.

Verhaallijnen kunnen natuurlijk op gespannen voet met feiten staan, zeker, maar de vraag is: hoe kwalijk is dat? Voor het antwoord kom ik terug bij Dan McAdams, de Amerikaanse hoogleraar narratieve psychologie die van het levensverhaal zijn levenswerk heeft gemaakt. In zijn boek *The Stories We Live By* schetst hij dat homo sapiens van meet af aan een verteller is geweest. Met verhalen brengt hij orde aan in de turbulentie van zijn leven. De kaarten die het lot hem toebedeelt, vormen aanslagen op de door hem bedachte orde. De chaos die erdoor ontstaat, bestrijdt de mens met verhalen. Waarna het lot nieuwe kaarten uitdeelt en hij weer nieuwe verhalen moet verzinnen, enzovoort. Wie aan dat perpetuum mobile in het bestaan enige coherentie wil geven kan niet om het levensverhaal heen, aldus McAdams.

Dat levensverhaal brengt orde in de grote lijnen aan, wat doorwerkt in ons dagelijks leven, zo maakt Ruard Ganzevoort, hoogleraar theologie aan de VU, me duidelijk. Als twintiger verdiepte hij zich in de jaren tachtig al in de filosofische en psychologische dimensies van het levensverhaal – een 'fascinerend concept' vindt hij nog altijd, al tekent hij erbij aan dat het niet meer is dan 'een model om naar de werkelijkheid te kijken en dus een reductie van die werkelijkheid'. Niettemin biedt het wel kans op wezenlijk inzicht: 'Om ons leven zinvol te kunnen leven, moet je antwoord vinden op twee vragen. De eerste is: wat ben ik hier in vredesnaam aan het doen? De tweede luidt: is er iemand in mijn leven die van me houdt? Dat zijn de hoofdbestanddelen van je levensverhaal. De eerste vraag geeft de structuur van je verhaal aan: waar kom ik vandaan, waar ga ik naartoe? Basale vragen die we ons dagelijks stellen, keuzes waar we voor staan, zoals ga ik wel of niet mijn ouders bezoeken, krijgen hun voeding vanuit die hoofdvragen.'

Dat er meerdere personages in ons huizen, is voor McAdams en Ganzevoort een gegeven. Het is ook de ervaring van dominee Claartje Kruijff: 'Neem alleen al dat je thuis anders bent dan op je werk. We dekken voor anderen onze wonden toe. We zijn ook paradoxaal. Ik heb nog nooit iemand begraven die zonder paradoxen was. De gezellige, erudiete bourgondiër die met enorme depressies worstelde; de huiselijke oermoeder die ook over een volkomen onafhankelijke geest beschikte. Mensen zijn niet eenduidig, het leven is dat niet.' McAdams verwoordt dat bondig: 'Ons leven is te complex om door een enkel personage te worden bevolkt.'

Voor hem is dat geen reden van een levensverhaal af te zien, integendeel, het vergroot vooral de noodzaak dat coherent en geloofwaardig te maken. Uit de vele interviews over levensverhalen die hij maakte, leerde hij dat mensen uit zichzelf ernaar streven aan die criteria te voldoen – zelfbedrog komt wel voor, maar is zeker niet de intentie. Met de vorming van ons eigen verhaal beginnen we doorgaans in onze tienerjaren, ontdekte McAdams. Hij ziet het als de derde, vormende laag die ons levenslang vergezelt, na onze aangeboren karaktereigenschappen en na de normen en waarden die we vanaf onze vroege jeugd meekrijgen. Het is aan ons 'een verhaal te vormen dat past bij de sociale en historische context waarin we leven,' zelfs spreekt hij van een 'sociale verantwoordelijkheid'. Nu andere ordenende structuren als levensbeschouwing en ideologie minder overtuigen, is het belang van die levenstaak in zijn ogen alleen maar toegenomen.

De feiten kunnen met het verhaal geweld worden aangedaan, maar dat doet er voor hem niet zo toe. Wanneer iemand over zichzelf beweert: 'Ik ben al mijn hele leven een vechter,' kan dat wel of niet kloppen. Waar het om gaat is of iemand in staat is dit te geloven. Dan kan die 'persoonlijke mythe' hem maken tot wat hij zegt te zijn, in dit geval veerkrachtig. Gedachten zijn krachten. Of zoals McAdams zegt: 'We maken onszelf door de mythe.' In zijn ogen kan iedereen zo'n mythe vormen, waarbij hij het begrip opvat als 'een heilig verhaal dat een persoonlijke waarheid bevat'.

Zelf spreek ik liever van een 'persoonlijke lijfspreuk' of 'levensdevies', omdat mythe ook kan worden opgevat als een fabeltje, een 'praatje zonder grond' zoals Van Dale zegt. Dat is het tegendeel van wat hier de bedoeling is, namelijk een lijfspreuk die een voor de betrokkene essentiële waarheid bevat. De fascinatie van McAdams geldt vooral zogeheten *redemptive life stories*: verhalen waarmee mensen zichzelf weer weten op te richten. In de Amerikaanse context zijn 'van armoede tot rijkdom' en het Bijbelse thema van 'zonde naar verlossing' veel voorkomende varianten.

Nu heb ik bij dit Amerikaanse 'can do'-verhaal wel enige huiver. Bij zijn verheffing van het levensverhaal tot een opdracht en zijn spreken over een 'heilig verhaal' voel ik ongemak, het riekt me te veel naar zendingsdrift. Ook bedenk ik dat de kijk op jezelf niet altijd positief hoeft te zijn: wie zichzelf bovenal als slachtoffer ziet, wordt door zijn levensverhaal niet gesterkt, maar onderuitgehaald. 'De kans dat hoofdstuk 38 anders leest dan de voorgaande 37 hoofdstukken wordt dan wel heel klein,' beaamt Ganzevoort. Het levensverhaal niet als houvast, maar als last.

Toch vind ik deze reserves onvoldoende zwaar wegen om niet de proef op de som te nemen middels de vraag: wat zou mijn persoonlijke lijfspreuk kunnen behelzen? Voor de beantwoording ga ik mezelf aandoen wat ik van mijn gesprekspartners heb verlangd te doen – terugkeren naar de plek van mijn geboorte en naar mijn eigen 'vormende ervaringen'.

Mijn wieg staat in 1962 in de Amsterdamse Concertgebouwbuurt. Mijn ouders zijn twee van hun geloof gevallen katholieken, beide neerlandici. Mijn vader is dan net aan een loopbaan begonnen die hem tot specialist in middeleeuwse handschriften zal maken; mijn moeder raakt, kort na van mijn zusje te zijn bevallen, in verwachting van mij op een moment dat ze nog niet is afgestudeerd. Gelegen komt de zwangerschap bepaald niet, zo is me vaak verteld. In mijn eerste jaar word ik veelvuldig 'uitbesteed'.

Zes jaar later bevind ik me in een nieuwbouwwijk in het Leidse Morskwartier, waar ik met een bal onder mijn arm de studeerkamer van mijn vader binnenkom, omdat ik met hem wil voetballen. Daar heeft hij geen tijd voor, legt hij uit, want hij moet een proefschrift schrijven – een standpunt waaraan hij, ondanks mijn hardnekkige verzoeken, zes jaar lang vast blijft houden. Ook de gang naar het voetbalveld om zijn zoon te zien spelen zit er niet in – hij vindt dat beneden zijn waardigheid. Pas tegen het einde van zijn leven kan ik enig begrip voor hem opbrengen, wanneer hij me vertelt dat zijn vader nooit een vader voor hem is geweest. Mijn opa had geen idee wat vaderschap inhield en ging zijn eigen ondoorgrondelijke weg. Op zijn beurt besteedt mijn vader wel aandacht aan me, maar alleen op het vlak dat hijzelf van belang vindt, dat van de intellectuele prestaties. Naar zijn eigen voorbeeld ziet hij een carrière in de wetenschap voor me weggelegd. Wat mij verder raakt, sport voorop, interesseert hem niet, zo laat hij duidelijk merken.

Vormend is ook dat mijn zus en ik niet de prioriteit in de beleving van mijn ouders hebben die kinderen tegenwoordig ten deel valt. Bevrijd van het korset van de religie richten zij zich in de jaren zestig en zeventig vooral op hun zelfontplooiing en geluk. Het gaat met nogal wat uitbundigheid gepaard – zij geven feestjes, wij waden de volgende ochtend door een slagveld van peuken en wijnflessen. Mijn moeder maakt deel uit van de eerste generatie werkende vrouwen. Als geëmancipeerde vrouw behoort ze niet tot het type dat met een theepot wacht om naar schoolbelevenissen te luisteren. Ze moet veel bordjes tegelijk hoog zien te houden. Haar man, haar kinderen en vooral ook haar baan als lerares aan het plaatselijke gymnasium, ze heeft haar handen meer dan vol. Dagelijks peil ik hoeveel ruimte er in haar hoofd voor mij is.

Aan het einde van mijn rechtenstudie zwenk ik weg van het pad dat mijn vader voor me heeft uitgestippeld – ik kies voor een journalistieke opleiding, niks proefschrift. Voor hem de middeleeuwen, voor mij de actualiteit, bedenk ik wanneer ik in de rij sta om hem met zijn hoogleraarschap te feliciteren. Wanneer ik aan de beurt ben, kan ik hem melden dat mijn academische carrière erop zit – hij reageert opvallend, een ander woord kan ik niet bedenken, sportief.

Nog geen tien jaar later, midden dertig inmiddels, blik ik

bij een psychoanalytica terug op een mislukt huwelijk. Mijn toenmalige vrouw heeft van de ene op de andere dag besloten bij me weg te gaan, zonder enige voorafgaande waarschuwing – een wending die me van de sokken blaast. Maandenlang bevind ik mij in een staat van somberte en uitputting, waar ik maar niet uit kan komen.

In de therapie gaat het over mijn jeugd, waarbij mijn therapeut me geleidelijk laat inzien dat ik in die jaren het leveren van prestaties als voorwaarde voor liefde ben gaan zien. Pas na te hebben gepresteerd denk ik er kans op te maken. De onzekerheid die dat met zich mee brengt, ligt mede ten grondslag aan het mislukken van mijn huwelijk. Ik blijk niet alleen slachtoffer te zijn geweest, zoals ik aanvankelijk dacht, maar heb in het debacle ook zelf een aandeel gehad.

De voornaamste les kan ik pas tegen het einde van mijn therapie trekken, na de ontmoeting met mijn geliefde, Carine. In de eerste weken dat we elkaar leren kennen, vertellen we elkaar ons levensverhaal, zoals geliefden doen (wat het grote belang ervan nog eens onderstreept). Overgoten met tranen verhalen we hoe ons leven tot dan toe is verlopen. Met haar erváár ik wat ik in de therapie alleen impliciet heb meegekregen: 'Je bent goed zoals je bent.'

Dat zinnetje prevel ik ook tegenwoordig nog geregeld in stilte, wanneer ik mezelf weer eens onder druk zet in de hoop voor geleverde prestaties liefde te ontvangen. Zeker, die prestatiedrift heeft me veel gebracht, onder meer een tamelijk geslaagde loopbaan, maar niet de innerlijke rust waar ik vooral behoefte aan heb gevoeld. Die is er op den duur wel gekomen, al raakt hij met periodes ook weer uit beeld. Zoals in het eerste jaar na mijn hartstilstand toen ik financiële rampspoed vreesde, omdat ik mezelf niet meer bij de krant zag werken. Om mijn innerlijke rust dan enigszins te herstellen, helpt het de lijfspreuk 'Ik ben goed zoals ik ben' als mantra te herhalen, als een antwoord op het spoor dat in mijn levensverhaal is gekerfd.

Is dat verhaal met het voorgaande recht gedaan, heb ik de essentie weten te benoemen? Hier past bescheidenheid, omdat het leven altijd tegenstrijdiger, genuanceerder en vooral rijker is. Zo valt over mijn moeder een meer geschakeerd verhaal te vertellen. Als klein jochie knuffelde ze me veel, in die vroege jeugdjaren had ik dus aan aandacht geen gebrek. Mijn jeugd zou ik ook zeker niet als ongelukkig willen bestempelen, terwijl het voorgaande wel die indruk zou kunnen wekken. In mijn herinnering was er ook veel ruimte voor vrolijkheid, gezelligheid en, als gezin, saamhorigheid.

Mijn vader heb ik eveneens een schematische rol toebedeeld, terwijl de werkelijkheid ook in zijn geval complexer is geweest. Zo heb ik hem als dertiger een week vergezeld op zijn wandeltocht naar Santiago de Compostella, dagen waarin ik de vader-zoon-band ervoer zoals ik me die als jongetje had gedroomd. Die gezamenlijke wandeling is een herinnering die ik koester, ook al verdween dat saamhorigheidsgevoel later weer. Op hem voer ik ook iets terug dat ik eerder aanstipte toen mijn verlangen naar een solide levensverhaal ter sprake kwam. Als voorbeeld heeft hij mij het beeld meegegeven van een man als rots in de branding, een baken van stabiliteit en betrouwbaarheid. Die imprint bracht druk mee, zeker, maar maakte ook dat ik een vaste baan en een gezin als levensdoelen zag. Die twee fundamenten onder mijn bestaan zijn uiterst waardevol gebleken, met name toen ik in de periode na mijn hartstilstand mezelf weer op de been moest zien te krijgen.

Zo zijn er allerlei nuanceringen aan te brengen, maar mijn conclusie blijft: het is de moeite waard je levensverhaal te verwoorden in een poging er een lijfspreuk of levensdevies uit te destilleren. Dat kan een breekijzer vormen naar een beter begrip van wat je is overkomen, kan helpen pijn te herkennen wanneer er aan oude littekens wordt gekrabd en kan je zelfinzicht vergroten waardoor je het geweld van het dagelijks leven beter aankan. Opschrijven is niet per se noodzakelijk, maar komt wel de precisie ten goede van je op vele manieren te doorgronden verhaal. Tijdens mijn therapie had ik als terugkerend beeld dat ik telkens zoekend over hetzelfde bos vloog. Afhankelijk van de route zag dat er voortdurend net even anders uit.

Van een toetsbare waarheid is geen sprake, maar met McAdams geloof ik dat dat niet zo relevant is – het draait inderdaad om het kunnen geloven in zo'n lijfspreuk. De kijk van anderen, familieleden en vrienden voorop, speelt daarbij een belangrijke rol. Soms is dat een corrigerende, want wie al te ver van de waarheid dwaalt, kan op tegenspraak rekenen. Maar gebruikelijker is begrip te ontmoeten bij openhartigheid, zelfs wanneer zwarte bladzijdes ter sprake komen. 'Toon Hermans zei ooit: een vriend is iemand die alles van je weet en toch je vriend wil zijn,' citeert Ruard Ganzevoort. Als sociaal dier is de mens bij uitstek gevoelig voor die blik van anderen. 'Mijn verhaal geeft geen betekenis aan mijn leven, als anderen mijn verhaal niet positief bejegenen,' stelt Ganzevoort zelfs. Filosoof Fleur Jongepier vult daarop aan: 'Goede vrienden en partners kunnen ons kennen op een manier waartoe we zelf niet in staat zijn. Ze zien ons door de tijd heen en kunnen zo inconsequenties bespeuren die voor onszelf onzichtbaar blijven.'

Met ons verhaal maken we, al dan niet bewust, deel uit van een groter geheel – van een gemeenschap en van onze tijd. 'Zelfs de meest individualistische verhalen hebben collectieve elementen in zich,' merkt Ganzevoort op. 'De hipster die super individueel gaat mediteren in het Vondelpark en een koffie van zeven euro drinkt, maakt even goed deel uit van een collectieve hype. Je ontkomt daar niet aan, we zijn sociale dieren die effectief zijn omdat we, zoals Yuval Noah Harari heeft aangegeven, in staat zijn tot een gezamenlijk verhaal te komen. Ons idee is dat we allemaal individuen zijn. Maar dat we die overtuiging delen, geeft tegelijk blijk van een gezamenlijke waardenoriëntatie.'

Dat collectieve zit paradoxaal genoeg ook in je hoogstpersoonlijke lijfspreuk. De mijne ben ik in interviews in kranten en tijdschriften geregeld tegengekomen. Ook in dit boek staan lotgenoten voor wie diezelfde levensles veel betekent, veelal mensen die zichzelf in hun jeugd onvoldoende gezien of gehoord hebben gevoeld. Ook vermoed ik dat het een devies is dat aanspreekt in een tijd waarin de prestatiedruk hoog ligt en de burn-out ingeburgerd is geraakt.

Achterhalen wat je persoonlijke levensdevies is begint met aandacht voor dat in je hoofd rondzwevende verhaal – niet alleen door het voor jezelf onder woorden te brengen, maar ook door het met anderen te delen. De aandrang ertoe doet zich vaak voor aan het einde van een leven, zoals bij mijn 86-jarige schoonvader die bezig is zijn levensverhaal op te schrijven voor zijn kinderen. Andere natuurlijke momenten zijn pensionering of kinderen die het huis uit gaan. Of drama's als echtscheiding, ziekte, ontslag en overlijden van een partner, gebeurtenissen waarbij alles wat vanzelfsprekend is plots wegvalt. Subtieler kan de aanleiding ook zijn, toegenomen levenservaring kan aanzetten tot de aandrang voortschrijdend inzicht over de essentie van het leven op te willen schrijven.

Zelf zette ik op dat vlak een eerste stap door over mijn

hartstilstand te schrijven. Vooral het delen van mijn geworstel met het leven in de eerste fase na die gebeurtenis ervoer ik als spannend. Ingaan op mijn eigen levensverhaal, zoals ik hierboven heb gedaan, zie ik als een volgende stap. Dat gaat niet zonder flinke innerlijke weerstand, merk ik.

Zijn die gebeurtenissen voor anderen eigenlijk wel van belang, vraagt mijn innerlijke rechter zich af. En dat inzicht 'ik ben goed zoals ik ben' – is dat niet voor anderen vanzelfsprekend, of erger nog: een platitude, afkomstig uit zelfhulpboekjes? Toch wil ik me niet door de angst voor dat soort reacties laten leiden. Wellicht kunnen anderen, zo hou ik mijn innerlijke rechter voor, hun voordeel doen met iets dat mij ten diepste raakt en dat ik als fundamenteel ervaar. Voor mij is de functie van dit inzicht drieledig, leg ik hem uit: het is een troostend antwoord op eerder leed; het is een wapen tegen onwelkome gevoelens en gedachtes en het werkt als een stip op de horizon.

Dat het troost heeft geboden en nog altijd biedt voor wat ooit was, mag in het licht van mijn levensverhaal duidelijk zijn – opgelopen butsen en krassen kun je niet wegpoetsen, maar wel acceptabeler maken. Ook werkt 'ik ben goed zoals ik ben' in het alledaagse leven als wapen tegen overmatige zelfkritiek of bij stress – het adagium heeft dan een relativerend en kalmerend effect. Ten slotte blijft dit inzicht een streven: ik mag het tot nog zo fundamenteel uitroepen, geregeld ontglipt het me ook weer. Wellicht is het een altijd wijkende stip op de horizon, maar daarheen willen helpt me wel bij iets anders wat ik als essentieel ervaar: mijn innerlijke drijfveren serieus nemen en dus minder speelbal van de buitenwereld zijn. Ook al heb ik moeite die drijfveren precies te achterhalen. De woorden van Kennedy ('Van sommige dingen kan ik niet verklaren wat mijn beweegredenen zijn') en

Wortel ('Het gaat juist om het vraagteken, dat zet in beweging') bieden me ruimte om hiermee licht om te gaan.

De lijfspreuk 'ik ben goed zoals ik ben' kan zo diep resoneren doordat ik me van episodes uit mijn levensverhaal bewust ben geworden. Dat zie ik als een hoopvol teken van persoonlijke groei. Wat kan een volgende stap zijn? Mogelijk is dat ten volle beseffen dat niet alleen ik, maar ieder mens in beginsel goed is zoals hij is. Dat moedigt me aan verder te gaan op het spoor van niet-oordelen, een wijsheid die in de interviews ook geregeld ter sprake is gekomen. Als levenshouding spreekt het me aan, gegeven de menselijke conditie van niet-weten, met gebrekkige zelfkennis voorop: wie ben ik dan te oordelen over de ander, of over mezelf? Het brengt me bij een bovenal milde levenshouding. 'We zijn levenslang beginners,' beseften de benedictijnen al in de zesde eeuw. Dat stemt bescheiden, nog zo'n begrip dat in de gesprekken veelvuldig naar voren is gekomen. Om dit soort wijsheid, voortkomend uit het geleefde leven zelf, gaat het me boven alles. De verdieping in levensverhalen vormt voor mij daartoe de sleutel.

Verantwoording en dankwoord

De interviews in dit boek verschenen van januari 2020 tot en met december 2020 wekelijks in *de Volkskrant* – alle tijdsverwijzingen, zoals leeftijden, moeten in dat licht worden bezien. Mijn gesprekspartners bleken bereid hun persoonlijke verhaal met mij, en daarmee met een groot publiek, te delen. Voor die openhartigheid ben ik hen veel dank verschuldigd.

Bij de krant ben ik Alex Burghoorn en Pieter Klok erkentelijk voor meedenken over en vertrouwen hebben in deze interviewreeks. Als eindredacteur vervulde Peter de Greef een belangrijke rol. Dat deed in een latere fase ook Emile Brugman, namens uitgeverij Atlas Contact – ik dank hem voor zijn wijsheid en scherpzinnigheid.

Buitengewoon erkentelijk ben ik mijn vriend en neerlandicus Kees Beekmans, die alle interviews meelas. Ook dacht hij mee over de serie als geheel en hield hij het essay tegen het licht – hij leverde een grote bijdrage. Twee andere vrienden, Pieter van den Blink en Witte Hoogendijk, lieten eveneens hun kritische blik over het essay gaan. De toetsing ervan op het vlak van levensfilosofie is vooral gedaan door mijn geliefde, Carine. Dit boek draag ik op aan haar en aan onze dochters. En aan mijn moeder, die ieder interview al bij verschijning in de krant van commentaar voorzag.